rororo

rororo

Zu diesem Buch

Der Sieg über die Apartheid war nicht zuletzt ein Sieg der Kinder und Jugendlichen Südafrikas. Sie hatten unter der Apartheid auch besonders gelitten. Als Folge politisch motivierter Gewalt starben zwischen 1960 und 1989 in Südafrika etwa 7000 Menschen; 60 Prozent von ihnen waren jünger als 25, mindestens ein Viertel war jünger als 18 Jahre. Etwa 100 000 Kinder und Jugendliche wurden verhaftet und angeklagt. Die Geschichte ihres Mutes und ihrer Verzweiflung, ihrer Verstrickung in Gewalt und ihres Heldentums ist noch kaum geschrieben. Den Preis, den die Angehörigen der jüngeren Generation für die Freiheit zahlten, werden sie kaum erstattet bekommen. Ist für sie zehn Jahre nach dem Ende der Apartheid Versöhnung denkbar? Wie sehen sie die Zukunft Südafrikas und ihren Platz darin?

In diesem Buch kommen sie selbst zu Wort. Ausgehend von den Berichten der Wahrheitskommission haben sich Karin Chubb und Lutz van Dijk aufgemacht, das Lebensgefühl der «Regenbogen-Generation» (Desmond Tutu) zu erkunden. Ihr Reisebericht über den inneren Zustand Südafrikas gibt mit großer Intensität darüber Auskunft, mit welchen Problemen das Land auf seinem weltweit bewunderten Weg in die Demokratie zu kämpfen hat und was es bedeutet, ganz persönlich mit der Vergangenheit fertig werden zu müssen.

Karin Chubb, geb. 1943, mehrere Jahre Vizepräsidentin der Menschenrechtsorganisation «Black Sash», Dozentin für Deutsch an der Western Cape Universität, Kapstadt.

Lutz van Dijk, geb. 1955, Dr. phil., freier Autor, mehrere Auszeichnungen (u.a. Jugendliteraturpreis von Namibia 1997), 1992–1999 pädagogischer Mitarbeiter der Anne Frank Stiftung, Amsterdam.

Das Autorenhonorar dieses Buches geht an die «Nelson Mandela Entschädigungs-Stiftung» (President's Fund) von Südafrika.

Karin Chubb
Lutz van Dijk

Der Traum vom Regenbogen

Nach der Apartheid:
Südafrikas Jugend zwischen Wut und Hoffnung

Mit einem Vorwort von Erzbischof Desmond Tutu

Rowohlt Taschenbuch Verlag

rororo aktuell
Herausgegeben von Frank Strickstrock

Originalausgabe
Veröffentlicht im Rowohlt Taschenbuchverlag GmbH,
Reinbek bei Hamburg, November 1999

Umschlaggestaltung Susanne Heeder / Philipp Starke
(Foto: Lenny De Koker)
Satz Foundry Old Style und Foundry Sans PostScript (PageOne)
Gesamtherstellung Clausen & Bosse, Leck
Printed in Germany
ISBN 3 499 22598 0

Inhalt

Anhang

Für Kathy Chubb
(1970–1994)

Vorwort von Erzbischof Desmond Tutu: Die vielen Stimmen unserer Kinder

Erzbischof Desmond Tutu

Oft wird gesagt, dass die Kinder unsere Hoffnung für morgen sind. Das ist wahr. Aber in Südafrika sind sie auch die Helden von gestern. Wo stünden wir heute, wenn es nicht die mutigen Schülerinnen und Schüler von **Soweto** und anderswo gegeben hätte? Kinder und Jugendliche haben einen unglaublichen Preis für unsere Freiheit bezahlt.

Viele von ihnen gaben ihre wertvollsten Jahre, in denen sie eigentlich froh und unbeschwert hätten sein müssen, um im «Kampf» mitzumachen. Viele glaubten nicht nur an den Slogan «Freiheit vor Erziehung», sondern waren bereit, dafür ihre Ausbildung und berufliche Zukunft zu opfern. Andere gaben sogar ihr Leben für ihre Eltern, ihre Freunde und die Generationen, die noch geboren werden sollten. Das größte Wunder ist vielleicht, dass so viele sich selbständig befreiten von jener «Bantu-Erziehung», die nur eingeführt worden war, um den schwarzen Kindern «ihren Platz» in der Apartheidgesellschaft zuzuweisen. Gleichermaßen erstaunlich ist, dass es auch weiße Kinder und Jugendliche gab, die die ihnen auferlegten rassistischen Ideen verweigerten, die ein Teil der Gehirnwäsche der «weißen» Erziehung und der militärischen Ausbildungen waren, um sie auf ihre Herrschaftsposition über Schwarze vorzubereiten. Ihr tiefes Gerechtigkeitsgefühl führte dazu, dass einige von ihnen den Wehrdienst verweigerten und andere ins Exil gingen.

Die Wahrheits- und Versöhnungskommission («Truth and Reconciliation Commission», kurz: TRC) bemühte sich darum, einen Raum zu schaffen, in dem Opfer der Apartheid ihre Würde durch das Erzählen ihrer Geschichten vom Widerstand, vom Leiden und vom Kampf wiedererringen könnten. Wir führten auch Anhörungen («Hearings») durch, die sich überall im Land speziell Kindern und Jugendlichen widmeten. Kinder berichteten unter Ausschluss der Öffentlichkeit. Jugendliche und junge Erwachsene erzählten direkt in die Scheinwerfer der Kameras – damit alle hörten, dass sie nicht nur Opfer waren, sondern vor allem auch Überlebende und Kämpfer. Wie schrecklich traurig und zugleich unglaublich mutig waren diese Auftritte!

Das vorliegende Buch schafft einen weiteren wundervollen Rahmen, in dem den Kindern und Jugendlichen zugehört werden kann. Die Auswahl ihrer Aussagen, das Nachspüren ihrer Geschichten nach Abschluss der TRC-Hearings sowie die einfühlsamen Interpretationen der beiden Autoren vor ihrem jeweils europäischen und südafrikanischen Hintergrund haben mich tief berührt. Voller Verständnis – und doch zuweilen unvermeidlich hart – werden wir eingeführt in die Ängste und Hoffnungen jener Kinder und Jugendlichen, die die Hauptlast des Leids zu tragen hatten, das von Erwachsenen verursacht worden war und zu verantworten ist. Einige Kinder und Jugendliche sind in der Tat Opfer, einige sind Überlebende, manche waren Helden und manche waren selbst Täter. Doch selbst die schlimmsten und brutalsten Täter unter ihnen waren eben in der einen oder anderen Weise gleichzeitig auch Opfer der Apartheid.

Einige Erwachsene in Südafrika sollten mehr Verantwortung bekennen für ihren Beitrag an der Zerstörung der Lebenschancen jener Kinder und Jugendlichen – manche beharren weiter auf ihren unterschiedlichen Rechtfertigungen. Aber wohl die meisten von uns sollten sich ehrlich fragen, ob sie – unter nur leicht veränderten Bedingungen – nicht ebenso viel Ungerechtigkeiten gefördert hätten oder zumindest stillschweigend hätten geschehen lassen.

Und doch gibt es Hoffnung. So wie Menschen die Fähigkeit haben, Schreckliches zu tun, so können sie auch Verständnis, menschliche Würde und Güte schaffen. Jetzt ist die Zeit, eine bessere Gesellschaft für unsere Kinder und Jugendlichen zu gestalten. Jetzt ist die Zeit, mit ihnen gemeinsam so eine bessere Gesellschaft für uns alle zu schaffen. Jetzt ist die Zeit zu begreifen, dass jedes Kind, jeder Jugendliche, überhaupt jeder Mensch auf Gottes Erde – unabhängig wie sympathisch oder unsympathisch sie oder er uns erscheinen mag – ein Kind Gottes ist. Jeder von uns hat die Chance, etwas zu einem besseren Südafrika beizutragen.

Die Autorin und der Autor dieses Buches, Karin Chubb und Lutz van Dijk, haben seit vielen Jahren schon zu einer besseren Welt beigetragen – auch in der konkreten Hilfe für Opfer. Karin war über viele Jahre ein wichtiges Mitglied der Frauenbewegung des **«Black Sash»** in Südafrika. Lutz, Autor vieler Bücher für Jugendliche, hat in pädagogischen Projekten gegen Rassismus in Europa und den USA gearbeitet, unter anderem im Anne Frank Haus in Amsterdam. Ich danke ihnen für ein hervorragendes Buch. Sie erzählen eine zutiefst menschliche Geschichte, in der die vielen Stimmen unserer Kinder auf eindringliche Weise selbst zu Wort kommen. Ich freue mich, ihre individuellen Geschichten und das Überleben dieser Kinder und Jugendlichen in diesem Buch mit Ihnen als Leserinnen und Leser zu feiern.

Gott möge mit Ihnen sein, wenn Sie sich mit uns auf die Reise in das Land der Hoffnung, Erneuerung und Versöhnung begeben. Gott möge uns die Gnade geben, einander zu vergeben und zu lernen, als Schwestern und Brüder miteinander zu leben.

Kapstadt, im September 1999
Rev. Desmond Mpilo Tutu
Erzbischof (em.) von Kapstadt

Mehr als die halbe Bevölkerung – eine Annäherung an das junge Südafrika

Eines von vielen Hearings der Wahrheitskommission zwischen 1996 und 1998 – mit einem Unterschied: In diesen Tagen soll es um die Jugend gehen. Nicht nur für das Podium sind Jugendliche oder junge Erwachsene eingeladen. Auch der Saal ist gefüllt mit einigen hundert Schülerinnen und Schülern, die zumeist klassenweise eingetroffen sind. Am Eingang das übliche Drängeln, in manchen Stuhlreihen mehr Unruhe als in anderen, ein paar kichern miteinander, andere schubsen sich, Lehrerinnen und Lehrer, die zur Ruhe ermahnen. So wie es eben ist, wenn viele Kinder und Jugendliche zusammenkommen.

Zwei Stunden später: Die Schülerinnen und Schüler hören konzentriert und wie gebannt, was die jungen Zeugen auf dem Podium berichten – aus ihrem Leben, als sie ungefähr so alt waren wie die meisten hier im Saal. Da ist zum Beispiel Vuyani Mbewu, der 14 war, als ihn während spontaner Unruhen auf der Straße eine Kugel so traf, dass er auf einem Auge erblindete. Vuyani war kein politischer Aktivist. Er kam einfach zufällig dort vorbei und konnte sich nicht schnell genug verstecken. Damals war sein größter Traum, ein Fußballer zu werden. Warum hat er aussagen wollen? «Ich bin hier, um die Sinnlosigkeit dessen zu zeigen, was mir geschehen ist …» Von der Sinnlosigkeit der Gewalt spricht er – und dass er so gern ein erfolgreicher Fußballspieler geworden wäre. Seine Aussagen werden simultan übersetzt. Neben uns klammern sich drei Mädchen gleichzeitig an einen Kopfhörer, von denen es heute nicht genug gibt. Zwei haben Tränen in den Augen. Die Dritte presst die andere Hälfte des Kopfhörers an ihr Ohr und schaut starr zu Boden.

Riefaat Hattas war 15, als er begann, sich im politischen Kampf zu engagieren. Mit 17 wurde er eingesperrt und mehrfach auf schlimmste Weise gefoltert. Er kann nicht weitersprechen, als er berichtet, wie er unter der Folter und aufgrund eines tragischen Missverständnisses einen Freund verrät. Am Ende ruft er den Kindern und Jugendlichen im Saal zu: «Wir wurden zerstört ... Bitte, ich bitte euch, macht das Beste aus eurem Leben. Das schuldet ihr uns!» Nach einer Sekunde der Stille springen die drei Mädchen neben uns auf, mit ihnen die meisten anderen im Saal, und klatschen langanhaltend Beifall.

An diesem Tag spüren wir, dass hier etwas Besonderes geschieht. Es dauert länger, bis wir es selbst in seiner ganzen Tragweite erfassen. Wir hören eben nicht allein ein weiteres Mal erschütternde Berichte vom Elend junger Menschen in Krisengebieten. Was die Berichte dieser Kinder und Jugendlichen so einzigartig macht, ist ihre Fähigkeit, mit anderen – Gleichaltrigen wie Erwachsenen – darüber zu sprechen. Und während sie ihre Geschichte erzählen, während ihrer Kommunikation mit den Commissioners der **TRC*** sowie den jungen Zuhörern im Saal geschieht das Besondere: Eine neue Realität stellt sich her – jene soziale Wahrheit der individuellen Träume und Hoffnungen, des einfachen Wunsches, geachtet zu werden, so wie man ist oder gern sein möchte. Egal ob als Fußballspieler oder als Freiheitskämpferin. Menschenrechte konkret.

Wir beschließen, uns alle Aussagen von Kindern und Jugendlichen, auch von jenen, die wir nicht selbst erlebt haben, zu besorgen und sorgfältig zu lesen. Es sind viele hundert Seiten kopierten Papiers, die nach Abschluss des Hearings im Archiv der TRC einsehbar sind. Die Lektüre ist aufwühlend und phasenweise kaum auszuhalten. Aber immer wieder ist es dieses Merkmal des Dialogs, das dem Entsetzen konkrete Ideen des Überlebens und Weiterlebens gegenüberstellt. Sandra Adonis, wie Riefaat seit ihrem 15. Lebensjahr politisch aktiv und später ebenfalls verhaftet, fasst es in aller Bescheidenheit zusammen: «Niemals habe ich in all den Jahren jemanden ein anerkennendes Wort über die Jugend jener Zeit sagen hören. Wirklich – das hier ist das erste Mal, dass ich Leute getroffen habe, die daran interessiert sind, wer wir waren und wer wir jetzt sind.»

* Begriffe, Namen und Abkürzungen, die bei der ersten Nennung in diesem Buch hervorgehoben werden, sind im Glossar näher erläutert.

Daran interessiert, wer diese Kinder und Jugendlichen waren und wie sie heute leben in Südafrika: Zu Zeiten der Apartheid waren 60 Prozent der Todesopfer von politischer Gewalt jünger als 25 Jahre, ein Viertel unter 18 Jahren. Etwa 100 000 Jugendliche wurden wegen verschiedener Formen von Opposition verhaftet. In Krisenherden wurden zeitweilig ganze Schulen, selbst Grundschulen, festgenommen. Und heute? Was ist aus ihnen geworden? Welche Perspektiven haben sie? Wie beeinflusst die Vergangenheit trotz neuer demokratischer Gesetzgebung noch immer ihre Gegenwart? Und es wächst bereits eine neue Generation heran: Mehr als die Hälfte der Bevölkerung von Südafrika ist gegenwärtig jünger als 16 Jahre.

All jenen, die sich während der Apartheid politisch engagierten und damit entscheidend zum Ende der Apartheid beitrugen, ist (von wenigen Ausnahmen abgesehen) gemeinsam: Sie wuchsen auf in einer Umgebung ohne Achtung vor anderen Menschen, oft ohne Vertrauen selbst zu den Menschen in unmittelbarer Umgebung – ein Aufwachsen ohne Kindheit. Zu wem kann man gehen, wenn selbst die eigenen Eltern keinen Schutz bieten können? Hinzu kommt die Erfahrung alltäglicher Schikanen bis hin zu Folterungen, die selbst jene zermürben, die aus politisch bewussten Elternhäusern kommen. Wo der Druck unerträglich wird, verschwimmen auch die Grenzen zwischen Widerstand und Verrat, zwischen Befreiung und neuen Verbrechen im Namen der Befreiung. So entstandene Wunden heilen besonders schwer.

Und nach der Befreiung vom Apartheidterror? Viele der ehemals Engagierten leiden unter physischen und psychischen Schäden, haben lange Jahre Schulzeit versäumt und wenig Aussicht auf Arbeit. Bei einigen ist der engagierte Idealismus in bitteren Zynismus und Wut umgeschlagen. Sie fühlen sich marginalisiert und übergangen. Während sie einerseits wissen, dass es ohne ihren jahrelangen Einsatz kein neues Südafrika gegeben hätte, erfahren viele die Idee der Versöhnung im Alltag nun vor allem als Privileg jener, «die es sich leisten können», wie ein anderer Jugendlicher bemerkt. Graça Machel, seit ihrer Hochzeit mit Nelson Mandela 1998 Südafrikas erste «demokratische First Lady», erklärt während eines Jugend-Hearings in Johannesburg: «Südafrika hat einen friedlichen Wandel geschafft, aber mit den Folgen dessen, was unseren Kindern geschehen ist, werden wir noch Jahrzehnte leben müssen.»

Den Kindern eine Stimme geben? Nein, sie haben eine Stimme, sie haben viel zu sagen. Wir müssen vielmehr lernen, ihnen zuzuhören, Anlässe schaffen, dass ihnen zugehört wird und eine ernsthafte Kommunikation entsteht.

Dieses Buch gibt nicht vor, objektiv zu sein. Unsere Auswahl der Aussagen von jungen Leuten vor der TRC sind subjektiv und unvollständig. Wir haben versucht, höchst unterschiedliche junge Zeugen auf eine Weise zu Wort kommen zu lassen, die ihre Gedanken und Gefühle nachvollziehbar macht: Politische und Unpolitische, aus ländlichen Gebieten und riesigen Townships oder Großstädten Stammende, Schwarze, Farbige und Weiße (um noch ein letztes Mal die groben Begriffe der Apartheid zu gebrauchen), Christen, Muslime und Atheisten. Subjektiv auch war unsere Auswahl weiblicher und männlicher Zeugen: Faktisch haben mehr männliche als weibliche Jugendliche ausgesagt. Und die wenigen weiblichen Zeugen berichteten dann auch noch wesentlich häufiger darüber, was ihren Vätern, Brüdern oder Freunden geschehen ist, als über sich selbst. Wir haben uns um ein annähernd gleiches Verhältnis bei unserer Auswahl bemüht.

Und wir wollten mit dem Abstand von zwei bis drei Jahren wissen: Wie ist euer Leben weitergegangen nach eurem Auftritt vor der TRC? Hat es euch geholfen, nichts gebracht oder gar geschadet? Zum Teil haben diese Begegnungen zu neuen Reflexionen geführt, denen wir darum auch ein eigenes Kapitel widmen.

Bleibt anzumerken, dass auch unsere eigene Perspektive, mit der wir den Jugendlichen zuhörten, nicht unbeeinflusst ist von unserem unterschiedlichen biographischen Hintergrund: Karin Chubb ist im südlichen Afrika geboren und aufgewachsen, Lutz van Dijk hat die meiste Zeit seines Lebens in Westeuropa verbracht. Wir kennzeichnen unsere persönlichen Wahrnehmungen durch die Anfangsbuchstaben unserer jeweiligen Namen.

Indem wir den Jugendlichen zuhören und einige Hintergrundinformationen zu ihren Lebensbedingungen damals und heute liefern, wollen wir versuchen, ein wenig zu dem beizutragen, was Riefaat und Sandra (die an anderer Stelle noch ausführlicher zu Wort kommen) so wie viele andere Jugendliche immer wieder als Wunsch geäußert haben: Dass da Menschen sind, die «sich dafür interessieren, wer wir waren und wer wir jetzt sind» und jene nicht vergessen, die so viel taten, damit es eine neue Generation geben möge, die eine reelle Chance erhält, das Beste aus dem eigenen Leben zu machen. Gleichzeitig scheint uns dies auch einer der möglichen Wege zu sein, einen Teil der Folgen besser zu verstehen, mit denen Südafrika noch Jahrzehnte wird leben müssen.

Nicht zuletzt glauben wir, kann das, was in Südafrika im letzten Jahrzehnt des 20. Jahrhunderts geschehen ist, auch eine konkrete Ermutigung für Kinder, Jugendliche und Erwachsene in anderen Teilen der Welt sein, in denen Menschen Wege aus Hass und Gewalt suchen.

Karin Chubb *(KC)*, Kapstadt
Lutz van Dijk *(LvD)*, Amsterdam — September 1999

I. Wahrheit – ein Weg zur Versöhnung?

Im ersten Teil dieses Kapitels geben wir Informationen zur Entstehung und Arbeit der südafrikanischen Wahrheits- und Versöhnungskommission (TRC). Wir beginnen mit einem historischen Exkurs.

Im zweiten Teil berichten wir über die Bedingungen, unter denen Kinder und Jugendliche vor der TRC aussagten.

1. «Jedes einzelne Leben ist wertvoll» – Die Idee der Wahrheitskommission (TRC)

Deutscher Exkurs 1

Nürnberg, im Oktober / November 1945

Da sitzen sie, die ersten 21 Angeklagten vor dem *International Military Tribunal* in Nürnberg, Hitlers ehemaliger «Hochburg der Bewegung». Störrische Gesichter machen sie, die Arme verschränkt vor der Brust, widerwillig die Kopfhörer für die Übersetzungen entgegennehmend. Einer trägt eine dunkle Brille, ein ehemaliger General sogar noch seine Uniformjacke, auch wenn alle Orden abgetrennt sind. Sie antworten sachlich, korrekt, keine Emotion wird gezeigt. Ein Exminister verübt noch am Vortag der Hinrichtung Selbstmord in seiner Zelle.

Am Ende ist vor dem Tribunal von Oktober 1945 bis April 1949 gegen rund 200 deutsche Hauptkriegsverbrecher verhandelt worden. Bei 21 von ihnen wurde die Todesstrafe vollstreckt, fünf hatten sich dem Urteil durch Selbstmord entzogen, weitere fünf waren für verhandlungsunfähig erklärt worden, der Rest erhielt lange, zum Teil lebenslange Haftstrafen. Diese wurden ab 1951 – zuerst im US-amerikanisch besetzten Sektor des Landes – in wesentlich kürzere Strafen bis hin zu Freilassungen umgewandelt.

Deutsche spielten in Nürnberg nur als Massenmörder und Schwerverbrecher eine Rolle. Selbst jene Deutschen, die im Widerstand gegen die Nazis gewesen waren, hatte man von jeder Beteiligung ausgeschlossen. Das Tragische der Nürnberger Prozesse war nicht zuerst die so häufig kritisierte «Siegerjustiz», die die Kriegsverbrechen der Alliierten selbst nicht behandelte (wie zum Beispiel die Massenerschießungen polnischer Offiziere durch die Rote Armee), sondern dass sie die absolute Mehrheit der Deutschen im Kern außen vor ließen. Die deutsche Bevölkerung konnte – je nach weltanschaulicher Grundhaltung – abschieben, ignorieren oder empört sein, aber prinzipiell unbeteiligt bleiben. Die Begnadigungen ab 1951, nicht selten von allzu offenkundigen wirtschaftlichen und militärischen Motiven der westlichen Siegermächte gegenüber «den Russen» geprägt, fügten dem Ansehen der Nürnberger Urteile weiteren Schaden zu.

Das alles verharmlost nichts von den entsetzlichen Verbrechen, die zwischen 1933 und 1945 im Namen Deutschlands verübt wurden. Was mich beschäftigt, ist die bohrende Frage: Was hätte man lernen können, damals schon? Wie hätte man verhindern können, dass das große Schweigen einsetzt, jene «Unfähigkeit zu trauern»*, die so lange jede tiefer gehende humane Orientierung in beiden Nachkriegsdeutschlands verhinderte?

Im Winter 1945/46, mitten in der Ruinenlandschaft Deutschlands und wegen noch nicht wieder funktionierender Heizungen in einen Wintermantel gehüllt, hielt der 1937 von den Nazis entlassene Philosophieprofessor Karl Jaspers seine – damals weitgehend ignorierte, heute weltberühmte – Vorlesung über die «Schuldfrage». Seine Eröffnung liest sich wie ein Versuch, die Grundideen von Wahrheit und Versöhnung – und vor allem den Weg dorthin – einem erstarrten deutschen Publikum nahe zu bringen**:

«Wir wollen lernen, miteinander zu reden. Das heißt, wir wollen nicht nur unsere Meinung wiederholen, sondern hören, was der andere denkt. Wir wollen nicht nur behaupten, sondern im Zusammenhang nachdenken, auf Gründe hören, bereit bleiben, zu neuer Einsicht kommen. Wir wollen uns innerlich versuchsweise auf den Standpunkt des andern stellen. Ja, wir wollen das uns Widersprechende geradezu aufsuchen ... Es ist so leicht, entschiedene Urteile affektbetont zu vertreten, es ist schwer, ruhig zu vergegenwärtigen ...

Wir wollen uns nicht pathetisch an die Brust schlagen, um den anderen zu beleidigen, wollen nicht in Selbstzufriedenheit preisen, was nur zur Kränkung des anderen gemeint ist. Aber es darf keine Schranken ge-

* Die Psychoanalytiker Alexander und Margarete Mitscherlich fassten die scheinbar emotionslose Haltung vieler Deutscher nach dem Zusammenbruch 1945 in der Formel von der «Unfähigkeit zu trauern» zusammen, vgl. ihre gleichnamige Untersuchung, München 1967.

** Jaspers, Karl: Die Schuldfrage – Von der politischen Haftung Deutschlands, Heidelberg/Zürich 1946, hier zitiert nach der Taschenbuchausgabe: München 1974, S. 7–8.

ben durch schonende Zurückhaltung, keine Milde durch Verschweigen, keinen Trost durch Täuschung. Es gibt keine Frage, die nicht gestellt werden dürfte, keine liebgewordene Selbstverständlichkeit, kein Gefühl, keine Lebenslüge, die zu schützen wäre. Aber erst recht darf es nicht erlaubt sein, sich frech ins Gesicht zu schlagen durch herausfordernde, unbegründete, leichthin gefällte Urteile ... All die Jahre haben wir das Verächtlichmachen anderer Menschen mit angehört. Das wollen wir nicht fortsetzen.»

Hamburg, im Oktober / November 1967

Mehr als zwanzig Jahre später. An den Universitäten in den USA und Westeuropa beginnt es zu brodeln. Der Protest gegen den Krieg der USA in Vietnam ist wie ein erster Funke, dessen Licht auch anderes aufscheinen lässt. In Westdeutschland beginnen junge Leute, gegen die Mauer des Schweigens ihrer Elterngeneration anzurennen. Die Jugend Ostdeutschlands lebt demgegenüber seit 1961 mit der Realität einer echten Mauer, wobei die ideologischen Formeln von der eigenen «antifaschistischen Vergangenheit» und dem «imperialistischen Nachbarn im Westen» zusätzlich jedes Weiterdenken im Keim zu ersticken versuchen.

Erst Ende der 50er und Anfang der 60er Jahre beginnt vor westdeutschen Gerichten – und nicht mehr vor der Justiz der Siegermächte wie bisher – die Vorbereitung von Prozessen gegen ehemalige Nazigrößen. In Hamburg kommt es zu ersten Gerichtsverhandlungen erst 1967. Viele Nazis in ehemals hohen Positionen hatten es inzwischen geschafft, nach unterschiedlich langen Phasen des Untertauchens wieder eine respektable Identität aufzubauen. In der Regel stolpern sie über Zufälle, die die Justiz zwingen, etwas gegen jene «Verbrechen gegen die Menschlichkeit» zu unternehmen, die sich beim besten Willen nicht bagatellisieren lassen. Spektakuläre Entlarvungen wie die Entdeckung des für die Deportation der Juden in die KZs Osteuropas verantwortlichen SS-Obersturmbannführers Adolf Eichmann* in Argentinien bleiben aktiv betriebener Fahndung – in diesem Fall durch den israelischen Geheimdienst – vorbehalten.

* Vgl. auch den Prozessbericht von Arendt, Hannah: Eichmann in Jerusalem, München 1964.

Wieso die Nürnberger Prozesse zumindest darin gescheitert sind, in der breiten Öffentlichkeit anerkannte, demokratische und humane Orientierungen im Nachkriegsdeutschland anzuregen, wird vielleicht nirgends deutlicher als bei jenen westdeutschen Folgeprozessen rund zwei Jahrzehnte später. Bei weitem hatten sie sich nicht jener internationalen Aufmerksamkeit zu stellen wie ihre Nürnberger Vorgänger. Die aus einer den Nazis gegenüber oppositionellen Familie stammende Hamburger Bürgerin Gisela Wiese*, selbst aktiv in der katholischen Friedensbewegung *Pax Christi*, wollte damals spontan für die vor allem aus Israel, den USA und Osteuropa geladenen Zeugen eine Betreuung organisieren. Als sie ihre Idee dem in Hamburg verantwortlichen Richter vorstellte, meinte dieser: «Was wollen Sie denn? Denen geht's doch gut, die bekommen Flug und Hotel, alles auf Staatskosten!»

Mit 35 Freiwilligen organisierte sie in den kommenden sieben Jahren eine eigene Begleitung: «Die Zeuginnen und Zeugen kamen meist am Morgen an, und wir besuchten sie am Abend. Meistens legten sie uns ausführlich dar, woran sie sich am nächsten Morgen im Gerichtssaal minutiös erinnern sollten. Am folgenden Tag begleiteten wir sie zum Gericht ... Sie hatten ihre Lagererlebnisse oft seit Jahren nicht mehr ausgesprochen. In den neuen Familien, die sie in Amerika oder Israel gegründet hatten, erzählten sie nie von ihren Erlebnissen. Gerade von Männern kamen oft Sätze wie: ‹Ich will nicht, dass meine Kinder wissen, wie ich gedemütigt wurde.› ... Die Vernehmung dauerte einen Tag, manchmal auch 14 Tage. Es gab Zusammenbrüche, so dass wir mit ihnen zum Arzt oder ins Krankenhaus fuhren ...»

Ich lerne Gisela Wiese Anfang der 80er Jahre in Hamburg kennen. Auf meinem täglichen Schulweg als junger Lehrer fällt mir eine gutbürgerlich gekleidete, weißhaarige Frau auf, die am U-Bahnhof Flugblätter für die Friedensbewegung verteilt. Sie passt so gar nicht in das Muster der sonst wesentlich jüngeren und alternativ gekleideten Aktivisten. Wir kommen ins Gespräch. Ihre Geschichtsstunden lehren mich mehr über

* Koepke, Wilfried (Hg.): Ein Leben wider die falsche Versöhnung – Gisela Wiese im Gespräch, Luzern 1997, S. 61–66.

Wahrheit und Versöhnung und die Überwindung unmenschlicher Strukturen als mein gesamtes Geschichtsstudium an der Universität.

«Man hätte diese Prozesse anders führen müssen», erinnert sie sich, «nicht wie einen Prozess wegen eines Fahrraddiebstahls. Die Zeugin steht da und soll aussagen, ob der Nazi-Mörder, der ihr Kind erschossen hat, von rechts oder von links auf den Platz geritten ist, ob er Handschuhe anhatte oder nicht. Das ist für die Wahrheitsfindung anscheinend wichtig, aber für die Zeugin ein Schlag ins Gesicht. Ihr Kind ist nicht im Mittelpunkt, sondern die Handschuhe des Angeklagten. Was für die Zeugin lebendig wurde, war für das Gericht uninteressant ... Der Angeklagte wurde als angesehener Bürger behandelt und fuhr im Mercedes vor ... Wenn sich ein Angeklagter verteidigte: ‹Ich habe es für die deutsche Nation getan, ich musste sie doch rein halten von den Juden›, und der Richter früher selbst solchem Gedankengut angehangen hatte, dann konnte er diesen Ausspruch nicht als Affront und Unmenschlichkeit empfinden ... Die Zeugen wurden das zweite Mal zu Opfern gemacht. Es war ein Klima, in dem Frauen nicht von ihren Vergewaltigungen durch SS-Männer erzählen konnten. Sie erzählten es nachher uns ...

Die Taten tauchten gewissermaßen auf wie aus einer grauen Vorzeit, die ganz schrecklich gewesen war, die aber mit dem Heute gar nichts mehr zu tun haben schien. Sie mussten lediglich irgendwie noch abgehandelt werden. Den aufklärerischen Wert, den die Prozesse hätten haben können, sah man gar nicht.»

Inzwischen hat sich viel verändert in Deutschland. Gleichwohl – Garantien für die Zukunft der Menschenrechte gibt es nirgends. In Südafrika jedenfalls ist der «aufklärerische Wert» der TRC von Anfang an erkannt und bewusst gestaltet worden – ein öffentlicher Vorgang, durch den so viele Südafrikanerinnen und Südafrikaner erreicht werden sollten wie möglich. Nicht bei allen ist dies gelungen. Das Erbe der Apartheid sitzt tief. *LvD*

Das Erbe der Apartheid

In **Afrikaans**, der Sprache der von den ersten niederländischen Kolonisten abstammenden **Buren**, bedeutet Apartheid zunächst einfach nur «Getrenntheit». Ein scheinbar neutraler Begriff, der nach den Wahlsiegen der Nationalen Partei ab 1948 neben seiner konstitutionellen Verankerung eine zusätzlich moralisch-christliche Dimension erhielt. Hendrik Verwoerd*, südafrikanischer Premierminister ab 1958, übersetzte Apartheid mit «gute Nachbarschaft», indem er aus der Bibel zitierte: «Liebe deinen Nächsten wie dich selbst!» Wie diese Liebe gemeint war, bekamen in der Folge Millionen schwarzer Nachbarn zu spüren: Wenn es angeblich schlecht sei, dass Weiße über Schwarze herrschten, würde die Nationale Partei dem nun ein Ende machen und eine Trennung durchführen, die radikaler, aber auch gnadenloser kaum vorstellbar ist. So gut wie kein Bereich der Gesellschaft blieb unberührt.

Etwa 3,5 bis vier Millionen Schwarze wurden aus Gebieten, in denen sie häufig seit vielen Generationen beheimatet waren, zwangsumgesiedelt in sogenannte **Homelands**, die zusammen nicht mehr als 13 Prozent Südafrikas ausmachten. Keinerlei materielle Entschädigung wurde gewährt, selbst Entwicklungshilfe aus dem Ausland weitgehend unterbunden, um – so sinngemäß in verschiedenen Verlautbarungen – «das unabhängige Wachstum schwarzer Ökonomie nicht zu blockieren und keinen Kolonialismus zu verlängern». Dass es sich bei den «homelands» zum Teil um die unfruchtbarsten Gebiete Südafrikas handelte, wurde nicht als schreiende Ungerechtigkeit empfunden, sondern als besondere Herausforderung.

Alle anderen Teile des Landes, vor allem jene mit reichen Bodenschätzen, waren Weißen vorbehalten. Jene Schwarzen, die im «weißen Südafrika» verblieben waren, wurden als ausländische «Gastarbeiter» betrachtet, die eine Aufenthaltsgenehmigung nur erhielten, wenn sie eine Arbeit nachweisen konnten. Diese Genehmigung musste jederzeit durch einen entsprechenden Pass nachgewiesen werden. Frauen und Männer erhielten individuell solche Pässe, wodurch zahlreiche Familien auseinander gerissen wurden.

* In seinem Buch «The Mind of South Africa» (London 1991, S. 162–163) weist Allister Sparks zusätzlich darauf hin, dass «kein Zweifel» daran bestehen kann, dass die Baumeister der Apartheid wie Verwoerd u. a. auch von der rassistischen Politik der deutschen Nazis beeinflusst waren, selbst wenn dies nach 1945 vorsichtiger formuliert wurde.

Rund 18 Millionen Mal wurden Menschen wegen Vergehen gegen die **Passgesetze** verhaftet, Verbrechen, die häufig darin bestanden, dass Eheleute einander wiedersehen oder Eltern zu ihren Kindern wollten (vgl. hierzu auch die Aussagen von Nomfundo Walaza im Kapitel III. 1. dieses Buches).

Seit langem ist Apartheid als Verbrechen gegen die Menschlichkeit von der internationalen Gemeinschaft gebrandmarkt. Es waren nicht zuletzt internationale Wirtschaftsboykotte sowie das Embargo der Vereinten Nationen gegen die Regierung von Südafrika in Anerkennung der vielen Aufstände, vor allem auch der Schülerproteste von Soweto 1976, die dazu führten, dass die Kosten der Apartheid auch für die weiße Minderheit spürbar wurden.

Es war Bischof Desmond Tutu, der in seiner Präsentation des TRC-Abschlussberichts im Oktober 1998 gleichzeitig darauf hinwies, dass Menschenrechtsverletzungen und Unterdrückung auf dem südafrikanischen Territorium keine Erfindung der Buren sind. Seit die ersten Weißen 1652 am Kap der Guten Hoffnung an Land gingen, gab es auf Waffengewalt begründeten Rassismus. Schwerste Menschenrechtsverletzungen geschahen auch schon in den Konzentrationslagern der Briten (während der anglo-burischen Kriege 1880–1881 und 1899–1902), in denen rund 20000 burische Frauen und Kinder umkamen. Bis heute ist den britischen und burischen Weißen untereinander darüber keine Aussöhnung gelungen. Bischof Tutu: «Es wäre wundervoll, wenn eines Tages ein Vertreter der britisch-englischen Gemeinschaft zu den Afrikaanern sagen würde: ‹Wir haben euch Schlimmes angetan. Vergebt uns.› Und es wäre wunderbar, wenn jemand, der die **Afrikaaner** vertritt, antwortete: ‹Ja, wir vergeben euch – wenn ihr uns nur unsere Geschichte erzählen lasst, die Geschichte unserer Vorfahren und des Schmerzes, der uns so lange im Magen gelegen hat und von euch ignoriert wurde.›»

Noch Ende der 80er Jahre kann weder die weiße Minderheitsregierung der Nationalen Partei unter Premierminister Pieter Willem Botha noch die schwarze Befreiungsbewegung auf eine baldige militärische Lösung des Konflikts hoffen. Zwar verfügt die Regierung über modernste Technologien, differenzierte Geheimdienstüberwachung und eine gut ausgebildete Armee und Polizei. Die Befreiungsbewegungen haben dagegen jedoch die beinah unbegrenzte Unterstützung der Mehrheit der Bevölkerung sowie internationale Anerkennung. 1989 treffen sich schließlich Premierminister Botha und der noch immer inhaftierte Nelson Mandela von Angesicht zu Angesicht. Kurz darauf wird Frederik Willem de Klerk neuer Staatspräsident. Im Februar 1990 werden bislang verbotene Parteien, darunter der **ANC**, wieder zugelassen, und Nelson Mandela kommt nach 27 Jahren endlich frei.

In den folgenden Monaten werden in Verhandlungen, die mehrfach durch massive Gewalt und mehrere Attentate gefährdet sind, zwischen den Vertretern der verschiedenen weißen und schwarzen Gemeinschaften die Grundlagen für eine neue südafrikanische Verfassung verabredet. Sie führen später auch zur Errichtung der «Wahrheits- und Versöhnungskommission» (Truth and Reconciliation Commission, TRC). Alle Grenzen, aber auch Chancen der TRC werden im Kern hier vorbestimmt. Im Januar 1994 erhalten rund sieben Millionen Menschen in den «homelands» ihre südafrikanische Staatsangehörigkeit zurück. Bei den ersten demokratischen Wahlen Südafrikas im April 1994 gewinnt der ANC, wobei später bewusst auch Vertreter anderer Parteien Funktionen in der «Regierung der nationalen Einheit» erhalten. Am 10. Mai 1994 wird Nelson Mandela als Südafrikas erster demokratisch gewählter Präsident in sein Amt eingeführt.

Im Juni 1995 erklärt das Verfassungsgericht die Todesstrafe für abgeschafft. Im November 1995 wird der TRC unter dem Vorsitz von Bischof Tutu offiziell ihr Auftrag erteilt. Im April 1996 beginnen die ersten öffentlichen TRC-Hearings.

Der Auftrag der TRC

In der neuen südafrikanischen Übergangsverfassung heißt es wörtlich: «Diese Verfassung bemüht sich um eine historische Brücke zwischen der Vergangenheit einer zutiefst zerrissenen Gesellschaft, die charakterisiert war durch Streit, Konflikte, ungezählte Leiden und Ungerechtigkeit – und einer Zukunft, die basiert auf Menschenrechten, Demokratie und friedlicher Koexistenz und der Entwicklung von Chancen für alle Südafrikanerinnen und Südafrikaner, unabhängig von ihrer Hautfarbe, Rasse, Klasse, ihrem Glauben oder Geschlecht. Das Streben nach nationaler Einheit, das Wohlergehen aller südafrikanischen Bürgerinnen und Bürger sowie der Frieden erfordern Versöhnung zwischen den Menschen Südafrikas und einen Umbau der Gesellschaft.»

Der Auftrag der TRC, wie er in einem besonderen Gesetz von Mai 1995 formuliert wurde, kann in sechs Punkten zusammengefasst werden*:

1. die Erarbeitung eines detaillierten Berichts über Art, Ausmaß und Gründe von Menschenrechtsverletzungen, die in Südafrika zwischen 1960 und 1994 geschahen sowie die Dokumentation der Zusammenhänge, in denen diese Verletzungen vorkamen;
2. das namentliche Benennen von Personen, Institutionen, Organisationen, politischen Parteien und anderen, die verantwortlich waren für schwere Verletzungen von Menschenrechten;
3. den Opfern von schweren Menschenrechtsverletzungen ein öffentliches Forum zum Mitteilen ihrer Erfahrungen zu bieten mit dem Ziel der Wiederherstellung ihrer menschlichen Würde;
4. Empfehlungen an die Regierung zu geben mit dem Ziel, zukünftige Menschenrechtsverletzungen zu verhindern;
5. Vorschläge zur Entschädigung der Opfer von Menschenrechtsverletzungen zu machen;
6. Entscheidungen zu treffen über die Gewährung oder Ablehnung von Amnestie für individuelle Täter unter der Bedingung, dass sie ihre Beteiligung an Menschenrechtsverbrechen uneingeschränkt offen gelegt haben.

* Lyster, Richard: Dealing with the past (unveröffentlichtes Manuskript für die Konferenz «Dealing with the Past overcoming Dictorial Regimes – Differences and Similarities between Argentina, Chile, Germany, Poland and South Africa»), Berlin 1998, S. 3.

Vor allem der letzte Punkt prägte entscheidend jenes zentrale TRC-Motto «Wahrheit – Weg zur Versöhnung», das bei vielen TRC-Hearings als Slogan auf grün-schwarzen Spruchbändern zu lesen war.

Was hier in wenigen trockenen Worten zusammengefasst ist, hatte und hat eine Vielzahl von Implikationen, die sich zum Teil erst während der konkreten Arbeit der TRC in aller Schärfe herausstellten. Ein paar nachdenkliche Überlegungen seien hier bereits festgehalten:

- Wenn es nur um «schwere Menschenrechtsverletzungen» gehen sollte (also Verbrechen wie Mord, Totschlag oder Folter, die im Prinzip auch im Apartheidstaat unzulässig waren), bestand dann nicht die Gefahr, dass das Unrechtmäßige der Apartheid an sich, von Rassismus in jener Vielzahl unmenschlicher Gesetze, aus dem Blick geriet?
- Was sollte mit jenen Tätern geschehen, die sich weigerten, die «volle Wahrheit» über ihre Verbrechen preiszugeben, und denen deshalb keine Amnestie gewährt werden würde?
- Wie konnte eine Entschädigung vorstellbar werden für Millionen, die enteignet, gefoltert oder deren unmittelbare Angehörigen ermordet worden waren?
- Warum sollten für Entschädigungen «nur» Empfehlungen ausgesprochen werden – während Anerkennung oder Ablehnung von Amnestie jedoch Entscheidungscharakter hatte?

Über den positiven Wert zweier ausführlich verhandelter Aspekte jedoch konnte kein Zweifel herrschen:

- Eine Generalamnestie, wie sie anfangs von Vertretern der alten Regierung gefordert worden war, hatte zugunsten einer individuell zu überprüfenden Amnestie abgewehrt werden können. Ohne diese Vorgabe «Amnestie gegen Wahrheit» wäre – darin sind sich alle an den Verhandlungen Mitverantwortlichen einig – ein Blutbad, eine Fortsetzung des Bürgerkriegs, unvermeidlich gewesen. Der konstitutionelle Auftrag der TRC, mitzuhelfen beim Aufbau demokratischer Werte im neuen Südafrika, hat hier ein minimales, aber doch im Kern glaubwürdiges Fundament gefunden.

- Die Achtung gegenüber den Opfern von Menschenrechtsverletzungen, der Respekt, der ihnen in vielen scheinbar kleinen Regularien während der öffentlichen Hearings gezollt wurde, hat wesentlich den so anderen Geist und Charakter der südafrikanischen Wahrheitskommission deutlich werden lassen und – vielleicht mehr noch als viele der für Wissenschaftler unendlich bedeutsamen Forschungsergebnisse der TRC – ihr Bild in der nationalen wie internationalen Öffentlichkeit geprägt.

Hier wurde sinnlich erfahrbar mit jenem «Verächtlichmachen anderer Menschen» (Jaspers) gebrochen, selbst gegenüber Tätern, ohne den geringsten Ansatz jener schrecklichen Kumpanei der ersten deutschen NS-Verbrecherprozesse. Wenn die Zeugen bei TRC-Hearings den Saal betraten oder verließen, erhoben sich alle Zuhörer im Saal; jede Zeugin und jeder Zeuge konnte sich in der eigenen Muttersprache mitteilen, und für eine Betreuung und Begleitung der Opfer war selbstverständlich gesorgt. Nicht die Opfer hatten «überzeugend nachzuweisen», was die Täter getan hatten, sondern jede Zeugin und jeder Zeuge hatte ein Recht auf die subjektiv erfahrene und erinnerte Wahrheit. Opfer wie Täter wurden durch aktiv tätige Ermittler (Investigation Unit) unterstützt, um eventuell fehlende oder vergessene Details zusammenzutragen.

Aufbau und Zusammensetzung der TRC

Die TRC arbeitete im Auftrag des Parlaments, war dem Obersten Gerichtshof unterstellt und bestand aus drei Komitees sowie zwei Unterabteilungen:

1. *Komitee zu Menschenrechtsverletzungen:* Zwischen April 1996 und Juni 1997 fanden in allen Teilen des Landes öffentliche Hearings zu bestimmten regionalen oder inhaltlichen Schwerpunkten statt. Mehr als 20000 Menschen gaben hier ihre Statements ab, ein größerer Teil tat dies nichtöffentlich. Hier wurde oft nicht nur über sich selbst, sondern auch über andere – Familienangehörige und Freunde – berichtet.
2. *Komitee zu Entschädigungen:* Auf Basis sorgfältiger Überprüfun-

gen wurden am Ende von diesem Komitee rund 22 000 Personen mit Berechtigung auf Entschädigungszahlungen vorgeschlagen, die maximal sechs Jahre lang pauschal pro Person und Jahr zwischen 17 000 und 18 000 Rand (ca. 5500 – 6000 DM) erhalten können. Es wurde außerdem empfohlen, im Staatshaushalt dafür rund 500 Millionen Rand pro Jahr zu reservieren. Pauschalbeträge wurden deshalb vom Komitee vorgeschlagen, um verzögernde Verwaltungsverfahren bei individuellen Bemessungen zu vermeiden.

3. *Komitee zu Amnestie-Anträgen:* Dieses Komitee hat seine Arbeitsperiode aufgrund der Flut von Anträgen verlängern müssen und wird einen den Abschlussbericht ergänzenden Report vermutlich bis Anfang 2000* vorlegen. Bis zur Veröffentlichung des «Final Report» am 29. 10. 1998 wurden 4443 Anträge verhandelt, wobei 122mal Amnestie gewährt wurde. 2684 Anträge stehen noch an. Die abgelehnten Antragsteller sollen (so die Empfehlungen der TRC) nun strafrechtlich belangt werden oder – wo dies bereits geschehen ist – ihre Strafen gemäß früheren Urteilen weiter abbüßen.

Die zwei Unterabteilungen hatten folgende Aufgaben:

- Die *Forschungsabteilung (Research Unit)* war für die Dokumentation und ergänzende Forschung zur Erstattung des ausführlichen Abschlussberichts verantwortlich. Ziel war hierbei, die Mosaiksteine der vielfältigen Zeugenaussagen in größere inhaltliche Zusammenhänge einzuordnen und einem breiten Publikum verständlich zu machen.
- Die *Ermittlungsabteilung (Investigation Unit)* hatte im Kern den Auftrag, alle Zeugenaussagen (von Opfern wie Tätern) zu überprüfen und durch weitere Fakten oder Beweise zu ergänzen. Sie hatte auch das Recht, im Zuge ihrer Ermittlungen Zeugen polizeilich vorladen zu lassen.

* Die Arbeit am Manuskript dieses Buches wurde Ende Juni 1999 abgeschlossen. Bis zu diesem Zeitpunkt lag der Abschlussbericht des Amnestie-Komitees noch nicht vor.

Die TRC wurde von 17 Commissioners unter Vorsitz von Erzbischof Desmond Tutu geleitet. Ihnen zur Seite standen zahlreiche Angestellte sowie Sekretariatspersonal. Über das Wahlverfahren der 17 Commissioners sagt Bischof Tutu in seiner Einleitung zum Abschlussbericht: «Die Kommission wurde scharf dafür kritisiert, dass sie angeblich überladen sei mit sogenannten ‹Kämpfertypen›, Leuten, die für den ANC, die **SACP** oder den **PAC** seien. Wir wollen demgegenüber deutlich sagen, dass wir uns weder selbst gewählt noch unsere Namen selbst vorgeschlagen haben. Wir wurden in einem Prozess nominiert, der jedem offen stand - was auch immer ihr oder sein politischer Hintergrund gewesen sein mag. Wir wurden in öffentlichen Sitzungen befragt durch ein Gremium, dem Vertreter aller politischen Parteien angehörten. Außerdem: als der Präsident seine letzte Entscheidung auf Basis einer Vorschlagsliste traf, tat er dies in Abstimmung mit dem Kabinett der nationalen Einheit, dem der ANC, die **IFP** und die **Nationale Partei** angehörten. Soweit wir wissen, sprach sich niemand öffentlich gegen einen Vorgeschlagenen aus. In der Tat wurden viele von uns gewählt eben wegen unserer oppositionellen Rolle gegenüber der Apartheid - was auch damit zu tun hat, wie wir unsere Glaubwürdigkeit aufbauten und unsere Integrität zeigten. Ich selbst bin bis heute nicht Mitglied einer politischen Partei. Ich glaube, dass auf der anderen Seite einige meiner Kollegen genau wegen ihrer Zugehörigkeit zu einer bestimmten Partei gewählt wurden, um dadurch insgesamt eine möglichst breite Repräsentativität zu erreichen.»

Zentrale Begriffe der TRC: Ubuntu, Wahrheit und Versöhnung

Ubuntu

Ubuntu wird wörtlich häufiger übersetzt mit dem Begriff Menschlichkeit. In seiner metaphorischen Umschreibung in Xhosa heißt Ubuntu: «umuntu ngumuntu ngabantu» - Menschen sind Menschen durch andere Menschen. Es reicht weiter als beispielsweise ein christliches Konzept der Nächstenliebe, das im Prinzip auf der trennscharfen Individualität von Menschen beharrt. Die afrikanische Idee von Ubuntu umfasst ein grundsätzliches Konzept des «Füreinander-Daseins», das keiner besonderen sozialen Regelung bedarf. Ein Beispiel: Als bei gewalttätigen Auseinandersetzungen ein Vater von Soldaten daran gehindert wurde, zu einem verletzten schwarzen Kind zu gelangen, wurde dies damit begründet, er könne nicht nachweisen, dass dies «sein» Kind sei. Voller Schmerz schrie der Mann in die Kamera eines Journalisten: «Jedes Kind ist doch auch mein Kind!» Eindringlicher kann die Bedeutung von Ubuntu kaum veranschaulicht werden.

Dass prinzipiell jedes Menschenleben zu achten ist und diese Idee genauso Weißen zugänglich sein kann, hat vor dem TRC-Hearing am 23. September 1996 in Klerksdorp Susan van der Merwe demonstriert, die dort über die Entführung und Ermordung ihres Mannes 1978 durch eine Einheit von **Umkhonto weSizwe** aussagte, des militärischen Zweiges des ANC*: «Die Tswanas haben ein Idiom, das ich von meinem Mann lernte. Es lautet: Ein Mensch ist ein Mensch durch andere Menschen. Wir haben diese Pflicht gegenseitig. Das Überleben der Menschen in unserem Land hängt von unserer Kooperation untereinander ab. Meine Bitte an euch ist mitzuhelfen, dass Leute ihre Waffen wegwerfen … Kein Menschenleben ist eine Verschwendung. Leben, jedes einzelne Leben, ist wertvoll …»

Wahrheit

Nur in Diktaturen und autoritären Regimes gibt es jene einzige Wahrheit der Machthaber selbst. In den Prinzipien für die Arbeit der TRC sind vier Ebenen von Wahrheit beschrieben, denen gleichermaßen Raum zu geben ist:

1. Die faktische Wahrheit: Dies ist die Ebene der be- und nachweisbaren Einzelheiten, sachlich überprüfbar wie Zeit und Ort, gerichtsverwertbar und unanzweifelbar.

* van der Merwe, Susan, zitiert nach: TRC-Report, Bd. 1, Kap. 5, S. 128.

2. Die persönliche Wahrheit: Dies ist die subjektive Erlebnisebene von Individuen, die – ohne zu lügen – tatsächlich ein gleiches Erlebnis höchst unterschiedlich erfahren haben können.
3. Die soziale Wahrheit: Diese Ebene von Wahrheit muss aktiv hergestellt werden, indem Dialoge zwischen Menschen und Gruppen ermöglicht werden, die bislang nicht miteinander kommunizierten.
4. Die heilende Wahrheit: Es reicht nicht, nur Fakten, Meinungen oder Dispute zur Kenntnis zu nehmen – erst durch die Einfühlung sowohl in bislang zum Schweigen verurteilte Opfer als auch in die Täter und ihre Motive werden Voraussetzungen geschaffen, um Wunden heilen zu lassen und Wiederholungszwänge von Gewalt und Gegengewalt zu unterbrechen.

Versöhnung

Wohl die häufigsten Missverständnisse, Spott bis hin zu wütender Ablehnung hat der Begriff «Versöhnung» provoziert. Andererseits ist aber genau dieses «Wunder der Versöhnung», wie es Commissioner Mary Burton nannte, allem Lächerlichmachen zum Trotz in bestimmten Situationen geschehen. Nicht immer, nicht prognostizierbar, schon gar nicht planbar, aber wenn das «Wunder» sich ereignete, war es überraschend und glaubwürdig sowohl für die unmittelbar Betroffenen wie die anwesenden Zuhörer: Beinah unvorstellbar wie jener Moment, als der berüchtigte Anführer der **Vlakplaas-Todeseinheiten**, Eugene de Kock, vor einer Menge in Port Elizabeth seine Verbrechen zugab, sich bei den anwesenden Witwen der von seinen Leuten ermordeten Ehemänner entschuldigte und um Vergebung bat – und die Menge nach einem Moment tiefen Schweigens mit Applaus reagierte*.

Die Stärke ebenso wie die Schwäche der Versöhnung ist, dass sie nur konkret sein kann. Sie taugt wenig als theoretisches Konzept, das anderen übergestülpt werden soll. Versöhnung – egal ob zwischen

* Beschrieben in: Winslow, Tom: Reconciliation: The Road to Healing?, in: Track Two, Kapstadt, 3–4/1997, S. 26.

zwei Menschen oder gar im Hinblick auf eine gesamte zerrissene Gesellschaft – kann nur individuell vollzogen werden. Versöhnung ist ein offener Prozess, zu dem niemand gedrängt werden kann. Wie befreiend Versöhnung auch für die Opfer sein kann, vermag nur zu fühlen, wer es erlebt oder miterlebt hat. Es ist ein Glück, das erst hinterher erfahrbar wird. Solange Rachegefühle vorherrschen, behalten Tat wie Täter weiter indirekt Macht über ein Opfer.

Auch die Begriffe *Amnestie* für die Täter und *Entschädigung* für die Opfer spielen in diesem Kontext als jeden Versöhnungsprozess stützende Maßnahmen eine Rolle. Sie werden für Täter wie Opfer jedoch im Prinzip nur zeitlich begrenzte Hilfskonstruktionen bleiben, wenn nicht überzeugend an der grundsätzlichen Perspektive einer gerechten Gesellschaft gearbeitet wird, einer Gesellschaft, die in ihren verantwortlichen Gremien erkennt (und die meisten ihrer Mitglieder erkennen lässt!), dass Apartheid zwischen «oben und unten», zwischen «sehr reich und sehr arm» ähnlich gefährlich und folgenreich sein kann wie Apartheid zwischen schwarz und weiß. Dann verlängern auch Entschädigungen nicht nur die Rolle der Opfer und irritieren Amnestieverfahren nicht prinzipielle Gerechtigkeitsgefühle, sondern können beitragen, Geduld zu erzeugen, ohne das Ziel aus dem Auge zu verlieren.

«Der vielleicht älteste Mensch, der jemals vor der TRC aussagte, ist William Matidza, geboren 1895. Kahl, aufrecht, mit einem kurz geschorenen Ziegenbart, betritt er ohne Hilfe die Bühne. Er sei hier, sagt er, nicht weil ihn die Polizei immer wieder aus politischen Gründen verhaftete und eingesperrt hat. Nicht weil er bereits achtzig war, als er zuletzt ins Gefängnis kam. Sondern weil sein gesamtes Eigentum beschlagnahmt worden ist. Ihm sei egal, was mit dem Haus wird und den Möbeln und seinem Vieh, mit diesen Verlusten käme er schon klar – aber die Bäume ... ‹Versteht ihr?› Er möchte seine Bäume zurück ... Er möchte Entschädigung dafür. Die Commissioner erklären auf eine Weise, die spüren lässt, wie unangenehm ihnen das ist, dass sie selbst nicht die Macht haben und auch nur Vorschläge an den Präsidenten unterbreiten können und dass all dies Zeit dauern wird. ‹Macht nichts›, sagte Matidza. ‹Ich bin warten gewöhnt.›»*

Deutscher Exkurs 2

Berlin, im November 1989

Als die Mauer in meiner Geburtsstadt Berlin am 9. November «fällt» (de facto ist sie ja nie gefallen, es wurden Grenzübergänge wie Ventile geöffnet und später Löcher in sie geschlagen), bin ich in Amsterdam und sehe gebannt und mit einem eigenartigen Schauer über dem Rücken auf die Filmbilder aus Ost-Berlin: Massen von Menschen, die weinend und lachend durch die Straßen laufen, hin zu den Grenzübergängen, an denen man sonst die Westbesucher verabschiedete und die nun angeblich für jeden offen stehen sollen.

Der 9. November stand in all den Jahren davor für meine Freunde und mich im Westen – dabei auch wieder Gisela Wiese sowie einige Hamburger Überlebende von Auschwitz – für das Bemühen, in der Öffentlichkeit an jenen 9. November 1938 zu erinnern, an dem der Pogrom gegen die Juden Deutschlands sich in der Zerstörung ihrer Geschäfte und dem öffentlichen Verprügeln von Menschen Luft machte. Die zahllosen Glasscherben zerschlagener Schaufensterscheiben am nächsten Morgen ließen die Nazis verharmlosend von der «Kristallnacht» sprechen. Bei Schulveranstaltungen und Mahnwachen konnte man am Thema der Pogromnacht eindrucksvoll verdeutlichen, dass die Nazis eben nicht über Nacht gekommen waren und dass dem Holocaust ein zunehmender Prozess der Entrechtung vorausgegangen war. Manche Schüler oder Passanten kapierten die Idee, dass man sich für Menschenrechte frühzeitig engagieren müsse, nicht erst «wenn's zu spät ist» – und wir Lehrer oder Demonstranten freuten uns.

Zwei völlig konträre Gedanken gingen mir an jenem 9. November 1989 vor dem Fernseher in Amsterdam durch den Kopf: Einmal eine schlichte Kindheitserinnerung – das ist die Mauer, wo du als Kind von der Westseite aus oft hast Drachen steigen lassen, in jener ärmeren Gegend im Süden, in der es damals noch einzelne Stoppelfelder gab, die bis

* Krog, Antjie: Country of my skull, Johannesburg 1998, S. 195–196.

direkt an die Mauer reichten. Keine Autos fuhren dort, eine schöne Gegend zum Spielen, nur aufpassen musste man, dass die Schnur nicht riss und der Drachen über die Mauer segelte. Das kam ab und zu schon vor. Dann sagten wir: «Nun ist er weg!»

Der andere Gedanke war der des Erwachsenen, der besorgt war: Jetzt wird niemand mehr etwas von damals, von 1938, wissen wollen. Jetzt werden alle nur noch über Deutschland reden, über die Wiedervereinigung – ja oder nein, darüber, dass die DDR angeblich ebenso schlimm wie Nazi-Deutschland gewesen sei. Und dass man natürlich dieses Mal alles besser als nach 1945 machen würde ...

Vieles ist anders gelaufen, das ist wahr. Der größte Erfolg, das erste Bild im Fernsehen, das auch mich hoffen ließ – der Sturm auf die Zentrale der Staatssicherheit in Ost-Berlin. Ein Mann, vielleicht Mitte Dreißig, Typ Handwerker, breiter Berliner Dialekt: «Wir ham jehört, dat die Stasi hier allet vanichten wollte. Det kommt nich in Fraje!» Eine Jugendliche mit grün gefärbten Haaren, sie steht im Foyer, kann kaum atmen vor Aufregung: «Nich zu glooben – vor denen hatten wir so 'n Schiss all die Jahre!» Das Chaos hält sich in Grenzen, das zutreffende Gefühl einer historischen Tat sowie viele Fernsehkameras scheinen Weiteres zu verhindern. Die letzten Angestellten, keine großen Tiere mehr, die verunsichert über die Flure huschen, werden in Ruhe gelassen, wenn sie sich nicht in den Weg stellen.

Joachim Gauck, heute Leiter der nach ihm benannten Behörde, in der alle Stasi-Akten der Öffentlichkeit zugänglich gemacht wurden, damals einer der Demonstranten auf der Straße, erinnert sich anlässlich eines Besuchs in Südafrika*: «Es gab einen Unterschied zwischen unseren Parolen und jenen, die 1956 in Ungarn gerufen wurden. Wir riefen nicht: ‹Geheimdienstagenten an den Galgen!› oder ‹Geheimdienstagenten ins Ghetto!›. Wir riefen stattdessen: ‹Geheimdienstagenten sollen arbeiten!›. Vielleicht weil wir dachten, es wäre Strafe genug für sie, wenn sie arbeiten müssten wie andere gewöhnliche Leute auch.»

Wahrheit und Versöhnung? Die Wahrheit über die Stasi-Überwachung ist auf eine selbst Kenner der Szene schockierende Weise ans

* Gauck, Joachim, in: Boraine, Alex et al.: Dealing with the Past – Truth and Reconciliation in South Africa, Kapstadt 1994, S. 71

Licht gekommen: Alle Stasi-Ordner, in denen im Vorcomputer-Zeitalter die Spitzelberichte gesammelt wurden, haben eine Länge von – nebeneinander gestapelt – 180 Kilometern. Ungefähr 90 000 Bürgerinnen und Bürger der DDR waren zu Hochzeiten im Dienst der Staatssicherheit damit beschäftigt, ihre Mitbürgerinnen und Mitbürger zu überwachen. Die Zahl der sogenannten «inoffiziellen Mitarbeiter», die dies ohne jeden Vertrag und allein gegen unregelmäßige Vergünstigungen taten, war noch höher. Rund 700 000 Menschen haben inzwischen Akteneinsicht beantragt – mit nicht immer erfreulichen Ergebnissen. Nicht nur vertraute Nachbarn oder Kollegen entpuppten sich als Spitzel, zuweilen – wie im Fall der Friedensaktivistin Vera Wollenberg – war es sogar der eigene Ehemann.

Timothy Garton Ash* spricht davon, dass die «Unterdrückung in Osteuropa in die Breite ging, in Lateinamerika dagegen in die Tiefe». Sein vereinfachendes Bild will sagen: Hier hatte es ein flächendeckendes System der Verstrickung gegeben und die Verschleierung der Übergänge zwischen Recht und Unrecht war Teil des Systems. Dort hatte eine kleine brutale Clique geherrscht, die sich keinerlei Sorgen um ihre offenkundigen Menschenrechtsverletzungen machte, sondern diese eher als Teil ihrer «inneren Abschreckung» zu betrachten schien. Es ist selbstverständlich, dass die unterschiedliche Struktur und Selbstdarstellung undemokratischer Systeme auch Einfluss auf ihre Überwindung und spätere Aufarbeitung hat. So ist es kein Zufall, wenn in Lateinamerika Generalamnestien in der Regel das makabre Abschiedsgeschenk scheidender Militärjuntas darstellten, während in Osteuropa demgegenüber eher unterschiedlich breit angelegte «Säuberungsaktionen» und «Überprüfungen» gewählt wurden.

Und in Südafrika? Die südafrikanische Situation – historisch wie aktuell – ist durch eine Vielzahl von Zwiespältigkeiten, Ignoranzen und Kompromissen geprägt, was keinen Widerspruch zu Ashs Bild darstellt: In Südafrika war die Unterdrückung «breit» und «tief». Es gab Exzesse der Unmenschlichkeit von wenigen (die vor allem Gegenstand der TRC wa-

* Ash, Timothy Garton: Het Geheim van de Verlossing – hoe staten verschillend afrekenen met een dictoriaal verleden, in: NRC Handelsblad, 24. 10. 1998, S. 36–37.

ren), und jene legalisierte Unmenschlichkeitder Apartheid, in die weite Teile der Bevölkerung verstrickt waren (die gleichwohl nicht oder nur wenig ins Blickfeld der TRC geriet). Die Idee der «Amnestie gegen Wahrheit» war ebenso ein Kompromiss wie der labile «Empfehlungscharakter bei Entschädigungen» – beides im Kern in die Zukunft verlagerte Konflikte, deren Lösung in dringlicher Weise noch aussteht. All dies ist nicht der TRC und schon gar nicht ihren Commissioners und Mitarbeitern anzulasten. Sie haben ihren Auftrag – vor allem im Hinblick auf eine «Wiederherstellung der Würde» vieler Opfer – in historisch vorbildlicher Weise erfüllt. Gleichwohl bleibt die Warnung von Professor Mahmood Mamdani* während einer öffentlichen TRC-Diskussion über «Versöhnung» am 12. März 1998 in Kapstadt bedenkenswert, «einen Kompromiss nicht zu einer Tugend zu erklären», sondern vor allem auch seine Grenzen kritisch zu sehen und daraus weiterführende Konsequenzen zu ziehen.

Eines ist der TRC ohne Zweifel gelungen: Jenen ein Gesicht und eine Stimme zu geben, die allzu lange zum Schweigen verurteilt waren. Die Unmenschlichkeit der Apartheid wird letzten Endes nicht durch noch so schockierende Zahlen und Statistiken über Vertreibungen und Verhaftungen, selbst Folterungen oder gar Massengräber nachvollziehbar. Sie wird nur über Einfühlung in einzelne Menschen vorstellbar. Und Empathie als Voraussetzung jeder politisch dauerhaft verantwortlichen Haltung kann – ebenso wie Versöhnung – immer nur konkret und persönlich geschehen.

Es gilt, was die Schriftstellerin Judith Miller** über den Holocaust sagte:

«Wir müssen uns vor Augen halten,
dass der Holocaust nicht bedeutete: sechs Millionen.
Es war einer und noch einer und noch einer und ...» *LvD*

* Mamdani, Mahmood: Beitrag während der öffentlichen TRC-Diskussion über «Veränderung einer Gesellschaft durch Versöhnung – Mythos oder Realität?» am 12. 3. 1998 in Kapstadt.

** Miller, Judith: One by one by one. Facing the Holocaust, New York 1990, S. 287.

2. «Lasst uns für uns selbst sprechen!» – Kinder und Jugendliche vor der TRC

Kapstadt im Mai 1997

Geplant war ein offizielles Sightseeing-Programm: Waterfront und Tafelberg. Nach der Verleihung eines Literaturpreises in Namibia noch ein paar Lesungen auf Einladung des Johannesburger Goethe-Instituts in Kapstadt. Karin und ich haben uns vorher nie gesehen. Sie hat diesen Auftrag zur «Autorenbetreuung» als Dekanin der Germanistischen Fakultät an der Western Cape Universität bekommen. Und aus eigenem Interesse angenommen, weil sie ein paar meiner Jugendbücher mit ihren Studenten gelesen hatte.

Während der Fahrt vom Flughafen vorsichtiges Abtasten. «Natürlich können wir das Programm machen wie geplant. Aber ich weiß nicht, ob Ihnen bekannt ist, dass heute in Kapstadt Anhörungen von Jugendlichen vor der Wahrheitskommission stattfinden. Bischof Tutu ist auch dort ...» Der Tafelberg wird wohl noch länger stehen. Mit einem befreienden Lächeln erkennen wir etwas Gemeinsames. Karin startet durch zum Hearing nach Athlone.

Wir sind zwei Menschen mit eigenartigen Biographien: Deutsche Wurzeln, von denen vor allem die Zuneigung zur gemeinsamen Muttersprache geblieben ist. Und eine tiefe Abscheu gegen jede «Verächtlichmachung von Menschen», egal wo und wie sie sich zeigt. Der Name Deutschlands – zum Glück nicht die heutige Realität – wird hiermit seit 1945 nach wie vor in der internationalen Gemeinschaft assoziiert: der Ausgrenzung (und späteren systematischen Ermordung) all jener, die zu «Anderen» gemacht wurden – damals vor allem die Juden, aber auch Roma und Sinti, Behinderte, Homosexuelle und andere Minderheiten. Die Frage nach Ursachen, immer wieder: Wie hat es so weit kommen können in einer angeblich hochkultivierten Gesellschaft? Gab es zu wenig Vorwarnungen? Oder wurden sie einfach nicht gesehen? Und die Frage nach Verantwortung, auch der nachfolgenden Generationen: Niemals mehr sagen wollen: «Wir haben es nicht gewusst!»

In Athlone kommen wir gerade rechtzeitig zur Eröffnung. Eine große Halle, gefüllt mit hunderten von Schulkindern und ihren Lehrerinnen und Lehrern. Auf dem Podium, über dem das grün-schwarze Banner mit dem Logo der Wahrheitskommission hängt, haben die ersten Commissioners schon Platz genommen. Am Eingang werden Kopfhörer für die Simultanübersetzung in Xhosa, Englisch und Afrikaans ausgegeben, sie reichen nicht. Immer zwei oder drei Leute bekommen einen Kopfhörer. Das geht auch.

Karin wird begrüßt von Mary Burton, Präsidentin von Black Sash, einer traditionsreichen Menschenrechtsorganisation vor allem weißer Frauen. Mary Burton ist eine von 17 Commissioners. Karin war jahrelang eine der Vizepräsidentinnen dieser Organisation. Wir werden Glenda Wildschut, einem weiteren Commissioner, vorgestellt, die einen Besuch in Amsterdam ankündigt, als sie hört, dass ich dort zu Hause bin.

Und dann kommt Bischof Tutu in den Saal. Während er den langen Gang zum Podium entlang eilt und freundlich nach links und recht grüßt, stoßen sich mehrere Kinder und Jugendliche an und schauen zu ihm. Ein paar Mutige, die am Gang sitzen, strecken eine Hand aus und versuchen ihn zu berühren. Eine Persönlichkeit ist er, ohne Frage, jedes Kind kennt seinen Namen, aber hier geht es nicht zuerst um ihn – und das wird er in der ihm eigenen Art auch umgehend deutlich machen. *LvD*

Die Jugend Südafrikas – eine (noch) schweigende Mehrheit

Im Jahr 2000 sind 55 Prozent der südafrikanischen Bevölkerung unter 16 Jahre alt. Bei einer Gesamtzahl von 38 Millionen Einwohnern gehören 77 Prozent zur schwarzen Bevölkerung, 8,5 Prozent rechnen sich zur farbigen, 2,5 Prozent zur indischen und 12 Prozent zur weißen Bevölkerung (Stand: 1996). Seit dem offiziellen Ende der Apartheid sind beeindruckende Bemühungen unternommen worden, die nach wie vor weitgehend voneinander getrennt lebenden Bevölkerungsgruppen in Kommunikation miteinander zu bringen.

Ein Motiv der TRC, besondere Hearings für Jugendliche zu veranstalten, war neben der besonderen Rolle, die vor allem Kinder und Jugendliche im Kampf gegen die Apartheid übernahmen und die entsprechend gewürdigt werden sollte, sicher auch die berechtigte Sorge um die Zukunft: Was wird aus einer Gesellschaft, die mit einer gesamten Generation junger Leute konfrontiert ist, die – bei allem Stolz über den politischen Erfolg – bis heute an den oft wenig bis gar nicht verheilten Wunden jener Zeit leiden? Einer Gesellschaft, die darüber hinaus bereits eine noch jüngere neue Bevölkerungsmehrheit hat, für die das Engagement der wenig Älteren bereits Geschichte ist, wenngleich die Jüngeren und Jüngsten selbst tagtäglich Erfahrungen mit noch immer bestehender, schlimmster sozialer Benachteiligung machen? Gibt es da etwas zu erklären, einen Sinn zu stiften oder Ziele zu formulieren und zu verwirklichen, die verhindern, dass sich Enttäuschungen immer mehr in orientierungslose Gewalt und Kriminalität Bahn brechen?

Die Geschichten von Kindern und Jugendlichen sowie jungen Erwachsenen, die zu Zeiten der Apartheid Kinder und Jugendliche waren, können hier möglicherweise helfen, Brücken zu bauen. Brücken zwischen früheren Werten des Befreiungskampfes in einer gewaltsam auseinandergerissenen Gesellschaft und heutigen, noch zu erarbeitenden Werten einer nach Versöhnung strebenden Nation. Soweit die Theorie. Wie soll das, um Himmels willen, gehen?

Wer kam zur TRC und wer durfte kommen?

Im Prinzip konnte sich jedes Kind und jeder Jugendliche in einem der TRC-Büros im Lande melden, um sein Statement abzugeben. In monatelanger Vorbereitungsarbeit ließen sich Mitarbeiter der TRC von Schüler- und Studentenorganisationen, Kinder- und Jugendeinrichtungen, Anti-Gewalt- und Trauma-Projekten, Psychologen und Medizinern beraten. In der Unterzeichnung der UNO-Konvention zum Schutze von Kinderrechten durch die neue südafrikanische Regierung im Jahre 1995 wurde die wesentliche Orientierung für die bevorstehende Arbeit gesehen – im Besonderen im «Achten der Stimmen von Kindern und Jugendlichen». In Vorgesprächen mit den Betroffenen wurde abgewogen, ob das Statement auch während eines öffentlichen Hearings bekannt gemacht werden sollte.

Kontrovers wurde längere Zeit die Frage diskutiert, ob auch Kinder unter 18 Jahren zu den öffentlichen Hearings zugelassen werden sollten. Nach ausführlichen Beratungen mit den zahlreichen Experten fassten die Erwachsenen den Beschluss, dass es zum Schutze der sehr jungen Zeugen besser sei, wenn dies nicht öffentlich geschehen würde, sondern in geschlossenen Gruppen und betreut von erfahrenen Pädagogen oder Psychologen. Unter den Kindern und Jugendlichen blieb dies bis zuletzt kontrovers.

Protestbrief eines elfjährigen Mädchens

Der folgende Brief wurde während des öffentlichen Jugend-Hearings in Athlone (Kapstadt) am 22. Mai 1997 vorgelesen:

«An die Wahrheits- und Versöhnungskommission.

Mein Name ist Rudie-Lee Reagan. Ich bin eine elf Jahre alte Schülerin. Ich habe von den besonderen Kinder-Hearings gehört, die in Kapstadt stattfinden sollen. Ich habe auch gehört, dass Kinder unter 18 Jahren nicht sprechen dürfen.

Ich denke, das ist sehr unfair und dumm. Kinder über 18 Jahren sind eigentlich keine Kinder. Ich weiß das, weil ein Kind, das vor acht Jahren zehn Jahre alt war, heute achtzehn ist!

Die Wahrheitskommission verletzt dadurch die Rechte der Kinder unter 18 Jahren. Ich verstehe, dass die Wahrheitskommission versucht, einige Kinder davor zu schützen, noch einmal durch all die Schmerzen und Verletzungen zu gehen. Aber da gibt es Kinder, die aussagen möchten und wollen, dass die Täter sich verantworten müssen.

Kinder, deren Eltern ermordet wurden, sollten die Möglichkeit erhalten, der Wahrheitskommission zu berichten, wie sie damit fertig geworden sind. Aus der Sicht eines Kindes möchte ich sagen, dass ich es sehr wichtig fände zu hören, was diese Kinder denken, was geschehen soll.

Im vergangenen Jahr habe ich zum ersten Mal von einem Jungen gehört, dessen Name Stompie S.* war. Er war 13 Jahre alt. Er hatte eine Überzeugung, er kämpfte dafür, und dadurch verlor er sein Leben. Er war gegen Rassismus und wollte gleichberechtigt sein. Das hat mich sehr nachdenklich gemacht.

Er war sehr jung, aber in so einem jungen Alter wusste er, was richtig und falsch war, und die Leute hörten, was er zu sagen hatte. Er trug zur Veränderung bei, und das Anhören von Kindern mit ähnlichen Erfahrungen könnte uns helfen, Ähnliches zu tun.

Zum Beispiel mit Sexismus klarzukommen. Dank Kindern wie Stompie gibt es keine Apartheid mehr, aber ich habe seit zwei Jahren versucht, Mitglied einer Fußballmannschaft zu werden. Jedoch ist mir das nicht möglich, weil ich ein Mädchen bin. Das ärgert mich. Das Anhören von Kindern könnte helfen, mit solchen Dingen besser umzugehen.

Die Hauptsache ist, dass Kinder in der Lage sein sollten, über Dinge zu sprechen, die uns verletzen, wie sexueller Missbrauch und Gewalt. Es ist auch deshalb interessant, weil es um die Geschichte unseres Landes geht und wir darüber nichts in der Schule lernen. Was ich sagen möchte ist, dass es wichtig ist für Kinder, zu Wort zu kommen, weil Kinder auch Meinungen und Gefühle haben.

Von einer besorgten Elfjährigen,
Rudie-Lee Reagan.»

Kinder geben Statements

Kinder und Jugendliche unter 18 Jahren erhielten die Möglichkeit, ihre Statements auf Band aufnehmen zu lassen, die dadurch Teil der Dokumentation wurden. Der Aufnahme der Statements gingen persönliche Gespräche mit besonders geschulten Mitarbeitern voraus,

* Die TRC hat den Tod des Jungen Stompie S. untersucht und ist zu folgendem Ergebnis gekommen: «Die Kommission stellt fest, dass Stompie S. zuletzt im Haus von Frau Winnie Madikizela-Mandela lebend gesehen wurde und dass sie verantwortlich für seine Entführung aus dem Methodistenpfarrhaus ist. Sie hat versäumt, mit gebührender Verantwortung seinen Tod zu verhindern.» (TRC-Abschlussbericht, engl. Ausgabe, Bd. 2, Kap. 6, S. 570).

die unter anderem den Kindern Anregungen gaben, sich in Bildern und Zeichnungen zu äußern. Beispiele solcher Aussagen vor dem Hintergrund dieser Kinder-Bilder finden sich im Kapitel II.2. «Stimmen und Bilder von Kindern».

Jugendliche geben Statements

So wie auch bei den Erwachsenen repräsentiert die Arbeit der TRC und somit auch ihr Report nicht alle Kinder und Jugendlichen Südafrikas. Konkret heißt es hierzu (Final Report, Band 4, Kapitel 9, S. 249, englische Originalausgabe): «Aufgrund der Beschränkung der Kommission auf grobe Menschenrechtsverletzungen traten vor allem jene als Zeugen auf, die über die Leiden von Kindern und Jugendlichen sprachen. Nur wenige berichteten über die heldenhafte Rolle junger Leute im Kampf gegen Apartheid. Viele sahen sich selbst nicht als Opfer, sondern als Soldaten oder Kämpfer für die Freiheit, und zogen es aus diesem Grund vor, nicht vor der Kommission zu erscheinen. Wieder andere schwiegen, weil sie Repressionen von Familienmitgliedern oder Nachbarn befürchteten. Zuweilen wussten Familienmitglieder nichts von den politischen Aktivitäten der jungen Leute oder waren strikt dagegen.»

Eröffnung eines öffentlichen Hearings

Wie ist es vorstellbar, in einem Saal mit hunderten von Schulkindern und interessierten Erwachsenen eine Atmosphäre herzustellen, in der nichts verharmlost und gleichzeitig Sicherheit für die Zeugen und Aufmerksamkeit für die Zuhörer geschaffen wird? Neben der überwiegend einfühlsamen Fragetechnik der Commissioners und deutlich festgelegten Versammlungsregeln war es zweifellos auch Bischof Tutu, der durch seine Eröffnung der Hearings einen bestimmten Ton setzte. Exemplarisch im folgenden Auszüge vom Jugend-Hearing in East London am 18. Juni 1997:

«Vielen Dank für euer herzliches Willkommen!

Vor zwanzig Jahren verbrachten wir Erwachsenen viel Zeit damit, zu reden und zu reden, aber am **16. Juni 1976** sagten junge Leute: Jetzt reicht's! Es ist genug geredet, jetzt muss gehandelt werden!

Wir möchten diesen jungen Leuten unsere Anerkennung aussprechen, die jenen unglaublichen Mut aufbrachten, der uns half, dahin zu kommen, wo wir heute sind, vor allem durch den Beitrag dieser jungen Leute – und so möchte ich auch euch alle sehr, sehr herzlich willkommen heißen zu diesem besonderen Hearing! Einem öffentlichen Hearing der Wahrheits- und Versöhnungskommission, in dem Jugendliche darüber sprechen werden, was geschah und wie sie über die Zukunft denken.

Ist es euch überhaupt aufgefallen? Vielleicht habt ihr es nicht bemerkt, aber das gilt nicht nur für Südafrika, dass junge Leute das Wesentliche getan haben. Wenn ihr zum Beispiel schaut, was in den USA passierte während des Vietnamkrieges: Vor allem junge Menschen waren es, die durch ihre Demonstrationen dafür sorgten, dass sich die USA aus Vietnam zurückziehen mussten. Damals gingen manche von uns nach Übersee, um dort um Unterstützung für die Sanktionen zu bitten. Auch ich besuchte die USA und ging zu Oberschulen und Universitäten. Sogar zur Examenszeit, wenn Studenten sich doch vor allem um ihre Prüfungen und Noten kümmern, war es für sie wichtiger zu demonstrieren. Es war sehr ermutigend zu erfahren, dass wir solche Unterstützung von jungen Leuten bekamen. Nicht nur, aber vor allem von jungen Leuten.

Dass dies nicht irgendeine Verirrung ist, könnt ihr schon in der Bibel lesen: Als die Kinder Israels in Schwierigkeiten waren, suchte Gott nicht einen alten Mann wie Bischof Tutu, sondern wählte den jungen David, und David erledigte die Sache und pustete den starken Goliath davon. (...)

Gott hat sinngemäß mal so etwas gesagt wie: Niemand ist ein Zufall oder ein Unfall. Manchmal sehen wir aus wie ein Zufall oder Unfall, aber niemand ist ein Unfall. Als Gott seinen Sohn geboren haben wollte, ging er nicht zu einer alten Frau. Viele haben vergessen, dass Maria eigentlich ein Teenager war. Könnt ihr euch vorstellen, wie das war, als der Erzengel kam und sagte: ‹Hi, Mary!› Und sie antwortete: ‹Hi, Erzengel!› Und dann sagte er: ‹Gott möchte dich als Mutter für seinen Sohn.› – ‹Mich? Du willst, dass ich eine uneheliche Mutter werde? Wenn du dich nur kratzt, weiß es jeder in diesem Dorf – und du erwartest von mir, eine uneheliche Mutter zu werden?› Wenn sie geantwortet hätte: ‹Sorry, aber ich bin ein anständiges Mädchen! Versuch es mal nebenan!› – dann wären wir heute in ziemlichen Schwierigkeiten. Gnädigerweise sagte sie: ‹Du siehst vor dir die Brautjungfer Gottes!›

Junge Menschen haben Träume. Kinder und Jugendliche träumen von einer anderen Welt, in der es nicht diese unglaublichen Unterschiede zwischen sehr reich und sehr arm gibt. Und so kommen wir zuallererst hier zusammen, um jenen Achtung zu erweisen, die halfen, uns dahin zu bringen, wo wir heute sind. Und wir hoffen, dass wir dadurch Ermutigung erfahren, ihre Träume zu verwirklichen. Ihre Träume eines besseren Südafrikas, ihre Träume eines Südafrikas ohne Verbrechen, ihre Träume eines Südafrikas, wo es Ausbildungsmöglichkeiten für jeden gibt, wo Gesundheitsfürsorge jedem zugänglich ist, wo Menschen sauberes Wasser bekommen und Menschen in richtigen Häusern wohnen können. Wir kommen hier zusammen, um zu sagen: Wir haben ein kostbares Geschenk – unsere Freiheit! Sie ist mit einem hohen Preis bezahlt worden. Viele starben. Wir müssen dieses Geschenk gut pflegen …»

Weiße Jugendliche

Auch weiße Jugendliche haben vor der TRC ihre Aussagen gemacht. Welche Bedeutung ein Auftreten vor der TRC für einen Weißen haben kann, der als junger Mann seinen Dienst in der südafrikanischen Armee verweigerte, beschreibt ein junger Afrikaaner mit dem Vornamen Tim* in einem Brief an die Radiojournalistin Antjie Krog**:

«Nach meinem Abitur 1980 wurde ich zu meinem zweijährigen Militärdienst einberufen. Während meines zweiten Jahre spürte ich, dass ich das, was ich während unserer Einsätze in Namibia erlebt hatte, nicht mehr mit dem vereinbaren konnte, woran ich glaubte.

* Bei diesem «Tim» handelt es sich um Tim Ledgerwood, der am 23. 7. 1997 sein Statement vor der TRC in Kapstadt abgab. Darin berichtete er u. a. auch von einer zivilrechtlichen Verfehlung, die er im Kontext seiner Flucht begangen hatte, die er in diesem Brief an Antjie Krog nicht erwähnte.

** Krog, Antjie: Country of my skull, Johannesburg 1998, S. 144–145.

Ich hatte den Vorzug, als Teenager sehr gute Schulen zu besuchen, die jene alten Werte hochhielten wie ‹Sei mutig und stark und ehrlich und erfülle die Welt mit Liebe während des gesamten Lebens!›*

Ich desertierte von der **SADF** und schlug mich zur Grenze von Botswana durch. Ich hatte vor, nach Garborone zu gehen … Mein langfristiges Ziel war, dem **MK** beizutreten und etwas zu tun gegen ein System, dass ich als durch und durch schlecht erfahren hatte.

Jung, dumm, unvorbereitet und allein, wie ich war, wurde ich gefangen genommen, als ich über den Grenzzaun nach Ramatlhabama klettern wollte. Ab dann begann der Alptraum. Ich wurde an den Zeerust-Zweig der Sicherheitspolizei übergeben, die mich ungefähr eine Woche verhörte. Ich wurde geschlagen, Elektroschocks ausgesetzt, mit Erstickungen gefoltert, nackt eingesperrt und wiederholt mit einem Polizeiknüppel vergewaltigt. Ich erinnere wenige Einzelheiten, außer meinen Schreien. Ich war damals 19 Jahre alt.

Ich wurde dann der Walfish-Bay-Sicherheitsabteilung übergeben, wo alles genauso weiterging … Es war wie eine Erlösung, als ich nach ungefähr zwei Monaten zurück in Militärgewahrsam kam – das Militär behandelte mich wesentlich besser als die Polizei …

Das führt mich zum Punkt meiner Geschichte. Die TRC hat mein Leben in kurzer Zeit tief beeinflusst, seit ich zu einem ihrer Büros hier in Kapstadt ging und meine Geschichte einem ihrer Mitarbeiter erzählte.

Ich denke, dass es in meinem Leben am schwersten für meine Eltern war zu akzeptieren, was ich getan hatte und was mir daraufhin geschehen war. Erst in diesem Jahr haben sie begonnen, darüber zu sprechen – davor war es niemals erwähnt worden. Ihr Problem war, denke ich, dass das Regime mein Handeln kriminalisiert hatte. Als gesetzestreue Oberschicht fühlten sie sich zerrissen zwischen ihrer Loyalität zu mir als ihrem Sohn und der Tatsache, dass ich ein Verbrechen begangen hatte.

Jetzt, nachdem ich bei der TRC war, scheint es so, als wäre es

* Tim spielt hier an auf ein Lied, das an britischen privilegierten Privatschulen oft gesungen wurde: «Fill the world with love my whole life through …».

beinahe in Ordnung, darüber zu sprechen. Langsam verändern sich die Dinge. Es ist, als wäre ich aus einem Gefängnis befreit worden, in das ich 18 Jahre lang eingesperrt war. Und zur gleichen Zeit ist es, als wäre meine Familie ebenfalls befreit worden – mein Bruder ist plötzlich wesentlich sanfter, menschlicher, mehr in der Lage, mit mir zu reden. Das letzte Mal, als ich ihn traf, sagte er mir, dass er mehr hätte machen sollen, dass er sich mehr hätte bemühen müssen. Nachdem meine Mutter eine Fernsehdokumentation über Eugene de Kock gesehen hatte, kam sie entsetzt zu mir: ‹Das wussten wir nicht›, sagte sie zu mir. ‹Wir wussten es einfach nicht.›

Vielleicht ist das die wichtigste Aufgabe der TRC. Nicht Aussagen von F. W. und Magnus* herauszupressen. Nein. Sie müssen mit ihrem eigenen Gewissen leben. Scheiß auf die Täter. Der Punkt der TRC ist, Heilung zu ermöglichen. Und lasst es gesagt sein, dass das bei mir zumindest mit einem Menschen gelungen ist: Mich mit mir selbst zu versöhnen.

Hochachtungsvoll, Tim.»

Forderungen an die TRC

Zumeist am Ende ihres Statements wurden die Jugendlichen gefragt, was die TRC ihrer Meinung nach tun könne oder tun müsse. In der Regel waren ihre Forderungen äußerst bescheiden – dass jemand zuhört immer wieder, dass jemand auf sie hört; dass Denkmäler errichtet werden sollten für diejenigen, die ihr Leben gelassen haben, oder Schulen ihre Namen tragen sollten; dass eine abgebrochene Schulausbildung fortgesetzt werden könne; manchmal auch, dass Kugeln, die bisher nicht herausoperiert werden konnten, weil es an Geld mangelte, nun endlich entfernt werden sollten.

Sie berichteten auch von Orten, die immer noch von tiefen Spannungen gekennzeichnet waren und wohin Kinder und Jugendliche bis heute nicht hatten zurückkehren können. In anderen Gegenden lebte man zwar weiter zusammen, aber die Spannungen

* Mit «F. W.» ist F. W. de Klerk, der ehemalige Präsident Südafrikas, und mit «Magnus» Magnus Malan, ein ehemaliger Verteidigungsminister, gemeint.

schienen kaum weniger bedrohlich geworden zu sein. Beim Hearing in East London am 18. Juni 1997 berichtete ein Jugendlicher aus der Ortschaft Potsdam von so einer Situation und formulierte folgende Forderungen an die TRC:

«1985 gab es bei uns einen Tag, den wir niemals vergessen werden, weil an diesem Tag die Polizei der früheren **Ciskei-Regierung** unsere Anführer ermordete. Wir waren damals Schüler. Unsere Anführer wurden ermordet, indem man sie in ein tiefes Tal stürzte. Wenn du hoch auf dem Berg stehst, erscheint ein Mensch unten sehr klein.

1992 eröffnete die Polizei eine Wache in Potsdam, wo Jugendliche gefoltert wurden. Die Polizei packte dich und forderte dich auf, deinen Eltern ins Gesicht zu schlagen. Als Jugendliche von Potsdam fordern wir, dass die Polizei, die 1985 in Potsdam Dienst verrichtete und die Anführer von uns Jugendlichen ermordete, vor der TRC erscheinen soll.

Zweitens fordern wir, dass die TRC uns helfen möge, wieder eine Halle, in der wir uns treffen können, zu bekommen …

Wir wollen, dass die Täter auftreten, sie müssen keine Angst haben, sie müssen kommen und uns sagen, wer ihnen die Befehle gab. Wir vertrauen darauf, dass die Kommission uns helfen wird … Vielen Dank, Herr Vorsitzender. Ich bin sehr nervös.»

Die Auswahl für dieses Buch

Für dieses Buch haben wir aus allen Jugend-Hearings sowie anderen Hearings, bei denen Kinder und Jugendliche eine besondere Rolle spielten, zehn Statements für das Kapitel II ausgewählt. Diese Auswahl kann nicht repräsentativ sein, obwohl wir uns bemüht haben, nicht nur junge Leute mit unterschiedlichsten ethnischen, regionalen, ökonomischen und religiösen Hintergründen zu Wort kommen zu lassen, sondern auch verschiedene Formen von Konflikten (weiß-schwarz, Gewalt zwischen Schwarzen, «Zufallsopfer» u.a.) zu thematisieren. Obwohl faktisch weniger Mädchen als Jungen aussagten, haben wir uns hier um ein annähernd gleiches Verhältnis bemüht.

Bei allen haben wir versucht herauszubekommen, wie ihr Leben danach weitergegangen ist, und dies am Ende ihrer jeweiligen Statements notiert. Fünf von ihnen hat Karin Chubb mit einem Abstand von zwei bis drei Jahren persönlich aufgesucht. Diese Begegnungen werden im Kapitel III beschrieben. Hier finden sich außerdem Interviews mit drei Frauen, die mit der TRC-Arbeit in besonderer Weise verbunden sind: der Direktorin eines Trauma-Zentrums, einem ehemaligen TRC-Commissioner sowie einem ehemaligen Opfer, das das Gespräch mit einem der Täter suchte.

II. Jemanden zum Zuhören

Im ersten Teil dieses Kapitels informiert Graça Machel über eine UNO-Studie, die sie über Kinder anfertigte, welche in einer Umgebung bewaffneter Konflikte aufwachsen müssen.

Im zweiten Teil werden Aussagen von Kindern dokumentiert, die unter Ausschluss der Öffentlichkeit berichteten.

Im dritten Teil kommen junge Leute zu Wort, die von eigenen Erfahrungen aus der Zeit der Apartheid erzählen. Sie werden eingangs jeweils kurz vorgestellt. Dabei erklären wir auch, warum wir gerade diese Jugendlichen bzw. jungen Erwachsenen ausgewählt haben.

1. Graça Machel: «Kinder nicht mehr als Zielscheiben missbrauchen!»

Graça Machel

Graça Machel, geboren 1945, beteiligte sich als junge Frau schon am Befreiungskampf in Mosambik. Sie fiel bereits damals durch ihr Engagement für Kinder auf und gründete erste Schulen in von der Frelimo befreiten Gebieten. Nach dem Ende der Kolonisation 1975 wurde sie mit 30 Jahren Erziehungsministerin in der ersten unabhängigen Regierung. Im gleichen Jahr heiratete sie Samora Machel, den späteren Präsidenten Mosambiks. Nach dem Tod ihres Mannes bei einem bis heute ungeklärten Flugzeugabsturz 1986 über südafrikanischem Luftraum blieb sie weiter für die Kinder und Jugendlichen ihres Landes engagiert, unter anderem als Vorsitzende der nationalen Kinderorganisation ihres Landes. In dieser Funktion widmete sie sich besonders den Auswirkungen von Krieg und Gewalt auf Kinder, wodurch sie zunehmend als internationale Expertin, so auch tätig für UNICEF und die UNESCO, anerkannt wurde. Durch ihre Heirat mit Nelson Mandela 1998 wurde sie Südafrikas erste demokratische First Lady.

Die im Folgenden dokumentierten Aussagen machte Graça Machel anlässlich des Jugend-Hearings am 12. Juni 1997 in Johannesburg.

Vielen Dank für die Ehre, Ihnen von meinen Erfahrungen berichten zu können, die ich die letzten zweieinhalb Jahre im Auftrag des UNO-Generalsekretärs bei der Erstellung der Studie über «Auswirkungen bewaffneter Konflikte auf Kinder» sammelte. Der Grund, weshalb ich diesen Auftrag bekam, war ein sehr trauriger: Ich bin Mosambikanerin, komme also aus einem Land, das mehr als zehn

Jahre unter bewaffneten Konflikten gelitten hat. Der UNO-Generalsekretär wusste, dass ich mich persönlich mit Kindern beschäftigt hatte, die Opfer des Krieges geworden waren. Die hier gesammelten Erfahrungen gaben mir die Möglichkeit, im Rahmen unserer Studie Empfehlungen für die internationale Gemeinschaft auszusprechen.

Umso mehr bin ich erfreut, dass Südafrika eines der ersten Länder, wenn nicht das erste, ist, dass diese Empfehlungen angenommen hat: Kinder sichtbar werden zu lassen! Den Kindern Vorrang zu geben! Nach meiner Erfahrung ist dies hier heute eine der immer noch viel zu seltenen Gelegenheiten, bei denen Kinder und Jugendliche ein Podium erhalten, so dass alle anderen Südafrikaner und vielleicht sogar die internationale Gemeinschaft still sitzen und zuhören müssen. Nicht mehr wir Erwachsenen sprechen für die Kinder und ignorieren damit ihr Recht, selbst darüber zu reden, wie ihr Leben und ihre Zukunft sein soll.

Sie wissen vielleicht, dass am Anfang dieses Jahrhunderts bei kriegerischen Auseinandersetzungen zehn Prozent der Opfer Zivilisten waren und 90 Prozent Soldaten. Das ist völlig umgeschlagen. Heute sind 90 Prozent der Opfer Zivilisten und zehn Prozent Soldaten. Das heißt: Krieg wird heute gegen einfache Leute in Dörfern, in den Straßen, in Schulen, ja, einfach überall geführt. Zu Opfern werden die Verletzlichsten gemacht. Sie haben vielleicht gehört, dass die Hälfte aller Flüchtlinge auf dieser Erde Kinder sind. (...)

In der Vergangenheit waren zumeist unglückliche Zufälle dafür verantwortlich, dass Kinder zu Opfern wurden, zum Beispiel durch sogenannte Querschüsse. Sie waren nicht bewusst Zielscheiben. In den jüngsten Konflikten sind Kinder dagegen bewusst als Zielscheiben gewählt worden. Warum ist das so?

Wenn Kinder zu Zielscheiben der jeweils anderen Seite werden, dann wird dabei gleichzeitig der zukünftige Feind getötet, der später einmal zum Angreifer werden könnte. In jenem Prozess der «ethnischen Säuberungen» erscheint es wichtig, jene zu töten, die morgen die eigene Macht in Frage stellen könnten. Aber mehr noch: Wenn du die Moral der Gemeinschaft, die du angreifst, brechen willst, dann musst du das angreifen, was ihr am wertvollsten ist. Erwachsene, deren Kinder getötet wurden, werden selbst tief getroffen und sind niemals mehr so wie zuvor.

Ich kann Beispiele aus Südafrika nennen, wo Schulen angegriffen und Kinder ermordet wurden und dies kein Zufall war. In Mosambik geschah so etwas unendlich oft, selbst bei Grundschulen mit Kindern im Alter von sechs, sieben, acht, zehn Jahren. Hier besteht keine Unklarheit: Das geschah vorsätzlich. Wir haben das auch in anderen Ländern immer wieder gefunden. Sie haben solche Geschichten aus Ruanda gehört, es geschah ebenfalls in Kambodscha, in Bosnien, im Libanon: Kinder als Zielscheiben.

Beinah noch sadistischer ist es, wenn Kinder bewusst zu Krüppeln gemacht werden, wodurch sie für den Rest des Lebens zu einer Belastung für die Familie und Gemeinschaft werden. So wird das Leiden verlängert. Das Kind erinnert durch seine bloße Existenz dauerhaft an den Konflikt, selbst dann noch, wenn der Konflikt vorbei ist.

Eine andere Art, wie Kinder zu Zielscheiben werden, ist durch Propaganda. Wenn einem Kind, das bisher in Frieden mit seinen Mitschülern und Freunden, mit seinen Nachbarn gelebt hat, eingeredet wird, dass es sich in Acht nehmen müsse: Wenn du den Anderen nicht ermordest, wird er dich ermorden! Ein Kind wird hierbei noch keine Unterscheidungen machen. Kinder ermorden ihre Freunde, ermorden ihre Nachbarn, ihre Mitschüler in der Klasse. Warum ist dies so einfach möglich? Weil die Persönlichkeit eines Kindes noch in der Entwicklung ist, weil es möglich ist, dem Kind Ideen einzugeben, die dazu führen, dass es vor nichts im Leben mehr Achtung hat.

Wenn du einem Kind begegnest, das nicht mehr fähig ist, seinen Freund zu respektieren, dann weißt du, wie schlimm die Krise bereits ist. Kinder können häufig auch ohne Sprache kommunizieren. Wir Erwachsenen haben das verlernt, Kinder können das. Sie wissen, wie man solidarisch miteinander sein kann, auch ohne die gleiche Sprache zu sprechen. Wenn also Kinder nicht mehr ihre ehemaligen Freunde respektieren, dann werden sie kein menschliches Leben mehr achten.

Wohl die schlimmste Form, Kinder zu Zielscheiben zu machen ist, sie selbst an Grausamkeiten aktiv teilnehmen zu lassen. Sie haben von den sogenannten Kindersoldaten gehört. Dieses Phänomen ist weit verbreitet in vielen Teilen der Welt ... Es bedeutet, heutige Konflikte zu übertragen auf die nächsten zwei oder gar drei Generationen. Wenn Kinder schon im Alter von sieben oder acht Jahren auf diese Weise instrumentalisiert werden, besteht wenig Aussicht, dass sie als Erwachsene stabil sein können. Auch werden sie große Schwierigkeiten haben, selbst gute Eltern zu sein. Und weil sie als Eltern Probleme haben, werden auch ihre Kinder darunter leiden. Darum sind wir hier zusammengekommen, um Versöhnung und Wiedergutmachung zu diskutieren. Südafrika hat einen friedlichen Wandel geschafft, aber mit den Folgen dessen, was unseren Kindern geschehen ist, werden wir noch Jahrzehnte leben müssen.

Es ist kein Wunder, dass wir in diesem Land besonders hohe Kriminalitätsraten haben. Manche Leute, die ein Auto oder ein Handy haben wollen, sind bereit, dafür zu morden. Das macht an sich keinen Sinn. Selbst wenn du jemanden überfällst, um sein Handy zu stehlen, musst du ihn nicht ermorden. Der Grund für diese hohe Mordrate liegt darin, dass es keine Orientierung mehr gibt, wie wertvoll ein Menschenleben ist. Es ist vielleicht die größte Herausforderung an uns, junge Leute davon zu überzeugen, dass jedes einzelne Leben kostbar und zu achten ist.

Wie können wir hierfür eine gemeinsame Basis schaffen? Wir werden geradezu bombardiert mit all den Unterschieden zwischen Menschen: dass ich Afrikanerin bin und er ist ein Weißer, und er ist ein Inder, und jener ist das. Und auch innerhalb dieser Gruppen gibt es dann noch zum Beispiel diesen, der Zulu redet, und jenen, der Xhosa spricht, und dadurch erlangen wir niemals eine Einheit, ein Verstehen, dass wir denselben Ursprung und dasselbe Schicksal haben. Wir müssen damit beginnen, in der Schule Fähigkeiten zu entwickeln, die gegenseitige Achtung fördern und so ein friedliches Zusammenleben ermöglichen ...

Immer wieder wird gegenwärtig diskutiert, wie Versöhnung

ohne eine umfassende Rechtsprechung geschehen kann. Ich meine damit nicht, dass alle Täter vor Gericht gestellt werden müssen, sondern wie ein lebendiges System aufgebaut werden kann, in dem Menschen mit dem Gefühl leben, dass sie selbst am Aufbau einer Gesellschaft beteiligt sind, in der Gerechtigkeit herrscht.

Nach all meinen Erfahrungen in den vielen Ländern, die ich besuchte, ist es nicht möglich und völlig unrealistisch, Gerechtigkeit für jeden Einzelnen zu schaffen. Schlicht und einfach, weil die Schäden zu groß sind. Beinah jeder hat gelitten. Es muss deshalb mehr darum gehen, eine Lebenseinstellung zu entwickeln, in der ein Gerechtigkeitssinn spürbar und lebbar für jeden wird. Nur in wenigen Fällen ehemaliger Opfer werden wir wirklich etwas tun können.

Aber das ist genau der Punkt: Wie wir durch diese wenigen, die beispielhaft dastehen, Orientierung und Hoffnung jenen Tausenden oder besser Millionen geben können, die nicht im Licht stehen und zu Wort kommen.

2. «Jemanden haben, der wirklich zuhört» – Stimmen und Bilder von Kindern

Kinder unter 18 Jahren machten ihre Aussage vor der TRC in persönlichen Gesprächen mit besonders geschulten Mitarbeiterinnen und Mitarbeitern. Während der Jugend-Hearings am 14. Mai 1997 in Durban und am 23. Juni 1997 in Bloemfontein stellten diese Experten, die den Kindern zugehört und mit ihnen gearbeitet hatten, die dabei entstandenen Bilder und Berichte der Öffentlichkeit vor. Wir dokumentieren einige Beispiele. Aus Gründen des persönlichen Schutzes dieser Kinder sind keine Angaben über ihr weiteres Schicksal zugänglich.

Junge (8): «Und dann haben sie geschossen ...»

C*: Dieses Bild hat ein achtjähriges Kind gemalt, und Sie können hier einen Mann erkennen, der Benzin in ein Haus gießt und das Haus ansteckt. Und der Junge erklärt dazu, dass er noch immer Kugeln im Körper hat, zwei Stück. Die Ärzte können sie nicht herausholen, und in seinem ganzen Leben wird er dieses Erlebnis nicht vergessen können, sosehr er es auch versuchen will. Denn er hat immer diesen Schmerz, der ihn erinnern wird, was geschehen ist. Ich werde jetzt das Band vorspielen mit den Aussagen des Jungen:

«Und meine Mutter sagte meinem Bruder Goli, daß er nicht im Haus schlafen sollte, weil sie Angst habe. Und dann kam der Anführer spät in der Nacht. Wir sahen nicht, wie sie kamen. Was wir hörten, waren Gewehrschüsse. Erst steckten sie das Haus in Brand, und dann haben sie geschossen ...

Sie schossen auf meine Mutter und töteten sie; mein Bruder Goli, meine Schwester Mxane, die auch meine Zwillingsschwester war ... sie wurden alle umgebracht.»

* Mit einem C werden im Folgenden alle Fragen und Kommentare gekennzeichnet, die von einem der TRC-Commissioners oder ihren Mitarbeiterinnen und Mitarbeitern während öffentlicher Hearings an die Zeugen gerichtet wurden.

C: Und was passierte mit dir und deinem Bruder?

«Sie schossen auch auf mich. Aber ich überlebte, weil ich aus dem Haus flüchten konnte. Ich lief hinaus, und da waren ich und meine Schwester. Sie schossen auch auf meinen Bruder Sanelo, und er starb auch nicht. Er war damals acht Jahre alt. Sie schossen auf ihn ... Wir gingen zur Klinik. Als wir in der Klinik ankamen, rief meine Schwester die Polizei.»

C: Was passierte mit dem Baby, mit deiner jüngsten Schwester?

«Sie erschossen auch sie. Sie schossen ihr in den Kopf, und da brannte meine Mutter schon. Mein Bruder Pilangezo starb auch.»

C: Erkläre nun, wo du jetzt lebst.

«Wir wohnen bei meiner älteren Schwester. Wir wissen nicht, was mit unserem Vater geschah ... und das Haus, in dem wir leben, ist sehr klein.»

Mädchen (6): «Und dann haben sie nach mir gegriffen ...»

C: Dann gab es ein sechsjähriges und ein zehnjähriges Kind, die auch Opfer der Gewalt wurden. Nachdem die Täter gekommen waren und alle anderen Familienmitglieder ermordet hatten, gingen sie noch nicht weg. Sie blieben, um das sechsjährige Mädchen zu vergewaltigen, und noch heute kann das Kind kein Verhältnis entwickeln zu dem, was geschah. Wenn sie sich erinnert, weint sie.

Auch in der Schule kommt sie nicht mit, und die Lehrer haben sie bereits sitzen gelassen, weil sie dachten, dass sie einfach noch nicht reif für diese Klasse war. Sie kennt die Täter, sie sieht sie sogar noch. Jetzt möchte ich Ihnen auch ihr Band vorspielen:

«Sie haben damit begonnen, Tränengas zu werfen, und dann gingen sie ... im Februar. Und dann haben sie nach mir gegriffen ...

Meine Mutter hat keine Arbeit. Wir haben keine Sachen zum Anziehen ... Schauen Sie nur ... wir haben keine Schuhe.»

C: Wie Sie hören, hat dieses Mädchen kein Verhältnis zu dem Geschehenen. Auch wird deutlich, dass die Gesellschaft einem Kind wie ihm kaum Aufmerksamkeit schenkt.

Mädchen (13): «Sie wollten meinen Onkel.»

C: Gestern zeichnete ein Mädchen einen kleinen Jungen, der ermordet worden war, und das war ihr Bruder. Und noch trauriger ist, dass sie in dieser Zeichnung die Person, die ihren Bruder umbrachte, deutlich identifizieren konnte, und dass das Kind selbst den Namen des Mörders seines Bruders weiß. Dies alles hat das Mädchen gezeichnet. Sie hat den Mörder mit der Pistole gezeichnet und hat ihn schwarz gemalt, weil sie es so gesehen hat. Und ich möchte nun die Kommission bitten, das Band abzuspielen, damit wir hören können, was das Kind gestern sagte.

«Ich schlief im Bett, und mein Gesicht verbrannte, und meine Mutter brannte, weil sie gekommen war, um mich zu retten. Ein Polizeiauto kam und brachte uns in ein Hospital. Als wir im Hospital ankamen, wurden wir behandelt, und dann gingen wir zurück.

Wir zogen um in ein Slumgebiet. Dort haben sie meinen Bruder und meinen Großvater ermordet. Mein Großvater starb ...

Sie wollten meinen Onkel. Ich weiß nicht, warum sie hinter meinem Onkel her waren. Aber sie haben alle anderen nur umgebracht, weil sie hinter meinem Onkel her waren.»

C: Wenn wir die Kinder in den Townships rund um Durban fragten, was sie bräuchten, welche Unterstützung sie benötigten, dann erwähnten sie, wie wichtig es sei, mit erfahrenen Erwachsenen sprechen zu können. Sie sprachen darüber, wie wichtig es sei, jemanden zu haben, der so einfühlsam ist, dass man auch über seine Wut sprechen könne, jemanden, der nicht noch Benzin auf deine Wut kippt, sondern dir raten und wirklich zuhören und helfen kann, um eine Lösung zu finden.

Viele Kinder und Jugendliche leiden an Amnesie; sie vergessen alles und können sich an keine wichtigen Dinge in ihrem Leben mehr erinnern. Andere leiden an psychosomatischen Problemen – dauernde Kopfschmerzen, dauernde Rückenschmerzen, Magenschmerzen. Andere entwickeln Essens- und Schlafprobleme, und viele, wenn nicht alle, spüren ein beständiges Gefühl von Wut und Betrogensein, ein Gefühl von Bitterkeit und Ablehnung, dass die Erwachsenen, die sie hätten beschützen sollen, und die Polizei, und die Armee, und die Lehrer, und die Schulleiter, und alle Menschen in der Gesellschaft, die sie hätten beschützen sollen, sie im Stich gelassen haben.

Junge (12): «Diese Bombe riss unsere Familie auseinander.»
«1993 war ich acht Jahre alt. Mein Vater ist Polizist. Nun waren die ANC-Leute gegen Polizisten. Mein Vater wurde angegriffen für etwas, das er nicht getan hat. Sie sagten, dass er über die Leiche eines ANC-Mitglieds gelacht habe.

Im April 1993, es war 9 Uhr, waren meine Eltern zur Arbeit. Ich war allein mit meiner Tante im Haus. Ich sah fern. Nach ein paar Stunden bemerkte ich, daß ANC-Leute unseren Zaun niedertraten, und dass sie Benzin auf das Dach des Hauses und ins Schlafzimmer schütteten. Ich rannte in ein anderes Schlafzimmer, und meine Tante sagte zu mir: «Bitte rufe Vati und Mutti an!», weil das Haus schon lichterloh brannte.

Meine Mutter konnte nicht gut verstehen, was ich ihr sagen wollte. So lief ich zu unseren Nachbarn, um diese um Hilfe zu bitten. Der Vater dort rief die Polizei, und es gelang, unsere Mutter über das Geschehen zu informieren. Zu dieser Zeit versuchten die Nachbarn bereits, das Feuer zu löschen. Aber das wenige Wasser, dass sie gebrauchten, verstärkte das Feuer noch. Das Feuer wurde immer schlimmer. Von einem bestimmten Punkt an mussten wir die Feuerwehr rufen.

Die älteren Nachbarn, die ich um Hilfe gebeten hatte, erlaubten mir nicht zurückzugehen, um zu erfahren, was daheim geschah. Sie schlossen mich ein und liefen zurück, um weiter zu löschen. Aber weil es nicht leicht ist, ruhig zu bleiben, wenn du weißt, dass daheim so etwas geschieht, gelang es mir zu entkommen, weil ich sehen wollte, was geschah. Als ich ankam, war unser Haus vollständig heruntergebrannt. Du konntest kein einziges Kleidungsstück mehr finden. Ich bekam große Angst, als ich das alles sah …

Hier auf der rechten Seite meiner Zeichnung siehst du unser Haus in Flammen. Das Haus ist leer. Alles ist niedergebrannt.

Schau mich an. Ich rufe um Hilfe, damit Leute zu Hilfe kommen. Das Gefühl, das von diesem Ereignis zurückgeblieben ist – schau zu meinem Herz … Ich war sehr traurig, und ich hatte auch Wut in mir, wenn ich an diesen großen Verlust denke.

Mein Vater und meine Mutter zogen zu meiner Großmutter, und ich musste zu einem Verwandten. Mit anderen Worten: Diese Brandbombe riss unsere Familie auseinander. Leute gaben uns Kleidung. Es war schrecklich schwierig.

Nach ein paar Monaten gab mein Vater sein Bestes, um ein Haus für uns alle zu bekommen. Wir konnten wieder als Familie zusammenziehen, aber das größte Problem ist immer noch die mangelnde Kleidung, weil meine Eltern nur in der Lage waren, Betten und Bettlaken zu kaufen.»

Junge (16): «Mein Vater wurde zum Kind.»

«1993 war ich 12 Jahre alt. Mein Vater war ein Mitglied des ANC. Er transportierte Waffen zu verschiedenen Orten. Er arbeitete mit schwarzen und weißen Menschen zusammen.

Mein Vater ging ein paar Tage weg, ohne anzugeben wohin. Als er zurückkam, sagte er mir, dass er im Gefängnis gewesen war. Sein Zustand war schrecklich. Sein Körper war von Schlägen geschwollen. Am Kopf hatte er Wunden, offene Wunden. Er konnte nicht ordentlich sprechen.

Großmutter brachte ihn zum Doktor, und er wurde vom Doktor versorgt. Seine Persönlichkeit veränderte sich völlig. Ohne jeden Grund wurde er wütend, und dies blieb und wurde schlimmer. Zu einem bestimmten Zeitpunkt entwickelte er epileptische Anfälle. Er musste im Hospital behandelt werden. Obwohl er in guter ärztlicher Behandlung war, nahmen seine Wutanfälle nicht ab.

Manchmal, wenn er wütend war, kämpfte er mit meiner Mutter und trat nach ihr. Er zerbrach Geschirr, er litt an Bluthochdruck.

Zu dieser Zeit konnte ich meine Schule nicht fortsetzen, weil meine Mutter alle Hoffnung verlor. Sie ließ mich mit meinem Vater und meiner Großmutter allein. Ich musste die Verantwortung für meinen Vater übernehmen. Mein Vater wurde zum Kind. Wir taten alles für ihn, was man auch für ein Kind tun würde. Das ist der Grund, warum ich keinen Schulabschluss machte.

Wenn andere Kinder sich auf die Schule vorbereiteten, blieb ich zurück, um für meinen Vater zu sorgen. Dieser Zustand wurde schlimmer, und mein Vater bekam einen Schlaganfall. Er wurde einen Monat ins Krankenhaus aufgenommen. Dieser Schlaganfall hat ihn uns genommen. Er starb ...

Der Tod meines Vaters bedrückte mich sehr. Ich war die ganze Zeit voller Zorn. Ich blieb allein und versuchte, mein Leben wieder hinzubekommen. Ich versuchte, zur Schule zu gehen, aber mein Geist war woanders. Ich fragte mich: «Was macht Großmutter jetzt, weil sie doch von mir abhängt?» Ich wollte so gern eine Großmutter haben und ihr nahe sein und ihr immer helfen.

Also, das hier ist eine Zeichnung meines Vaters, die ich gemacht habe. Sie zeigt ihn, als er im Gefängnis war, in seiner Zelle. Siehst du ihn? Das ist der Körper meines Vaters. Sein Körper ist von Schrammen übersät. Schau zu seinem Kopf. Die Wunden sind deutlich zu erkennen. Das Gefühl, das ich damals hatte, kannst du es sehen? Das ist mein Herz. Ich war immer traurig. Dieses Herz porträtiert das Gefühl des Zorns, das in mir war. Ich möchte, dass du zuhörst, daß du aufmerksam meiner Geschichte zuhörst.»

C: Wie hat dich das beeinflusst?

«Es hat mich tief beeinflusst, und mein Herz war voll von Rachegefühlen. Aber mir wurde klar, dass das nicht gut ist. Ich wollte das nur machen, weil es meinem Vater angetan worden ist, und ich sagte zu mir, dass ich erwachsen werden und einen Job finden und arbeiten muss.

Weißt du, mein Herz ist so voll von Zorn, und ich hatte diesen Wunsch nach Rache. Ich wollte Polizist werden, um Leute zu quälen, um den Tod meines Vaters zu rächen. Heute sage ich zu mir, ein Mensch soll nicht die Idee von Auge um Auge praktizieren und dass ich nach Abschluss der Schule einen anderen Beruf, nicht Polizist, lernen werde. Das ist, in aller Kürze, meine Geschichte.»

3. Stimmen von Jugendlichen

Riefaat Hattas: «Manchmal liege ich nachts wach und wünschte, ich könnte noch einmal geboren werden ...»

Riefaat Hattas, geboren 1968 in Kapstadt, besucht die Silverstream Oberschule im Stadtteil Manenberg, als Mitschüler ihn mit 15 Jahren spontan zu ihrem Anführer wählen. Riefaat stammt aus einer moslemischen Familie, an seiner Schule sind (nach rassistischem Vokabular) ausschließlich «farbige» Kinder und Jugendliche. Er ist bis zu diesem Zeitpunkt kein Mitglied irgendeiner politischen Organisation, jede politische Erfahrung fehlt. Es sind allein seine menschlichen Verhaltensweisen, derentwegen die anderen ihm vertrauen. Am Anfang organisieren die Schülerinnen und Schüler Streiks, sie bleiben einfach dem Unterricht fern. Erst allmählich lernt Riefaat von Älteren. Mit 16 Jahren wird er in den **ISCC** *(ein Komitee, in dem die Vertreter mehrerer Schulen sich trafen) gewählt, ein Jahr später sogar in den Vorstand des* ISCC. *Kurz darauf muss er untertauchen, wird jedoch bald darauf von der Polizei ergriffen, eingesperrt und mehrfach gefoltert.*

Wir haben Riefaat Hattas ausgewählt, weil hier ein farbiger moslemischer Junge aus einem von Gewalt geprägten Stadtviertel berichtet, in welcher Weise er von Polizisten erniedrigt und in Konflikte mit seinen Freunden gebracht wurde, Konflikte, die sein Leben bis heute bestimmen.

TRC-Hearing in Athlone (Kapstadt) am 22. Mai 1997

C: Wir haben verstanden, dass du lange und intensiv darüber nachgedacht hast, ob du heute hier zur Kommission kommen würdest. Wir wollen dir wirklich danken, dass du es tust und öffentlich dein Statement abgeben wirst, das sich auf etwas konzentriert, das du die «vergessenen Kameraden» nennst. Wir sind uns deines Wunsches bewusst, dass du nicht verhört werden möchtest. Wir werden dich also nicht verhören. Tatsächlich versuchen wir keinen der Zeugen, die zu uns kommen, zu verhören. Was am Ende geschehen könnte, ist, falls da Dinge sind, die wir nicht verstehen, dass wir dich dann vielleicht bitten würden, es noch einmal zu erklären. Wäre das in Ordnung?

Riefaat Hattas (RH): Ja.

C: Vielen Dank. Du kannst anfangen und dein Statement vorlesen.

RH: Ehrenwerte Commissioners, ich bitte Sie, mich nicht noch einmal in ein Verhör zu nehmen. Ich besuche ein Trauma-Zentrum jeden Donnerstag.

C: Riefaat, nimmt dir Zeit. Wenn du fühlst, es wird zu viel, nimm dir so viel Zeit, wie du brauchst. Okay, und Viola ist neben dir und sie wird dir beistehen, okay?

RH: Ich bin ernsthaft gestresst, deprimiert, wütend, enttäuscht.

C: Riefaat, möchtest du lieber reden anstatt vorlesen – und vielleicht beim zweiten Abschnitt anfangen?

RH: Ich habe kein Vertrauen in mich. Manchmal denke ich an Selbstmord. Ich weiß nicht, ob ich es allein schaffe. Ich bin kaputt, wegen all dem, was ich durchgemacht habe in meinen Jahren auf der Oberschule. Ich möchte deshalb nicht über mich selbst sprechen, sondern Geschichten erzählen von meinen vergessenen Kameraden. Jenen Schülern, die ihre Jugend opferten, ihr Leben für die Sache unserer Freiheit. Diese Kameraden kämpften für die Befreiung, die selbst nie wussten, wie es ist, ein Teenager zu sein. Sie hatten keine Zeit, ihre Freundschaften zu vertiefen oder Sport zu treiben. Diese Schüler, deren Tage aus Treffen und Protestmärschen bestanden, wurden konfrontiert mit Gummikugeln und oft auch mit Gewehrkugeln, aber das war Teil eines täglichen Kampfes gegen einen ungerechten Feind.

Unser oberstes Ziel war, das Land unregierbar zu machen, sodass unsere Anführer zurückkehren könnten und uns in die Demokratie führen würden. Eine Demokratie, in der jeder gleich wäre, eine Kultur, in der junge Leute, besonders Kinder, nicht vor dem Geheimdienst weglaufen müssten, wo sie nicht mitten in der Nacht aus dem Fenster springen müssten, weil nach ihnen gefahndet würde wegen **Sektion 29** und **51** des Terrorismusgesetzes, wo Schüler zur Schule gehen könnten und keinen Krieg führen müssten, wo sie ihre Jugend mit Freunden genießen, zu Parties und zum Sport gehen könnten, einfach Kinder sein dürften …

Wenn wir Anweisungen vom MK erhielten, hundert Prozent Krieg zu führen, waren wir 24 Stunden am Tag im Einsatz. Die internationale Presse schaute auf die Unruhen in Südafrika, und diese Strategie war so erfolgreich, dass die südafrikanischen Geschäftsleute gezwungen waren, mit den ANC-Führern im Exil in Lusaka zu sprechen. Durch diesen Druck und einfach alles, was wir opferten, erreichten wir schließlich und unvermeidlich die Freiheit, für die wir so hart gerungen hatten. Wir erreichten unser Ziel für einen Preis.

Viele haben sich nie vorstellen können, welchem Psycho-Stress und welchen Traumata wir ausgesetzt waren. Viele Kameraden mussten sich verstecken, andere waren im Exil, weit weg von ihren Familien und Freunden, aber die meisten von uns blieben hier. Diejenigen von uns, die von der Geheimpolizei gesucht wurden, gingen durch einen Alptraum, einen Alptraum, so schrecklich … das zerstörte unser Leben. Niemals hatten wir uns im Alter von 15, 16, 17 und 18 vorgestellt, dass wir wegrennen müssten vor der Polizei, zu – wie wir dachten – sicheren Häusern, nur um dort wieder auf andere Polizisten zu stoßen. Wir drohten verrückt zu werden durch all diese Gedanken an Gefangenschaft, Folter, Verstümmelung und selbst Ermordung durch die Hände der Geheimpolizei. Niemals konnten wir sicher sein, ob wir unsere Eltern, Brüder und Schwestern jemals wiedersehen würden. Eine Sache war sicher: Wir waren keine Teenager mehr. Wir alterten 10–15 Jahre in Monaten, und wir mussten auf alles vorbereitet sein, auf alles, was kommen konnte, egal, ob wir vorbereitet waren oder nicht.

Viele von uns wurden von der Geheimpolizei gefangen genommen. In der Haft wurden wir verhört, gefoltert, verstümmelt, verletzt und fortwährend gequält. Nach solch schrecklichen Erlebnissen litten wir an nervösen Zuständen, wir alle wurden zu nervösen

Wracks. Wir konnten nicht mehr normal am Unterricht teilnehmen. Unsere Leben waren zerstört. Einigen gelang ein Abschluss unter extrem schwierigen Umständen. Wenn es nur Menschen gegeben hätte, die uns durch diese Traumata geholfen hätten … Um ganz ehrlich zu sein: Viele von uns fragen sich, ob es den Preis, den wir für die Freiheit zahlten, wirklich wert war.

Hier einige Empfehlungen, die ich selber und einige meiner Kameraden bedacht haben, um sie der TRC vorzulegen. Zuerst möchte ich sagen, dass viele unserer Kameraden … noch immer arbeitslos sind. Deshalb würde ich die TRC gern bitten, dass sie sich einsetzt bei Arbeitgebern, damit diese mehr Verständnis für Überlebende haben, sodass wir zwischendurch zu Kliniken gehen können, zum Beispiel dem Trauma-Zentrum … Geheimpolizisten und Polizei-Offiziere, die damals befördert wurden wegen Menschenrechtsverletzungen, müssen wieder degradiert werden oder sollten nicht länger bei der Polizei arbeiten, weil es schwierig ist für normale Menschen, solche Polizisten zu respektieren.

Wir sollten finanzielle Entschädigungen erhalten für alle emotionalen und psychischen Traumata, unter denen wir noch immer leiden. Denkmäler sollten errichtet werden in allen Provinzen, um zu zeigen, welche wichtige Rolle Schüler und Kinder, Jugendliche, wie auch andere spielten. Die Regierung sollte Verantwortung übernehmen und uns wirklich unterstützen. Besondere Kurse sowie weiterführende Ausbildungen sollten für jene Kameraden ermöglicht werden, deren Leben durch die früheren Regierungen zerstört wurden, sodass wir uns wieder selber achten können und nicht wie eine Horde Abgerissener herumlaufen.

Präsident Mandela sollte ein Denkmal im Parlament enthüllen, das die Rolle anerkennt, die die Jugend spielte, aber auch, wie unser Leben ruiniert wurde durch die frühere Regierung. Oberschulen und Straßen sollten nach jenen Kameraden benannt werden, die das Letzte gaben. Aufklärungsprogramme sollten an Schulen und anderen Einrichtungen gestartet werden, wo jene Schüler und Studenten sind, die heute auch hier im Saal sind, damit sie verstehen, wie gut es ihnen geht, dass sie nicht das durchmachen müssen wie wir. Ihr solltet wirklich glücklich sein, in einem normalen Südafrika zu leben. Manchmal liege ich nachts wach und wünschte, ich könnte noch einmal in einem normalen Leben geboren werden.

Die TRC sollte uns versichern, dass die Nationale Partei nicht ungestraft davon kommt für die Verbrechen, die sie dem Volk von Südafrika angetan hat ... Die Nationale Partei sollte Verantwortung übernehmen dafür, dass sie unsere Leben zerstört hat. Das ist alles.

C: Riefaat, möchtest du die Namen verlesen von denen, an die du erinnern möchtest? Willst du das noch tun?

RH: Hier ist die Liste meiner vergessenen Kameraden: Die erste ist Celeste Naidoo. Ich habe die größte Achtung vor ihr, weil sie diejenige war, die mich ausbildete. Sie war meine Mentorin, und alles was ich im Leben erreicht habe, kommt durch das, was Celeste mich gelehrt hat. Das ist immer in mir, und ich werde diese Prinzipien niemals vergessen. Und eines dieser Prinzipien war, dass du immer loyal gegenüber deinen Kameraden bleiben musst ...

Der andere Kamerad ist Katheem Neethling, sein früherer Name war Cecil. Er war mit mir eingesperrt und er war Mitglied unseres Aktionskomitees an der Schule. Er war auch eingesperrt in «Victor Verster». Er ist heute ein Wrack und drogenabhängig. Kevin ist auch ein psychologisches Wrack und abhängig von Drogen.

Deon Brink, er war gefangen mit mir, und während ich verhört wurde, gelang es mir erst noch, keinerlei Namen zu nennen, aber als ich geschlagen wurde und als ich ... die Dinge möchte ich nicht nennen, die sie mit mir machten, weil ich es nicht in der Presse lesen möchte ... ich sagte ihnen, ich weiß nichts. Sie suchten die Kameraden Kevin Patel, Paul Doemat, Celeste Naidoo. Ich sagte, ich weiß nichts, weil ich auf der Flucht war und ich war in Manenberg oder in Surrey Estate oder wo auch immer für lange Zeit gewesen ... und ich sagte ihnen, warum fragt ihr nicht Deon, aber ich wusste ja nicht, dass Deon auch geschnappt worden war. Ich hatte keine Ahnung. Ich dachte, dass er noch auf der Flucht war. Sie brachten ihn herein, und sie schlugen ihn und sie knüppelten auf ihn ein, so brutal schlugen sie, alles vor meinen Augen … und ich werde mir das niemals vergeben können … Ich wusste es nicht …

(Pause, Riefaat kann nicht weitersprechen.)

Earl September, er war auch in «Victor Verster» … Isaac April … Karriem Adams und Medaat Adams … Shahied Petersen … Robert, ich weiß gar nicht, wo der geblieben ist … Azie Zoedien, Jacky Hefele … Genevieve Zeeman, alle sind sie traumatisiert …

Und das sind ja nur die, die eng mit mir gearbeitet haben. Es gibt Tausende andere, ich nenne sie die vergessenen Kameraden. Niemand nahm Notiz von uns, niemand nahm Notiz von ihnen. Ich wünsche mir, dass die TRC an jene Leute erinnert, und ich hoffe, daß eines Tages alle Straßenkinder eine Schule besuchen und dass ihr, die ihr hier sitzt und zuhört und von Oberschulen kommt, dass ihr eine Verantwortung uns gegenüber fühlt, euer persönlich Bestes zu entfalten. Und ihr müsst das Beste aus eurem normalen Leben machen, weil … wir dazu nicht mehr in der Lage sind. Wir wurden zerstört von der Nationalen Partei. Bitte, ich bitte euch, macht das Beste aus eurem Leben. Das schuldet ihr uns. Danke.

(Langer, spontaner Applaus im Saal. Einige Schülerinnen und Schüler weinen.)

C: Meine Damen und Herren, ich kann verstehen, dass Sie applaudieren wollen, aber das passt nicht zu unseren Formen, deshalb möchte ich Sie und euch bitten, nicht Beifall zu spenden …

Riefaat, du hast uns tief berührt. Bevor ich dir danken möchte, will ich erst den anderen Mitgliedern des Podiums die Gelegenheit geben, einen Kommentar abzugeben oder eine Frage zur Klärung zu stellen. Wir werden dich nicht verhören.

Riefaat, ich habe nur eine Frage. Wie alt bist du jetzt und wie alt warst du, als du inhaftiert wurdest?

RH: Ich bin heute 29. Ich war 15, als ich begann, im Kampf mitzumachen, und ich war, ich denke, ich war 17, als ich eingesperrt wurde.

C: Danke dir, Riefaat! Du sprichst im Namen deiner Kameraden, deiner, wie du sie nennst, vergessenen Helden, aber ich denke, du sprichst auch über dich selbst. Ich denke, dass es wichtig für uns ist zu verstehen, dass du deine Stimme findest, indem du über deine Kameraden sprichst. Und das bedeutet für uns zu verstehen, wie wirklich schwierig es ist, zu erinnern, was dir geschah, und darüber zu reden. Darum findest du es einfacher, über andere Kameraden zu sprechen als über dich selbst.

Das vor allem macht uns die Schwere dessen deutlich, was du durchgemacht hast ... und ich denke, es ist gut, das zu verstehen ... Es ist schwierig, dir Worte zu sagen, die dich stärken, weil es einfach eine Realität ist, die Realität, durch die du jetzt gehst. Doch ich möchte dir danken, dass du deine Erfahrungen mit uns geteilt hast. Du hast unsere Herzen erreicht.

März 1999: Riefaat Hattas ist heute 31 Jahre alt. Im Kapitel III berichtet er, wie sein Leben nach dem Hearing weitergegangen ist.

Fikiswa Mzondi: «Nach der Vergewaltigung musste ich mich übergeben, wenn ich einen Polizisten nur sah.»

Fikiswa Mzondi, geboren 1978 in Matatiele (Natal), ist eine elfjährige Schülerin, als sie abends mit ihrem Cousin, mit dem sie bei Nachbarn Fernsehen geschaut hat, heimgeht. Ihre Mutter ist als politisch aktiv bekannt. Vor ihrer Haustür werden die beiden Kinder von zwei Polizisten angesprochen und sodann unter Gewaltandrohung weggeführt. Fikiswa wird wenig später im Beisein ihres Cousins von beiden Polizisten nacheinander vergewaltigt.*

Fikiswa Mzondi hat sich nach langer Beratung mit ihrer Familie entschlossen, ihre Aussage vor der TRC zu machen. Nach der Grundschule besuchte sie die Tsoseleto Oberschule in Bloemfontein. Zum Zeitpunkt ihrer Aussage ist sie achtzehn Jahre alt.

Wir haben ihre Aussage ausgesucht, weil sie nicht allein Einblick in die besondere Situation von Mädchen gibt, sondern Fikiswa Mzondi trotz ihrer Jugend bereits einen sehr bewussten und mutigen Weg eingeschlagen hat, um mit diesem Erlebnis an die Öffentlichkeit zu gehen und dadurch auch andern Mut zu machen.

TRC-Hearing in Bloemfontein am 23. Juni 1997

C: Wir wissen, dass jeder müde ist am Nachmittag. Obwohl du lange warten musstest, möchten wir dir zuerst sagen, wie dankbar wir dir sind für deinen Mut und deine Bereitschaft, deine Geschichte heute mit uns zu teilen. Ich werde nur eben ein paar Daten überprüfen. Wie alt bist du heute, Fikiswa?

Fikiswa Mzondi (FM): Ich bin 18 Jahre alt.

C: Wie alt warst du, als das Verbrechen geschah?

FM: Ich war 11 Jahre alt.

C: Du gingst zur Schule. In welche Klasse?

FM: Ich besuchte die 5. Klasse.

* im TRC-Protokoll ist ihr Vorname fälschlicherweise mit «Feliswe» angegeben.

C: Erzähle mir mehr über deine Familie, Fikiswa.

FM: Ich lebte bei meiner Mutter und meiner Oma. Sie ist eigentlich eine ältere Schwester meiner Mutter. Wir hatten keinen Vater. Wir wohnten zusammen mit den beiden und meinem Cousin und dem Jüngsten von meiner Oma und dann noch einem jüngeren Geschwister von mir.

Es war eine Zeit politischer Unruhen. Die Oma und meine Mutter waren politisch aktiv. Meine Mutter war ein Mitglied der Frauen-Liga des ANC, zusammen mit meiner Oma, und das taten sie im gleichen Zentrum. Die Jugendlichen wurden einfach verhaftet in dieser Zeit. Sie wurden angegriffen. Solche Dinge geschahen einfach, und die Schule fand nicht wie gewöhnlich statt.

C: Ich weiß, dass du damals sehr jung warst. Hast du etwas von der Politik verstanden oder warst du Mitglied oder hast dich angesprochen gefühlt von politischen Aktivitäten oder einer Organisation?

FM: Ich war unpolitisch. Ich war einfach ein Mensch. Ich lebte bis dahin so etwas wie ein normales Leben.

C: Fikiswa, kannst du uns berichten, was an jenem Tag, als du geschändet wurdest, geschah? Das war 19…?

FM: Es war 1990.

C: Okay, kannst du bitte kurz berichten, was an jenem Tag geschah?

FM: Ja. Es war im Februar.

C: Kannst du bitte kurz von jenem Tag berichten?

FM: Wir waren daheim, und am Nachmittag beschlossen wir, mein Cousin Boikie* und ich, zu unseren Nachbarn zum Fernsehen zu gehen. Ich erinnere mich, dass wir etwa gegen 21 oder 22 Uhr zurückkamen. Und wir gingen durch den Hof und diese zwei Polizisten kamen auf uns zu. Sie trugen Polizei-Uniform, und ich ging weiter zu unserer Haustür, um sie zu öffnen und hineinzugehen.

Da riefen sie meinen Cousin und redeten mit ihm. Sie sagten, dass ich nicht ins Haus gehen dürfe. Während sie redeten, wurde ich sehr ungeduldig. Ich wollte ins Haus, aber sie zogen ihre Pis-

* Der Name des Cousins wird im TRC-Protokoll falsch mit «Bobby» angegeben, siehe auch die Begegnung mit Fikiswa im Kapitel III.

tolen und sagten: «Wenn du auch nur ein Geräusch machst, werden wir dich umbringen. Komm mit, wir gehen!» Ich rief nicht um Hilfe. Wir gingen mit.

Sie sagten, wir müssten mit ihnen gehen, um ihnen das Haus von Mr. Modise zu zeigen. Mr. Modise ist ein Comrade. Und dann sagten sie, ich solle sie zu ihm führen. Ich sagte zu ihnen: «Ich kenne keinen Mr. Modise, der ein Comrade ist. Es tut mir leid. Ich kann Sie nicht hinbringen, weil ich ihn nicht kenne.» Und sie fragten meinen Cousin, ob er den Comrade Mr. Modise kennen würde, und es endete damit, dass er sagte, dass er ihn kennen würde, weil er sie irgendwie loswerden wollte. Aber sie blieben.

Sie gingen immer hinter uns her. Sie drückten mir eine Pistole an den Hals und befahlen, dass ich nicht nach ihnen schauen dürfte. Unterwegs sprachen sie in ein Walkie-Talkie ... Sie sagten: «Wir haben Verdächtige. Was sollen wir mit ihnen machen?» Mehr verstand ich nicht, weil ich solche Angst hatte. Sie sagten, dass ein Polizeiauto käme, auf das wir warten sollten. Nach einer Weile Warten sagten sie: «Jetzt gehen wir weiter!»

Mein Cousin fragte: «Warum können wir nicht auf das Polizeiauto warten? Wohin gehen wir denn?» Aber sie gaben ihm keine Antwort. Stattdessen bekam er einen Schlag ins Gesicht. Er hatte eine große Schramme. Ich sagte zu ihm: «Sei still, sie werden dich sonst richtig verletzen.» Wir gingen mit ihnen bis zu einem Berg.

Sie fragten mich erneut, ob ich mich noch immer weigern würde, ihnen zu sagen, wo Mr. Modise ist. Ich sagte: «Ich kenne ihn nicht. Wie kann ich Sie zu einem unbekannten Platz bringen?» Sie ließen von mir ab und gingen zu meinem Cousin. Sie fragten nun ihn, ob wir bei unserer Weigerung blieben, ihnen Mr. Modises Haus zu zeigen, weil sie ihn haben wollten. Aber wir blieben still ...

«Wir sehen, dass ihr nicht bereit seid zu antworten!», meinten sie, und dass sie mir jetzt eine Lektion erteilen würden, weil ich sie nicht zu Mr. Modises Haus bringen wollte. Sie würden uns jetzt beweisen, wer sie wären. Einer von beiden hielt mich fest, und der andere packte meinen Cousin und schlug ihn und sagte:

«Leg dich hin, wage nicht zu gucken!» Und er ließ ihn dort liegen, und beide waren nun bei mir, und einer sagte, ich solle mich ausziehen. Ich weigerte mich …

(Fikiswa kann nicht weiterreden.)

C: Fikiswa, das ist sehr schwierig für dich. Bitte nimm dir Zeit. Nimm dir einfach Zeit. Es muss sehr schmerzlich für die ganze Familie gewesen sein …

Kannst du schon fortfahren? Du kannst ruhig noch warten. Fikiswa, alles okay mit dir? Denkst du, du kannst weitermachen?

FM: Ich kann weitermachen. Der eine Mann befahl mir, mich auszuziehen, aber ich wollte nicht, und der andere Mann – als mein Cousin mir zu Hilfe kommen wollte – lief zu ihm und drohte ihm, ihn umzubringen. Und der bei mir packte mich und zwang mich, mich auf die Erde zu legen, und dann zog er mich aus, und dann vergewaltigten sie mich. Sie wechselten sich dabei ab. Wenn der eine nicht mehr konnte, dann ließ er von mir ab, und der andere machte weiter …

Erst gegen Morgen ging ich heim. Als wir bei uns ankamen, wollte mein Cousin erst noch aufpassen, wohin die beiden nun gehen würden. Ich konnte nicht mehr gehen, und ich sagte zu ihm: «Ich kann das nicht mehr …» Dann brachte er mich erst den halben Weg, sodass ich zuerst nach Hause kam, und dann wollte er nach den beiden suchen. Ich hatte solche Angst, hineinzugehen. Ich wartete vor der Tür, bis er zurückkam. Und als er da war, weckten wir alle Leute auf, und erst dann erfuhren alle die ganze Geschichte.

Meine Mutter war wütend auf mich. Sie erzählte mir alle möglichen Geschichten. Sie fragte mich, was ich mit dem Kind tun werde, wenn ich schwanger sein sollte, weil ich doch selbst noch ein Kind war. Ich konnte nicht mehr weinen, weil ich davor schon so viel geweint hatte.

Sie riefen dann Dr. Ziyane und brachten mich zu ihm. Ich zog mich nicht um. Mein Kleid war voller Blut, und ich wurde einfach so zu Dr. Ziyane gebracht … Dort untersuchte er mich und sagte, dass ich mich nicht waschen dürfe. Ich sollte nur frische Kleider mitnehmen. Ich sollte direkt zur Polizeistation gehen und dort einem Amtsarzt vorgeführt werden.

Ich musste mit einem Polizisten mitgehen und wurde zu diesem Amtsarzt gebracht. Ich wurde untersucht und dann zurückgebracht zur Polizeistation, um meine Aussage zu machen.

Dort waren nur Männer. Keine Frau war dabei. Sie verhörten mich. Kaum hatte ich geantwortet, kam die nächste Frage, und es endete damit, dass sie mich fragten, welches Kleid ich angehabt habe. Ich erklärte es ihnen. Sie fragten mich, ob das ein kurzes Kleid gewesen wäre. Ich sagte: «Nein!»

Sie fragten mich, wie es war: «War es nett? War es schmerzhaft, als sie es taten?» Ich gab keine Antwort mehr, weil es so ein erniedrigendes Verhör war, und ich ging. An diesem Tag fühlte ich mich nicht gut. Ich fühlte mich, als wäre ich verrückt geworden. Eine Woche lang bewegte ich mich nicht. Ich konnte einfach nicht laufen. Ich konnte mich nur noch ab und zu waschen und dasitzen.

Am Tag nach meinem Verhör holten sie meinen Cousin. Sie teilten ihm mit, dass er verdächtigt würde, mich vergewaltigt zu haben, und nicht die Polizisten. Wir wissen nicht genau, was sie ihm sagten. Sie behielten ihn einen ganzen Tag dort. Niemand weiß genau, was sie ihm sagten, und auch er sagte nichts, was man ihn gefragt habe. Ich war krank. Ich war krank …

Ich ging zu verschiedenen Ärzten, probierte alle möglichen Dinge, und die Ärzte schickten mich schließlich zur psychiatrischen Klinik, zu Dr. Masotho. Ich erhielt eine Behandlung bei Dr. Masotho.

C: Fikiswa, das ist eine sehr tragische Geschichte, die du uns hier erzählt hast, die tragische Geschichte eines unschuldigen Kindes. Ich möchte dir mehr noch als zuvor für deinen Mut danken, dass du uns deine Geschichte erzählt hast. Ich hoffe, dass viele Menschen von deinem Mut lernen können … Ich möchte noch ein paar Fragen stellen, wenn du einverstanden bist?

FM: Sie können weitermachen.

C: Als dies geschehen war – inwieweit hat es dein weiteres Leben beeinflusst, deine Schulbildung, deine Beziehungen zu Freunden, der Familie? Kannst du uns darüber mitteilen, was du dir zutraust, hier zu berichten?

FM: Weil ich noch ein Kind war, veränderte sich mein ganzes Leben völlig. Ich befand mich in einer solchen Verfassung, dass ich mit niemandem mehr redete. Ich spielte nicht mit meinen Altersgenossen, weil ich Angst hatte. Das Schlimmste war, dass ich mich übergeben musste, wenn ich einen Polizisten nur sah. Ich konnte sie nicht mehr sehen.

Was mir außerdem sehr weh tat ... als ich im letzten Jahr mein Abschlussexamen schreiben musste, da wurde ich krank, und meine Mutter riet mir, nicht mit der Schule weiterzumachen. Aber ich sagte zu ihr: «Mama, ich werde die Schule nicht verlassen. Ich werde die Prüfungen schaffen!» Ich gab mein Bestes, ich studierte – und wissen Sie was? Ich schaffte es!

C: Ich bin sehr berührt von dem Mut, den du gezeigt hast – der Tatsache, dass du dich entschieden hast, zurückzugehen zur Schule, die Prüfung zu schaffen und dir eine eigene Zukunft aufzubauen. Ich bin sicher, dass dir diese positive Haltung helfen wird auf dem langen, langen Weg, der noch vor dir liegt.

Kann ich deinen Cousin Boikie bitten, seine Aussage zu machen? Ich nenne dich auch Boikie, ja? Kannst du das ergänzen, was Fikiswa vergessen hat oder was du anders erlebt hast?

B: Erst wollte ich mich weigern, irgendwohin mit den Polizisten zu gehen, aber dann begann ich daran zu glauben, dass es besser wäre mitzugehen, als der Zweite seine Pistole zog ...

Dann versuchte ich, meine Cousine zu retten. Ich versuchte ihnen zu sagen, dass sie mich nehmen sollten. Ich würde sie überall hinführen, aber sie wollten das nun nicht mehr. Und dann ...

(Boikie sucht nach Worten ...)

C: Lass dir Zeit, lass dir Zeit, Boikie.

B: Hinter dieser Schule ist so 'ne Art Hügel, jetzt sind da so Hütten, aber damals gab es keine Hütten oder so was. Dahin gingen wir, und ich komme da heute auch noch manchmal vorbei ...

Darf ich etwas anderes sagen?

C: Ja, sage, was du sagen möchtest. Wir wollen dich keinen weiteren Qualen aussetzen …

B: Wenn Sie herausbekommen, wer diese Männer waren, also, ich meine, ich bin auch ein Mann, aber ich habe solche Leute noch niemals getroffen, wissen Sie. Und ich vermute, sie hätten nicht den Mut, mich zu treffen. Aber ich würde sie gern treffen. Einfach um … ich weiß nicht, ich möchte wissen, wer sie sind …

Ich werde diesen Tag niemals vergessen, als mir dieser Kerl mit seinem Stiefel in den Rücken trat, um mich am Aufstehen zu hindern. Ich meine, ich habe wirklich mit allen Mitteln versucht, meine Cousine zu retten, aber er hielt mir diese Pistole an meinen Kopf und hatte seinen Stiefel in meinem Rücken. Ich war wie, wissen Sie, ich war wie … ich weiß nicht. Er schlug auf mich ein wie auf einen Gegenstand, trat auf einen Menschen wie …

C: Was ich dir gern sagen möchte ist, dass ich eine Notiz aufnehmen werde, dass du den Wunsch hast, den Tätern zu begegnen. Vermutlich kannst du uns helfen dabei, indem du uns noch einige Informationen gibst, weil es bisher so aussieht, als wären sie nie identifiziert worden.

B: Sie wurden niemals … ich musste zweimal zur Polizeistation kommen. Ich sollte dort eine Aussage machen. Meine erste Aussage war ungültig, angeblich unleserlich, also sagte ich: «Okay, machen wir eine zweite Aussage!» Danach sagten sie, dass sie uns eine Gegenüberstellung ermöglichen würden mit jenen Kerlen, die an jenem Tag Dienst gehabt hatten. Aber Fikiswa und ich sagten, dass wir das nicht könnten. Weil es in unserer Straße damals noch kein Licht gegeben hat, sie machten gerade die Anschlüsse für Elektrizität. Es war völlig dunkel, bei dem Berg sowieso.

C: Welche Polizeistation war das?

B: Es war die Bantu-Polizeistation.

C: Wie hieß der Arzt, zu dem du gebracht wurdest, Fikiswa?

FM: Ich habe den Namen dieses Amtsarztes vergessen, aber ihn erkenne ich. Ich kann ihn identifizieren. Ich habe jetzt nur seinen Namen vergessen.

C: Was machst du heute, Boikie?

B: Ich arbeite in dem Restaurant «Cantina Tequila» als Kellner.

C: Inwieweit hat dieses Erlebnis dein Leben verändert, Boikie?

B: Also, ich weiß nicht, ich kann über Dinge hinwegsehen. So wie ich sagte, ich komme auch heute oft an dem Platz vorbei, wo es geschah, und dann ignoriere ich das. Ich habe auch meinen Schulabschluss geschafft …

Februar 1999: Fikiswa Mzondi ist bereit, gut eineinhalb Jahre später ein Gespräch mit uns zu führen, bei dem auch ihre Familie zugegen ist (siehe Kapitel III).

Yazir Henry: «In meinem Kopf hörte ich immer die gleiche Frage: Wer hat mich verraten?»

Yazir Henry, geboren 1970 in Kapstadt, besuchte zunächst die Wynberg-Oberschule, wo er sich ab 1985 in einem Schüler-Aktionskomitee politisch betätigte. Wenig später wurde er in die illegale politische Arbeit des ANC aufgenommen. Nach einer Verhaftungswelle ab Anfang 1986 Flucht ins politische Exil: zuerst in Swaziland, dann in Angola. Von dort ab Anfang 1987 für zehn Monate zur politisch-militärischen Ausbildung in die Sowjetunion. Nach einem Zwischenaufenthalt in Angola ab April 1989 illegal zurück in Südafrika. Konflikte mit anderen ANC-Untergrundleuten und ab dann auf eigene Faust weiter in der Illegalität bis zur Verhaftung durch die südafrikanische Geheimpolizei. Von November 1989 bis Juni 1990 in Haft, mehrfach gefoltert. Zurzeit Student der Soziologie an der Universität Kapstadt und Mitinitiator eines kleinen Unternehmens, um Touristen die historischen Stätten des Befreiungskampfes zu zeigen (vgl. auch Kapitel III.3. über die «Western Cape Action Tours»).

Yazir Henrys Aussagen wurden von uns ausgewählt, weil seine Geschichte verdeutlicht, in welch unlösbare Konflikte junge Menschen voller Ideale geraten konnten und wie sehr dies ihr weiteres Leben bis heute bestimmt.

TRC-Hearing in Kapstadt (University of the Western Cape) am 6. August 1996

C: Yazir, wir haben uns die letzten Tage kennen gelernt, und wenn es für dich in Ordnung ist, spreche ich dich mit deinem Vornamen an?

Yazir Henry (YH): Das ist in Ordnung …

C: Die Aussage, die du für heute vorbereitet hast, berichtet über eine Erfahrung, die du sehr jung machen musstest und die dein Leben völlig verändert hat. Aber bevor wir damit beginnen, kannst du uns vielleicht zur Einführung etwas über dich selbst erzählen, was du machst, wer du bist …

YH: Also, ich bin ein aktives und loyales Mitglied des African National Congress im Grade eines Offiziers des früheren militärischen Zweigs, Umkhonto we Sizwe. Zurzeit bin ich 26 Jahre alt und lerne für einen Abschluss in Soziologie an der Universität von Kapstadt. In meinem schriftlichen Bericht nenne ich es politische Soziologie, weil für mich alles politisch ist.

Bevor ich mein Statement vorlese, möchte ich noch zwei Dinge erwähnen: In meinem Statement sage ich nicht, wie sehr meine Familie gelitten hat. Ich bin inzwischen schon länger entfremdet von meiner Familie ... Im Saal hier befinden sich einige Freunde, die mich nur als Yazir kennen, die nichts über meine Vorgeschichte wissen. Die mir geholfen haben, so weit zu kommen. Ihnen möchte ich meinen Dank aussprechen, sie werden nicht weiter in meinem Statement erwähnt. Ihr wisst, wen ich meine.

Und ich möchte noch sagen, dass es ein langer und schwerer Weg war, hierher zu kommen. Eine Entscheidung, die ich nicht leicht traf, eine Entscheidung, die ich nach langem Abwägen fällte und nach vielen traumatischen Erfahrungen. Und nach Diskussionen mit jenen Menschen, die mir halfen, nicht verrückt zu werden ... Ich möchte euch danken, bei mir gewesen zu sein ...

C: Vielen Dank für deine Einführung ... Vielleicht ist es gut, uns jetzt deinen Werdegang zu schildern.

YH: Okay, mit Ihrer Erlaubnis lese ich jetzt mein Statement vor.

C: Sicher, du kannst anfangen.

YH: Mein früherer Name war Mark Henry. 1991 änderte ich ihn in Yazir Henry, weil ich mit dem Namen Mark nicht länger leben konnte. Ich gab an, dass es religiöse Gründe gehabt habe, aber es war viel mehr als das. Der Name Mark hatte mir Schande gebracht, und er brachte mich in Gefahr ...

Meine Erfahrungen sind sehr schmerzlich, besonders nachdem meine Existenz und alles, was mit mir geschah, nach wie vor ignoriert wird vom African National Congress, von dem ich bis heute offiziell meine Mitgliedschaft nicht zurückgezogen habe ... Ich hoffe, dass mir mein Bericht hilft, aufzuwachen von diesem Alptraum, der mich quält seit jenem 16. November 1989.

Ein kurzer Abriss meiner Geschichte, bevor ich ins Exil ging: Eingeführt in aktive Politik wurde ich 1985. Ich ging in die 7. Klasse der Wynberg Oberschule und war 15 Jahre alt. Es war eine Zeit voller politischer Unruhen an den Schulen mit brutalen Exzessen von Seiten des Staates. Nach dem Verbot der ANC-Studentenorganisation, auch von **COSAS** und **SRC**, wurde ich aktiv in Schüler-Aktionskomitees, die entstanden waren als Antwort auf die Gewalt des Staates. Ich wurde Zeuge, wie der Staat straffrei unsere Leute verletzen und ermorden konnte, und das verstärkte meinen Entschluss, zu widerstehen und mich zu wehren. Mehr und mehr wurde ich politisch aktiv. Kurz darauf wurde ich aufgenommen in den Untergrund, der vom ANC organisiert wurde.

Nach einer Verhaftungswelle Anfang 1986 ging ich mit zwei Mitgliedern aus dem Untergrund, Ashley Forbes und Peter Jacobs, ins Exil in dem festen Glauben, dass wir stärker und besser ausgerüstet zurückkehren würden, um gegen den ungerechten Staat zu kämpfen und um unser Volk gegen die Gewalt zu schützen. Obwohl ich der Jüngste von uns dreien war, vertraute man mir so sehr, dass ich die beste Ausbildung und militärische Schulung erhielt. Der Plan war, dass die beiden zuerst zurückkehren und neue Strukturen vorbereiten sollten und ich dann folgen würde mit den militärischen Fachkenntnissen.

Wir gingen nach Swaziland. Dort kontaktierten wir über den UN-Hochkommissar den ANC in Maputo, Mosambik, dem wir dann auch formell beitraten. Nach ungefähr zwei Wochen wurden wir nach Lusaka, Sambia, geflogen und dort überprüft. Dann mussten wir alle politischen und militärischen Ziele genau mit den militärpolitischen Strukturen des ANC abstimmen. Wir wurden weitergesandt nach Luanda, Angola, wo unsere Gruppe sich teilte, um alles gemäß den Planungen umzusetzen. Von Luanda aus ging ich zu einem Trainingslager, das in ANC-Kreisen «der Osten» genannt wurde. Dort erhielt ich meine militärische Grundausbildung. Nach etwa zwei Monaten wurde ich dem Sicherheitschef des Lagers unterstellt mit dem Auftrag, alles mitzuteilen, was meiner Ansicht nach die Sicherheit des Lagers gefährden könnte. In der Folge erhielt ich außerdem eine Spezialisierung als Mechaniker für Militärmaschinen.

Anfang 1987, im Alter von 17 Jahren, wurde ich für zehn Monate in die Sowjetunion gesandt. Dort wurde ich für Geheimdienst und Militärkampf ausgebildet. Von Luanda aus wurde ich zum politischen Kommissar über zehn andere Kämpfer ernannt. Für mich war das eine große Ehre und Verantwortung. Einerseits bestätigte dieses Vertrauen mein eigenes Verständnis unseres Kampfes, andererseits wurde mir die Ernsthaftigkeit unseres Auftrags voll bewusst. Von einem Leben als Schuljunge wurde ich in eine Welt katapultiert, die beständige Wachsamkeit und Reife erforderte. Auch wurden Disziplin und Verantwortungsbewusstsein gefordert, aber das erhöhte nur meine Bereitschaft, alles zu geben für die Befreiung.

Nach Abschluss dieser Ausbildung kehrte ich nach Luanda zurück, um mit dem dortigen sowjetischen Vertreter zusammenzuarbeiten. Nach einer Weile verließ dieser Angola, und mir wurde die volle Verantwortung für seinen Aufgabenbereich übertragen – das Training von Untergrundkämpfern, die nur für kurze Zeit aus Südafrika nach Angola gekommen waren.

Ende 1988 wurde ich nach Lusaka zurückgerufen. Dort informierte man mich, dass ich Mitglied einer technischen Einheit werden solle, die Ronnie Kasrils untergeordnet war, damals der Leiter des Politisch-Militärischen Rates. Ich fand, dass diese Abordnung nicht dem Ziel dienen würde, für das ich ursprünglich ins Exil gegangen war, nämlich eine militärische Ausbildung zu erhalten, um besser geschult nach Südafrika zurückkehren zu können. Zum Zweiten waren die beiden Kameraden, mit denen ich damals das Land verlassen hatte, verhaftet worden.

Aus diesen Gründen bat ich darum, zum militärischen Hauptquartier zurückversetzt zu werden. Ich wollte den Plan verwirklichen, den ich und meine inzwischen verhafteten Kameraden gehabt hatten. Etwa im April 1989 wurde ich daraufhin zusammen mit Anton Fransch, den ich nur unter seinem Decknamen Mohammed kannte, über die Grenze nach Südafrika geschmuggelt …

Ein Verbindungsmann brachte uns über die Grenze. In Südafrika erhielten wir Instruktionen, dass wir in Johannesburg in einem bestimmten Hotel einchecken sollten, wo wir nähere Anweisungen erhalten würden. Dieser Kontaktmann nahm uns mit in sein Haus in Bezz Valley bei Johannesburg. Nach mehreren Tagen informierte er uns, wann und wie wir unseren nächsten Kontakt in Kapstadt treffen sollten. In Kapstadt brachte uns dieser Verbindungsmann mit zwei weiteren Untergrundleuten zusammen. Entgegen meinen Erwartungen erhielten wir keine klaren Angaben, was wir nun konkret tun sollten. Im Gegenteil sollten wir diese Leute informieren über alle Einzelheiten unserer Ausbildung im Exil und sie in Kampftechniken unterweisen, die ihnen bisher unbekannt waren. Von mir zum Beispiel erwartete man, eine Art Ausbildungsanleitung zu schreiben, ohne Zeitvorgabe, eine unmögliche Aufgabe, die ewig hätte dauern können. Da wir in Lusaka keine genauen Informationen vorab erhalten hatten, erschien alles, was nun geschah, äußerst verwirrend. Dies wurde noch dadurch verstärkt, dass wir alle möglichen Tätigkeiten im Haushalt ausüben sollten, dass wir bestimmte Zimmer im Haus nicht betreten durften und mit offenem Misstrauen behandelt wurden.

Als Ergebnis entstanden viele persönliche Spannungen bis hin zu offener Feindschaft. Nachdem ich das ungefähr einen Monat mitgemacht hatte, beschloss ich wegzugehen. Meine Entscheidung wurde dadurch bestätigt, dass viele Regeln konspirativer Arbeit, die ich gelernt hatte, völlig missachtet wurden. Mir wurde misstraut, und ich misstraute den anderen. Ich spürte, dass mein Leben in Gefahr war ... Ohne Vorankündigung verließ ich diesen Ort heimlich und nahm Kontakt zu meiner Schwester auf, die mir half unterzutauchen. Ich fand eine Wohnung mit separatem Eingang, wo ich als «Student aus Johannesburg» ungehindert aus und ein gehen konnte.

Eines Tages traf ich Mohammed zufällig in einem Geschäft. Wir sprachen offen miteinander. Ich teilte ihm meine Sorgen mit und sagte, dass ich mich gern erneut mit ihm treffen wolle ... aber auf neutralem Boden. Mohammeds Meinung war, dass ich durch die

Weise, in der ich gegangen war, mein Recht verloren hätte, sich auf neutralem Boden zu treffen, und dass ich mit ihm kommen solle. Ich flehte ihn an, mir nicht zu zeigen, wo er wohnte. Aber er drängte mich, ihm zu folgen. Und als wir einmal bei ihm waren, weigerte er sich, mich gehen zu lassen, bevor ich ihm nicht auch meine Anschrift gegeben hatte. Als er endlich diese Information erhalten hatte, meinte er, dass man dort Kontakt mit mir aufnehmen würde.

Nach dieser Begegnung spürte ich die Notwendigkeit umzuziehen. Ich fühlte mich sehr verletzlich angesichts des Misstrauens der anderen Kameraden. Nun hatte ich jedoch keine finanziellen Mittel mehr. Nach langem Nachdenken beschloss ich, zu meiner Familie zu gehen, in keinem Fall für länger als drei Tage, um währenddessen eine andere Unterkunft zu finden.

Meine Verhaftung geschah am zweiten Tag, ich glaube am zweiten Tag, etwa gegen 15.30 Uhr. Ich hörte einen Tumult vor der Eingangstür meines Elternhauses. Die Tür wurde aufgestoßen, und mehrere Sicherheitspolizisten in voller Montur drangen ein, wobei sie meinen Vater wie einen lebenden Schild – eine Waffe gegen seinen Kopf gedrückt – vor sich herschoben. Als sie mich erblickten, brüllten sie, dass ich meine Hände über den Kopf nehmen solle. Dann stießen sie meinen Vater weg und stürzten sich auf mich. Sieben oder acht Pistolen wurden mir in den Leib gebohrt. Sie schoben mich gegen eine Wand und durchsuchten mich grob nach Waffen. Als klar war, dass ich unbewaffnet war, fesselten sie meine Hände auf dem Rücken mit Handschellen, während sie mich anschrien, wo meine Waffen versteckt seien.

Inzwischen drangen noch mehr uniformierte Polizisten ins Haus ein, zerschlugen Möbel, rissen Dinge aus den Schränken und untersuchten die Wände; ich meine, sie waren einfach überall. Sie stießen mich dann nach draußen, wo noch viel mehr Polizei war. Die ganze Zeit riefen sie mir Beleidigungen zu. Einige der Polizisten lachten, sie schüttelten sich die Hände und gratulierten einander. Ich hörte, wie jemand über Funk auf Afrikaans rief: «Die skaap is in die kraal!» (Das Schaf ist im Stall!). Bei mir dachte ich, das ist mein Ende.

Ich wurde in ein Polizeiauto mit drei Polizisten verfrachtet, und während der Fahrt fragten sie weiter nach Waffen und was ich über Mohammed wüsste. Ich antwortete, dass ich keine Waffen hätte und nicht wüsste, worüber sie redeten. Zuerst fuhren wir zur Grassy-Park-Polizeistation und dann zum Geheimdienst-Hauptquartier nach Culemborg. In Culemborg ging das Verhör immer weiter. Sie wussten, dass Mohammed eigentlich Anton Fransch war. Sie zeigten Fotos von mir, Fotos von Mohammed und Computerausdrucke, die Informationen über unsere geheime Rückreise nach Südafrika enthielten. So ging es mehrere Stunden, manche stellten Fragen, andere riefen Beleidigungen, wieder andere standen nur dabei.

Einmal kam jemand herein und sagte: «Warum redet ihr noch mit diesem Arschloch?» Und er schlug mich zweimal gegen die Brust … Ein Kapitän Liebenberg, der die Leitung hatte, war der Lauteste, der Niederträchtigste und stellte die meisten Fragen. Die ganze Zeit blieb ich dabei, dass ich keine Waffen gehabt hätte und nicht wüsste, wo Mohammed sein könnte. Nach vielen Stunden erfolglosem Verhör informierte mich Kapitän Liebenberg, dass mein Vater ebenfalls verhaftet worden sei und dass sie ihn kaputtmachen würden, da er einem Terroristen geholfen hätte. Selbst jetzt noch blieb ich bei meiner Aussage. Ich erklärte, dass Mohammed und ich Meinungsverschiedenheiten gehabt hätten und deshalb der Kontakt abgebrochen sei.

An dieser Stelle sagte Kapitän Liebenberg, dass sie meine Mutter und meinen Neffen, der damals erst vier war, töten würden, wenn ich nicht mit ihnen zusammenarbeitete. Ich war inzwischen sicher, dass dies keine leere Drohung war. Ich glaubte, dass sie meinen Vater verhaftet hatten. Die Brutalität und Zähigkeit, mit der sie mich befragt und was sie anderen angetan hatten, machten ihre Drohungen für mich sehr glaubhaft. Ich war 19; ich denke nicht, dass ein Neunzehnjähriger vor eine solche Wahl gestellt werden sollte.

Im Grunde hatte ich keine Wahl. Einerseits war mir klar, dass meine Angaben zu Mohammeds Verhaftung führen würden, und andererseits, dass meine Familie ermordet würde, wenn ich nichts sagte. Damit konfrontiert, erklärte ich mich bereit, Mohammeds Versteck preiszugeben. Aber nur unter der Bedingung, dass mein Vater freigelassen und meine Mutter und mein Neffe in Ruhe gelassen würden. Selbst jetzt noch versuchte ich, Zeit zu gewinnen, indem ich angab, nicht die genaue Anschrift zu wissen, aber auf der Karte in etwa den Ort zeigen zu können.

Unmittelbar danach wurde ich in Handschellen zur Pinelands-Polizeistation gebracht, wo mir eine große Landkarte vorgelegt wurde. Ich suchte eine Weile ... und dann zeigte ich ihnen, wo es war. Zusammen mit einem großen Kontingent von Sicherheitspolizei wurde ich zu diesem Ort gefahren, um erneut zu bestätigen, dass es dieses Haus sei. Noch mehr Polizei erschien. Dann wurde ich auf den Boden des Autos gezwungen, mein Kopf zwischen den Füßen und die Hände auf dem Rücken gefesselt. Ich dachte, dass sie Mohammed nun festnehmen würden.

Soweit ich weiß, stürmten sie das Haus ohne Vorwarnung. Ich hörte Gewehrschüsse, ich hörte, dass die Polizei verunsichert war, sogar Angst hatte. Sie rannten hin und her, jemand brüllte, dass einer angeschossen worden sei. Sie schrien zu Mohammed, dass er herauskommen solle. Dann begann erneut eine wilde Schießerei ... mehrere Granaten explodierten. Ich denke, jetzt begriff ich, dass es nicht darum ging, ihn zu verhaften. Jemand rief, dass sie nicht hineinkämen und dass er Granaten habe. Ich hörte eine gewaltige Explosion, es klang wie eine Rakete, die abgeschossen worden war ... und dann war Ruhe.

Einer schrie, dass alles vorbei sei. In meinem Kopf hörte ich immer, und auch jetzt noch, die gleiche Frage: Wer hat mich verraten? Wer hat mich an die Polizei verraten? Anton starb mit dieser Frage auf den Lippen ... und ich wache Nacht für Nacht mit der gleichen Frage auf ...

(Yazir weint. Er kann nicht weitersprechen.)

Danach wurde ich zur Athlone-Polizeistation gefahren und nach zwei, drei Stunden zurück nach Culemborg ... Wieder Verhöre ... ohne Pause ... Spät am nächsten Nachmittag, ohne eine Pause dazwischen, wurde ich gezwungen, ein Dokument zu unterzeichnen, das mich verantwortlich für Vergehen nach Sektion 29 machte. Zum ersten Mal seit meiner Verhaftung durfte ich schlafen ...

Auch die nächsten zwei bis drei Wochen gingen die Verhöre weiter. Ich blieb bei meiner Geschichte, dass ich alle Kontakte abgebrochen hätte. Den ganzen Tag Verhöre, immer die gleichen Fragen. Ich war so erschöpft ... Nachdem ich miterlebt hatte, was mit Mohammed geschehen war, konnte ich kaum noch glauben, dass meine Familie unbehelligt geblieben war. Ich wollte meine Familie sehen, aber das wurde verweigert. Da trat ich in den Hungerstreik; neun Tage aß und trank ich nichts, bis sie schließlich einen Besuch von meiner Mutter und meinem Vater zugestanden ...

Für eine Weile gab es weniger Verhöre, dazwischen längere Perioden der Ruhe. Dann begannen sie, mir Tausende und Abertausende von Fotos zu zeigen; ich sollte ANC-Mitglieder im Lande und im Exil identifizieren. Normalerweise blätterten sie die Seiten um, aber eines Tages gaben sie mir ein Album in die Hand, um es selbst durchzuschauen. Auf der vierten oder fünften Seite sah ich etwas ... von dem ich bis heute Alpträume ... ich habe Alpträume davon ... Das Foto zeigte den abgetrennten Kopf von jemandem, den ich persönlich in Luanda ausgebildet hatte. Seine Innereien hingen ihm um den Hals, seine Augen waren aufgerissen, und es war getrocknetes Blut auf seinen Lippen ... Der Rest des Albums enthielt Fotos verschiedener Körperteile von ihm, die auf einer Straße verstreut herumlagen ...

(Yazir kann nicht weiterreden ...)

Einige Zeit später wurde ich ins Pollsmoor-Gefängnis verlegt, in eine winzige Einzelzelle, in der immer Licht brannte. In der Zelle war außerdem ein Lautsprecher, der kontinuierlich brummte. Tag und Nacht, Tag und Nacht brummte das Ding, dieses Brummen ging in meinen Kopf und machte mich verrückt. Manchmal dachte ich, mein Kopf würde explodieren …

Ich kann mich nicht mehr an alle Einzelheiten der Haft erinnern, aber einige Zeit später wurde ich wieder nach Culemborg gebracht und wurde gefragt, was ich tun würde, wenn sie mich jetzt einfach laufen ließen. Ich lachte nur und sagte, dass sie keine Spiele mit mir machen sollten. Er befahl mir dann, ein Formular zu unterschreiben, das meine Entlassung bestätigen würde. Ich unterschrieb. Dann sagte er, dass ich gar nicht so ein schlechter Kerl sei und dass wir doch auch zusammenarbeiten könnten. Er fragte mich, ob ich nicht bei der Sicherheitspolizei mitmachen wolle. Er bot mir sogar einen Dienstgrad an.

Wie auch schon zuvor weigerte ich mich, auf irgendwelche Angebote einzugehen. Und ich schwöre, dass ich in der gesamten Zeit keinerlei Informationen preisgegeben habe, die die Sicherheit meines Kontakts in Johannesburg und derjenigen, die ich in Kapstadt kontaktiert hatte, hätten gefährden können. Ich bin ausreichend geschult, um nur solche Informationen weiterzugeben, die meine Geschichte glaubwürdig erschienen ließen, während ich alles zurückhielt, was wesentlich war. Nach meinem besten Wissen habe ich an keiner Stelle etwas mitgeteilt, das zu weiteren Verhaftungen oder Todesfällen führte …

Am Tag meiner Entlassung erhielt ich einen Vorgeschmack dessen, was nun kommen sollte. Einige Aktivisten aus der Gegend kamen, um mich zu sehen. Ich erinnere mich, wie einer von ihnen mich fragte, was im Gefängnis geschehen war und was ich meinen würde in Bezug auf jene Kameraden, die andere verraten hätten. Ich war unglaublich müde. Ich entgegnete, dass ich gerade freigelassen worden sei und ich ihnen alle Einzelheiten in Kürze mitteilen würde. Dann gingen sie, und keiner kam zurück …

Ich hatte noch weitere ähnliche Begegnungen mit anderen Kameraden, die mich offen beschuldigten, ein Verräter gewesen zu sein. Eine Kameradin, die mir sehr nahe gestanden hatte, informierte mich, dass Leuten erzählt würde, dass ich ein **«Askari»** sei. Sie erwähnte einen speziellen Vorfall, bei dem jemand zur gleichen Zeit wie ich verhört worden war und die Polizei wiederholt das Codewort «Mike's Hotel» gebraucht habe – «Mike's Hotel» hat die gleichen Anfangsbuchstaben wie mein damaliger Name. Sie hatten das so interpretiert, dass ich es gewesen sein müsste, der Informationen gegeben habe.

Es wurde mir klar, dass ich allgemein als Verräter betrachtet wurde. In den folgenden Wochen begann ich buchstäblich zu zerfallen. Ich verlor an Gewicht, zu einem Zeitpunkt wog ich weniger als 40 Kilogramm. Mein Selbstvertrauen, meine Selbstachtung und meine Würde wurden zutiefst beschädigt. Meine Fähigkeit, mich zu konzentrieren und zu erinnern, war ernsthaft gestört. Es wurde unmöglich zu schlafen, mich verfolgten und verfolgen noch immer Alpträume. Ich erinnere mich, wie ich in den Spiegel blickte und jemanden sah, den ich nicht kannte. Ich konnte nicht akzeptieren, dass Kameraden, denen ich vertraut hatte, nun glaubten, dass ich ein Verräter und Feind geworden war.

Ich dachte, dass vielleicht zwei Menschen meine Integrität bestätigen könnten, mit denen ich 1986 gemeinsam das Land verlassen hatte: Ashley Forbes und Peter Jacobs. Ich besuchte sie auf Robben Island in der Hoffnung, dass sie etwas für mich tun könnten. Sie sagten, dass sie mir glauben würden, aber nichts tun könnten, um andere zu überzeugen, denn selbst auf der Insel würde erzählt, dass ich mich hatte kaufen lassen. Ich vermied alle politischen Aktivitäten und Organisationen. Es war mir nicht möglich, eine Unterstützung zu beantragen, wie sie für andere ehemalige politische Gefangene inzwischen zur Verfügung stand. Ich konnte die Verachtung und das Misstrauen nicht ertragen, aber ich weigerte mich auch, meine Heimat zu verlassen oder mich zu verstecken. Ich hoffte – und hoffe immer noch –, dass gemäß den Untergrundgesetzen ein verantwortlicher Offizier mich kontaktieren würde, um herauszufinden, was wirklich geschehen war. Aber dies geschah nicht.

Einmal erfuhr ich, dass in Athlone in ANC-Büros die Sitzung einer ANC-Militärkommission stattfinden sollte. Ich ging in der Hoffnung dorthin, eine Möglichkeit zu erhalten, meine Geschichte zu erzählen. Die Kommission bestand aus drei Mitgliedern, die ich nicht kannte. Ich tat mein Bestes, alles zu erklären, aber mein Eindruck nahm zu, dass sie lieber einen Schuldspruch haben wollten. Wir beschlossen, dass ich einen schriftlichen Bericht für ein Folgetreffen einreichen sollte. Ich schrieb den Bericht. Aber ich konnte nicht mehr darauf vertrauen, dass er angemessen und im Zusammenhang verstanden werden würde, trotz aller Einzelheiten, die ich geschildert hatte. Bei der Besprechung meines Berichts begannen sie mich zu verhören und mich als Lügner zu beschuldigen. Ich forderte daraufhin, einen Offizier zu sprechen, der mich kannte und mit dem ich vertrauensvoll reden könne. Sie blieben unerbittlich und erklärten, dass ich meinen Bericht überarbeiten solle und dass sie ausreichend Autorität hätten, um meinen Fall abzuhandeln. Sie meinten, der Bericht sei nicht gut genug und dass sie nur einen Bericht akzeptieren würden, der die Wahrheit enthielte. Dieses Verhör ging über mehrere Stunden.

Es war sehr schmerzhaft, weil es der Art und Weise ähnelte, in der die Buren mich verhört hatten. Als ich sie verließ, fühlte ich mich sehr krank und wütend, weil sie nichts anderes hören wollten, als dass ich Anton Fransch getötet hätte. Ich beschloss, nicht mehr zu ihnen zu gehen. Ich wollte versuchen, direkten Kontakt zu Chris Hani oder Ronnie Kasrils zu bekommen. In meinem Besitz ist der Text meines Berichts an den ANC, den ich der TRC gern zur Verfügung stelle.

Einige Zeit später hörte ich von einer Demonstration, die in Kapstadt stattfinden sollte und die unter anderem von Ronnie Kasrils geleitet werden würde. Ich hoffte, dass er in der Lage sei, ein faires Hearing zu organisieren. Während der Demo ging ich bei der ersten Gelegenheit auf ihn zu. Ich erklärte ihm kurz, worum es ging und dass er mich bei meinen Eltern kontaktieren könne. Er antwortete, dass er nicht viel Zeit habe, da er nach Johannesburg zurückkehren müsse. Ich ging mit dem Eindruck weg, dass er sich bald melden würde. Ich wartete mehrere Monate, und nichts geschah.

Ich gab die Hoffnung auf, dass mein Name jemals wieder sauber werden könnte. Es war schwer zu leben und nicht zu existieren. Ich lebe, aber meine Existenz wird ignoriert.

Im Rückblick glaube ich, dass unsere Rückkehr nach Südafrika einfach sehr schlecht geplant war. Das führte zu einer hohen Gefährdung unserer Sicherheit. Ich bin besorgt über den Mangel an Fürsorge, den der ANC für seine Kämpfer zeigt, die ins Land geschleust worden sind. Zum Zweiten muss der Tod von Anton Fransch im Kontext der besonderen politischen und psychologischen Umstände jener Zeit gesehen werden. Ich glaube nicht, dass ich allein für seinen Tod verantwortlich bin. Und die Rolle, die die Sicherheitspolizei spielte, muss deutlicher werden.

Ich erwarte von der TRC, dass alle Umstände, die zum Tode von Anton Fransch führten, erforscht werden und dass alle Gerüchte über meine Person öffentlich aufgeklärt werden. Ich möchte wiederholen, dass ich dem Kampf der unterdrückten Südafrikaner für Menschenrechte und menschliche Würde treu geblieben bin. Ich möchte anerkannt werden als der, der ich bin ... Die Umstände, die zu meiner Verhaftung führten, muss ich wissen, denn nur so kann ich ein Verhältnis finden zu meinen persönlichen Erlebnissen und zu Antons Tod. Ich hoffe schließlich, dass die TRC mir die Möglichkeit geben wird, aus meinem schrecklichen, mehrere Jahre andauernden Alptraum aufwachen zu können, sodass auch ich teilhaben, aber auch beitragen kann zum Prozess der Heilung, der in unserem Land stattfindet.

C: Yazir, wir sind tief bewegt von der Art und Weise, wie du dich dargestellt hast. Manchmal wird gesagt: Es ist leicht, mit einem vollen Magen zu fasten. Und diejenigen von uns, die nicht das durchgemacht haben, was du hinter dir hast, sagen dann vielleicht zu schnell einen Kommentar.

Aber was wohl jeder von uns wahrnimmt, ist, welch hoher Preis bezahlt wurde, um uns dahin zu bringen, wo wir heute sind. Und besonders bei jungen Leuten wie dir war dieser Preis enorm. Wir ehren euch alle, euch jungen Leute wie dich, die diesen Preis bezahlt haben, denn die Früchte eures Einsatzes genießen wir alle. Wir als Kommission werden einige deiner Punkte den entsprechenden Stellen, die du genannt hast, vorlegen und werden versuchen, die verschiedenen Wahrheiten zu ermitteln.

Februar 1999: Beinah drei Jahre später. Yazir Henry ist 28 Jahre alt. Im Kapitel III berichtet er, wie es seit damals in seinem Leben weitergegangen ist.

Sandra Adonis: «Wieviel kann ein Mensch aushalten?»

Sandra Adonis, geboren 1969 in Kapstadt, erlebt als 15-jährige Schülerin, wie Mitschüler von der Polizei erschossen werden. Ab dann beginnt sie sich radikal gegen die Apartheid zu engagieren. Sie wird als Jüngste in den Schülerrat ihrer Schule, der Ned-Damon-Oberschule, gewählt. Mit 17 Jahren wird sie wegen ihrer politischen Aktivitäten der Schule verwiesen. Sie schließt sich in ihrem Stadtteil einer militanten Gruppe, dem BMW, an. Während dieser Zeit lernt sie ihren späteren Mann Jacques kennen, der ebenfalls politisch aktiv ist. Kurz darauf wird sie festgenommen. Nach ihrer Freilassung erlebt sie mit, wie ihr Mann abgeholt wird, nach schrecklicher Folter völlig gebrochen zurückkehrt und ab dann immer gewalttätiger gegen sie wird. Sandra Adonis hat lange abgewogen, ob sie ihre Aussage vor der TRC machen soll.

Wir haben sie ausgewählt, weil sie konsequent in ihrem politischen Engagement gewachsen ist und doch nicht verschont blieb von jenen Auswirkungen der Apartheid, die bis in persönlichste Beziehungen reichen konnten. Auch steht sie für viele damalige Jugendliche, die bislang kaum oder keinerlei Anerkennung für ihren unermüdlichen Einsatz erfahren haben.

TRC-Hearing in Athlone (Kapstadt) am 22. Mai 1997

C: Alles okay mit dir, Sandra? Kannst du mich gut hören? Du wirst uns berichten von deinen Erfahrungen als junger Teenager und auch von deinem Ehemann. Möchtest du anfangen?

Sandra Adonis (SA): 1985 begann ich, mich politisch zu engagieren. Ich war 15 Jahre alt und hatte keinerlei politischen Hintergrund. Mein Großvater redete öfter über Politik, über Vorster; und wissen Sie, er redete dann schlecht über die. Aber als ich selbst anfing zu verstehen und miterlebte, wie unsere Regierung mit unseren Leuten, auch mit meinen Mitschülern, umging, empfand ich tiefen Schmerz und entschied mich mitzumachen.

Als ich 15 war und die Schule wieder begonnen hatte, wurde

an vielen Schulen beschlossen, SRC zu haben. Meine Klasse wählte mich zur Vertreterin in unseren SRC. Auf der Vollversammlung wurde ich dann sogar zur Vorsitzenden unserer Schule gewählt. Doch mein Schulleiter entschied, dass ich noch zu jung, zu unreif dafür sei. Er schlug vor, dass wir unter uns Klassenvertretern erneut wählen sollten, und dann wählten mich die Älteren zur stellvertretenden Schatzmeisterin. Wie auch immer, ich war aktiv im Aktionskomitee von Athlone für die Ned-Damon-Oberschule.

Ich erinnere mich, wie ich eines Tages die Schule verlassen musste, nachdem ein Lehrer mir gesagt hatte, dass die Polizei hinter mir her sei. Ich verließ die Schule und ging zu einem Anwaltsbüro, weil klar war, dass ich auch nicht nach Hause gehen konnte. Es würde kein Zuhause mehr für mich geben. Sosehr ich es auch gewollt hätte – aber meine Familie konnte mich nicht mehr schützen, und irgendwo musste ich ja bleiben. Zu dieser Zeit begannen sie, systematisch nach uns allen zu fahnden. Auch andere aus dem Rat verschwanden, und nur wenige Wochen später war die Geschichte mit dem «Trojanischen Pferd»*.

Einer meiner Mitschüler war damals Shaun Magmoet. Ab und zu schaffte ich es noch, zum Unterricht zu gehen. An diesem Morgen nach den Schießereien berichtete mir einer unserer Lehrer, dass Shaun erschossen worden sei. Weil ich die letzte Vertreterin aus dem SRC war, die noch zur Schule ging, war es meine Pflicht, diese Nachricht den anderen Schülern mitzuteilen. Ich fühlte, wissen Sie, ich war gerade mal 15 und ... also, ich fühlte mich gleichzeitig wie eine Mutter dabei. Ich dachte auch: Wenn ich es nun gewesen wäre? Ich war ja nur wenige Stunden, bevor es geschah, wegge-

* Mit dem «Trojanischen Pferd» (the «Trojan Horse Case») meint Sandra Adonis einen Vorfall in Athlone (Kapstadt) am 15. 10. 1985, als von einem Lastwagen aus Polizisten, die sich in großen Kisten versteckt hatten, auf demonstrierende Kinder und Jugendliche schossen und drei von ihnen töteten. Diese Taktik wurde auch in anderen Orten angewendet, zum Beispiel in Depatch (Eastern Cape) am 15. 4. 1985, wo vier Jugendliche erschossen wurden, und in Uitenhage (Eastern Cape), wo ein Jugendlicher getötet wurde. Ein vierter Vorfall ereignete sich am 27. 12. 1985 in Steynsburg (Eastern Cape), wo drei Jugendliche erschossen wurden.

gangen. Auch mit anzusehen, wie Leute wie Jonathan Claasen erschossen wurden, der genau gegenüber auf der anderen Straßenseite stand … so etwas zu verdrängen ist nicht leicht.

Dann war die Sache mit unseren Examensarbeiten, die wir nicht schreiben wollten. Das hatten wir gemeinsam so beschlossen. Es gehörte zu meinen Pflichten im Aktionskomitee, an der Schule zu kontrollieren, was da läuft und wer doch bei den Examen mitmacht. Danach sagte mein Schulleiter zu mir: «Ich möchte dich nicht mehr hier an der Schule sehen!» Aber ich wollte und wollte und wollte … schließlich sagte er 1986 endgültig: «Ich will dich nicht mehr an meiner Schule, weil du eine Anstifterin bist!»

Ich verließ die Schule. Ich hatte keine Alternative, weil ich auch nicht wusste, ob er mich bei der Polizei melden würde. Immer wenn ich gerade mal in der Schule gewesen war, kam wenig später die Polizei und fragte nach mir. Da entschloss ich mich … verdammte Scheiße, ich hielt das einfach nicht länger aus.

Ich fand eine Arbeit, also mehr einen Job, wo ich einen Monat etwas verdiente. Aber ich hielt es nicht durch, weil immer wieder etwas geschah, und ich wurde gebeten, politische Arbeit zu machen. Gleichzeitig kam ich mit den Leuten vom **BMW** zusammen, wo auch militärische Aktionen geplant wurden … Da haben wir auch Dinge getan, auf die wir heute nicht stolz sind. Doch noch mehr zählen für mich die Gründe, warum wir es taten, und darauf sind wir stolz. Denn heute können wir mit erhobenem Kopf dastehen und sagen, dass wir es zusammen mit der ganzen Nation geschafft haben.

Trotzdem fasste ich 1987 den festen Entschluss, irgendwie wieder eine Ausbildung anzufangen. Ich flehte den Schulleiter einer anderen Schule in Bonteheuwel förmlich an, mich aufzunehmen. Ich versprach ihm, an keinerlei politischen Aktivitäten mehr teilzunehmen, obwohl ich in meinem Herzen spürte, dass ich nicht fähig wäre, mich völlig von allem fern zu halten. Aber ich tat gleichzeitig mein Bestes, einen Schulabschluss zu schaffen.

Einige Zeit später wurde ich auch hier wieder zur Vorsitzenden des SRC gewählt. Aber das war schwierig für mich, weil ich doch dem Schulleiter versprochen hatte, nicht mehr mitzumachen. Doch es ging nicht anders. Meine Überzeugungen waren zu stark.

Das hat auch mit meinem persönlichen Hintergrund zu tun. Mein Vater war ein Weißer, und meine Mutter ist schwarz oder eher eine sogenannte Farbige, wie sie es gern nennen möchte. Ich hatte niemals eine richtige Familie. Meine Mutter war ein Hausmädchen bei den sogenannten Weißen. Ich denke, ich hatte von Anfang an eine schwierige Kindheit. Ich hasste die Weißen, und ich hasste die Regierung für das, was sie mir und meinen Leuten antat, und so fühlte ich mich verpflichtet, mich für meine Leute einzusetzen.

In der Zeit lernte ich meinen Mann, Jacques Adonis, kennen. Er ist inzwischen verstorben. Damals, als ich ihn traf, war er gerade aus einer neunmonatigen Haft entlassen worden. In der Zeit unserer Beziehung vor der Heirat ging alles gut. Obwohl auch wir niemals zu Hause waren. Immer waren wir unterwegs. Nicht einmal zum Schlafen waren wir daheim, nicht einmal einen ganzen Tag konnten wir zu Hause verbringen. Wenn ich nicht da war, wurde unser Haus durchsucht. Was genau sie suchten, weiß ich nicht. Da war erst ein gewisser Mostert von der Loop-Street-Sicherheitspolizei und später in Bonteheuwel ein gewisser Kapitän van Brackel, der anfing, mich zu verfolgen.

Als die Konflikte andauerten, kam einmal eine Nacht, in der ich nicht zu meinem üblichen Versteck gehen konnte. Ich musste bei einer anderen Frau übernachten – ich werde keine Namen nennen. Jedenfalls klopfte jener van Brackel am nächsten Morgen an ihre Tür. Er traf mich im Bett an, aber erkannte mich erst nicht. Er ging hinunter und kam wieder hoch. Das dauerte ungefähr fünf bis sechs Sekunden, und dann rief er: «Wow – du bist die Person, die ich seit Jahren suche! Dich werde ich nicht wieder laufen lassen. Du bist Mostert entkommen, aber mir wirst du nicht davonlaufen. Du bist eine Terroristin und wirst sofort mitkommen!»

Ich hatte mich lange auf diesen Tag vorbereitet. Wissen Sie, es ist, als ob man sich auf den Tod vorbereiten würde, weil du nicht weißt, was dann genau kommt. Und wie sehr du auch planst, du wirst dich niemals wirklich vorbereiten können. Ich wollte nicht einfach so mitgehen, ich wollte mich erst noch baden, ich dachte: Also Sektion 29 oder weiß der Teufel, ich weiß ja nicht, die nächsten 14 oder 15 Tage oder vielleicht drei oder vier Wochen werde ich nicht in der Lage sein, meine Familie zu sehen oder saubere Sachen zu bekommen. Also, ich will jetzt baden. Während ich ins Bad ging, schrie er von draußen, wenn ich nicht sofort Schluss machte, würde er hereinkommen und mich packen. Ich merkte, dass es nicht mal möglich war, die Tür zu verriegeln. Ich rief ihm zu: «Wenn Sie es wagen, ins Bad zu kommen, dann werde ich Sie anzeigen wegen versuchter Vergewaltigung, weil ich keine Sachen anhabe!»

Als ich fertig war, ging ich mit ihm. Ich versuchte, ruhig zu werden, aber es gelang nicht. Ich hatte höllische Kopfschmerzen, als ich in das Auto stieg. Ich war auf das Schlimmste gefasst. Ein gewisser Mr. Strydom – ich weiß nicht, was sein Dienstgrad war, aber er war immer zusammen mit diesem Kapitän van Brackel – fragte mich: «Warum hasst du Polizisten?»

Ich antwortete: «Ich hasse nicht die Polizisten, aber ich hasse, was sie uns antun!» Und dann, also ich dachte, ich muss irgendetwas zu diesen Leuten sagen, um sie abzulenken, sagte ich zu ihm: «Eigentlich würde ich selbst gern Polizist sein.» Ich denke, das gefiel ihm. Auf dem Polizeirevier sagte van Brackel: «Ich habe zwei kräftige Hände, und ich werde dich schlagen. Ich werde nicht einfach nur Fragen stellen.» Ich entgegnete: «Wenn Sie tätlich werden, werde ich Sie anzeigen.» Ich versuchte also erneut zu kontern, aber immer in einer sanften Art, um ihn nicht auf die Idee zu bringen, dass er es mit einer sturen Frau zu tun habe. Denn wenn du einmal stur warst, würden sie keine Gnade kennen.

Ich wurde dann länger auf der Polizeistation verhört. Später wollten sie mir sogar ein Formular geben, damit ich mich als Polizistin bewerben solle …

Nun würde ich aber gern zurückkommen auf meinen Mann Jacques. Er war auch ein Mitglied des BMW, und er war noch aktiver als ich. Wir waren erst wenige Monate verheiratet, ich war

19, als eines Morgens van Brackel und Strydom in unser Haus kamen und meinen Mann anschrien: «Du Bastard bist also wieder abgehauen!» Sie zerrten ihn aus dem Bett und nahmen ihn mit. Er zog sich noch Sachen an, ordentliche Sachen, so sah ich ihn zuletzt. Dann begann die Suche.

Mir wurde gesagt, dass er bei der Bishop-Lavis-Polizeistation wäre. So ging ich dorthin, aber da war er nicht. Ich ging heim und telefonierte mit Bellville – niemand dort. Ich rief in Bellville-Süd an, und so ging es weiter und weiter. Ungefähr vier Tage suchte ich ihn. Und ich weiß nicht, ob einer von euch sich vorstellen kann, was es heißt, jemanden zu suchen und zu wissen, dass dieser Jemand in den Händen von sehr gefährlichen Leuten ist, die zu allem in der Lage sind, sogar zu Mord. Endlich fand ich ihn auf der Bellville-Süd-Polizeistation. Ich bekam einen Schock, als ich ihn sah, weil er überall blaue und lilafarbene Schrammen hatte. Ich fragte ihn, was geschehen sei. Aber wir konnten nicht lange sprechen, weil ihn ein gewöhnlicher Polizist aus der Zelle geholt hatte und jeden Moment die Sicherheitspolizei hätte zurückkommen können, die mich dann vielleicht auch eingesperrt hätte. Dann berichtete er ganz kurz, was sie getan hatten: Er sagte, dass sie ihm die Augen verbunden und ihn zusammengeschlagen hätten. Dann seien sie fünf bis sechs Minuten im Auto gefahren. Sie hätten ihn dann aus dem Auto gezerrt und in ein Gebäude gebracht, das leer klang, mit langen Fluren. Sie führten ihn in einen Raum, ein Büro oder was weiß ich.

Er trug noch Handschellen von der Polizeistation, sie wurden abgenommen, und er wurde dann mit Handschellen an einen Stuhl gefesselt. Dann befestigten sie Drähte an seinen Fingern und seinen Zehen. Das nächste, das er fühlte, war ein Schmerz, als würde sein Körper in Stücke gerissen. Sie gaben ihm diese Schock-Behandlung ein paar Mal, und schließlich wurde er ohnmächtig. Als er wieder zu sich kam, versuchten sie erneut, ihn unter Strom zu setzen, aber dieses Mal konnte er den Schal oder was immer sie ihm auch vor die Augen gebunden hatten, abstreifen, und er sah Kapitän van Brackel, Strydom und noch jemanden …

Nach sieben Tagen wurde er freigelassen, ohne jede Anklage, einfach freigelassen. Ich habe seitdem von van Brackel nichts mehr gehört. Aber wie ich schon sagte: Mich hat er nicht gefoltert. Aber was er meinem Mann angetan hat, ist … das Schlimmste haben sie mit ihm gemacht …

Mein Leben wurde ab nun eine einzige Qual. Mein Mann wurde verrückt. Er wusste, dass sein Zorn eigentlich gegen den Staat gerichtet war, aber weil ich ihm am nächsten war, ließ er alles an mir aus. Ich konnte das in gewissem Maße verstehen, aber ich frage mich: Wie viel kann ein Mensch ertragen? Und da ich seit meinem 15. Lebensjahr aktiv war, hatte ich ja niemals ein normales Teenagerleben erlebt. Eines Tages sagte ich zu einem meiner Kameraden: Erst jetzt wird mir klar, dass ich gar nicht weiß, wie das ist – in ein Kino gehen an einem Samstagnachmittag oder sogar in eine Disko, wie es doch viele junge Leute heute tun oder vielleicht auch damals getan haben. Ich hatte niemals echte Freunde. Meine Freunde waren meine Kameraden. Dies waren die einzigen Leute, denen ich damals vertraute. Manchmal nicht einmal das.

Und wie ich schon sagte: Mit meinem Mann ging es schlechter und schlechter. Ich versuchte, ihn zu einer Beratung zu kriegen. Aber er akzeptierte das nicht. Er wollte keine Ratschläge von anderen Leuten. Er sagte zu mir: «Ich habe genug von Leuten, die mir etwas erzählen, die mein Leben bestimmen wollen. Ich mache, was ich will!» So war er früher nie gewesen. Ich erkannte ihn kaum noch wieder. Hinterher sagte er immer, dass es ihm Leid täte. Aber ich meine, wie ich schon sagte, wie lange kann jemand das aushalten, dass jemand nur sagt: Es tut mir Leid?

Das ist wie mit den Buren, die uns verhörten und uns folterten. Wenn sie heute versuchen zu sagen: Es tut uns Leid, wir haben es nicht so gemeint! Wir brauchen ihre Entschuldigungen nicht. Also, ich brauche sie nicht, weil ich denke, dass mein Leben zerstört ist, ohne jedes Ziel. Ich habe keine Ausbildung, und ich habe meine Kindheit verloren. Auch wenn wir dafür unsere Freiheit und Demokratie in diesem Land bekommen haben.

Aber inwiefern haben wir persönlich als Kameraden, Mitglieder des BMW, etwas errungen? Ich denke, wir haben konkret überhaupt nichts gewonnen, weil wir noch immer in der gleichen Position sind wie damals – arbeitslos, obdachlos, verlassen. Da ist niemand, der sich erinnert und sagt: Dies waren die Leute, die gekämpft haben … und das hat uns dorthin gebracht, wo wir heute sind. Keine Anerkennung. Ich meine: ich will ja keine Anerkennung für mich selbst. Aber niemals habe ich in all den Jahren jemanden ein anerkennendes Wort über die Jugend jener Zeit sagen hören. Wirklich – das hier ist das erste Mal, dass ich Leute getroffen habe, die daran interessiert sind, wer wir waren und wer wir jetzt sind. Vielen Dank!

April 1999: Etwa zwei Jahre später berichtet Sandra Adonis, wie es seit ihrem TRC-Statement weitergegangen ist (siehe Kapitel III).

Ismail M. Rantsieng: «Fünf Kugeln sind noch immer in meinem Körper!»

Ismail Molifi Rantsieng, geboren 1972, gehörte zu einer größeren Gruppe politisch engagierter Schüler, ohne einer festen Organisation anzugehören. Mit 19 Jahren nimmt er an einem offiziell genehmigten Protestzug teil, bei dem ohne Vorwarnung von der Polizei auf ihn geschossen wird – insgesamt 13 Kugeln strecken ihn nieder.

Der Bericht von Ismail Rantsieng zeigt, wie ein Junge, der in einer Gruppe anderer Schüler mitgelaufen ist, nicht nur auf brutale Weise niedergeschossen wird, sondern sowohl unmittelbar danach als auch auf lange Sicht keinerlei medizinische Versorgung erhält, von weitergehenden Rechtsansprüchen ganz zu schweigen. Das weitere Leben dieses Jungen hängt buchstäblich davon ab, ob diesen Ansprüchen mit Unterstützung der TRC Geltung verschafft werden kann.

TRC-Hearing in Bloemfontein am 23. Juni 1997

C: Guten Morgen, Ismail Rantsieng. Du kommst aus dem Koppies Gebiet, und du bist gekommen, um uns über einen Schulboykott und eine Demonstration zu berichten, bei der auf dich und andere geschossen wurde. Ist das richtig?

Ismail M. Rantsieng (IR): Das stimmt.

C: Kannst du uns, bevor wir mit der Geschichte beginnen, etwas über deine Familie erzählen? Leben deine Eltern noch?

IR: Wir sind sechs Kinder. Ich lebe mit meiner Mutter und meinem jüngeren Bruder. Mein Vater ist damals gestorben.

C: Wo sind die anderen vier Kinder?

IR: Sie leben bei ihrer eigenen Mutter.

C: Ihr habt zwei Mütter?

IR: Ich habe eine Mutter. Die anderen haben ihre eigenen Familien. Sie sind verheiratet.

C: Wie bitte? Ach so, sie sind schon erwachsen?

IR: Genau.

C: Arbeitet deine Mutter?

IR: Nein, sie ist pensioniert.

C: Danke. Worüber du nun berichten wirst, ist am 30. März 1990 passiert. Ist das richtig?

IR: Das ist wahr.

C: Wie war die Situation in Koppies damals?

IR: Kurz gesagt: Ich war zusammen mit Freunden auf dem Weg zu einigen Mitschülern, die festgenommen worden waren und an diesem 30. März angeklagt werden sollten. Es war an einem Freitag. Wir Schüler entschlossen uns, zum Gericht zu gehen, um der Verhandlung beizuwohnen. Bevor wir losgingen, hatte der Anführer unseres Schülerrats (SRC) um eine Erlaubnis für uns gebeten, bei der Verhandlung dabei sein zu können. Der Chef der Polizeistation hatte dem zugestimmt. Wir waren alle zusammen etwa 30 bis 34 Jugendliche. Wir sangen Freiheitslieder aus unserem Township. Als wir nach Koppies kamen, gingen wir still weiter. Gerade als wir mitten in Koppies waren, erschien der Polizeichef, Mr. Meiring, zusammen mit anderen Polizisten. Er stieg aus einem Auto. Es gab keinerlei Vorwarnung von seiner Seite: Plötzlich begannen sie zu schießen.

Wir rannten in verschiedene Richtungen, weil wir sahen, dass wir in Gefahr waren. Auch ich lief weg. Dann versteckte ich mich. Von meinem Versteck aus sah ich meinen jüngeren Bruder auf der Straße liegen, niedergeschossen. Als ich keine Polizei mehr erblickte, ging ich zurück zu meinem jüngeren Bruder. Ich half ihm auf, und wir liefen zusammen weg. Unglücklicherweise … als wir liefen und ich über einen Zaun kletterte und mich dabei umsah … zwei weiße Polizisten waren ganz nah. Sie begannen … sie schossen in mein Bein. Ich versuchte, mich an einem Zaun hochzuziehen. Sie schossen in meinen Rücken. Dann fiel ich zu Boden. Sie schossen in mein rechtes Bein. Ich versuchte mich zu erheben, um wegzulaufen. Da schossen sie fünf Kugeln in meinen Kopf und zwei Kugeln in meine linke Hand und drei Kugeln in meine rechte Hand. Ich brach zusammen …

Später kamen meine Freunde, um mir aufzuhelfen. Ich konnte nicht mehr reden oder irgendetwas anderes tun. Sie brachten mich zu einem Arzt. Als wir ankamen, warteten mehrere Polizisten auf mich. Sie verhörten uns. Aber weil ich zu nichts in der Lage war, erklärte der Doktor ihnen, dass ich nichts sagen oder tun könnte. Der Doktor gab mir dann Spritzen und Sauerstoff …

C: Eine Sekunde bitte. Wer wollte dich verhören?

IR: Die Polizisten.

C: Und wo war das? In einem Krankenhaus?

IR: Wir waren erst in der Praxis des Arztes, um von da ins Krankenhaus zu gehen. Nachdem ich die Spritzen und den Sauerstoff bekommen hatte und wieder ein- und ausatmen konnte, brachten sie mich ins Krankenhaus von Kroonstad. Als wir dort ankamen, warteten bereits wieder Polizisten auf uns. Wir wurden ins Krankenhaus aufgenommen. Während wir dort noch warteten, kam eine Anwältin aus Johannesburg, Priscilla Jana, dazu und versuchte herauszubekommen, was geschehen war. Einige Freunde erklärten ihr das.

Ich schlief in diesem Krankenhaus unter Polizeibewachung bis Sonntag. Am Montag wollten sie mich nach Bloemfontein bringen. Wir spürten, wie gespannt die Lage war. Wir entschieden, dass es besser wäre wegzulaufen. Ich schaffte es, nach Hause zu kommen. Ich blieb daheim von Montag bis Donnerstag. An dem Tag erschien die Polizei, aber meine Eltern und meine Geschwister gestatteten der Polizei nicht, mich zu sehen. Meine Mutter telefonierte mit meinem Vater in Sebokeng, um mich abzuholen. So kam ich am Freitag nach Sebokeng, und dort brachten sie mich wieder ins Krankenhaus.

Aber dort waren weitere Leute mit Schussverletzungen, und es gab keinen Platz mehr. Dann brachten sie mich nach Johannesburg ins Krankenhaus. Damals waren Schwarze noch getrennt im Krankenhaus untergebracht, und es gelang nicht … ich bekam keine Hilfe. Auch das Baragwanath Krankenhaus war überfüllt. Ich fand schließlich Hilfe im Natalspruit Krankenhaus, aber ich durfte nicht bleiben. Sie sagten, ich solle am Montag zurückkommen. Am Montag ging ich wieder hin. Nun sagten sie, dass es ihnen nicht möglich sei, die Kugeln zu entfernen.

So ging ich wieder zurück nach Sebokeng zu meinem Vater, wo

es meiner Großmutter gelang, einen Arzt zu finden. Dieser Doktor versuchte, die Patronen und Splitter aus meinem Körper zu holen. Aber er hatte Angst. Er sagte, wenn die Polizei herausbekäme, dass er die Kugeln entfernt hätte, würde er festgenommen. Weil ich von der Polizei gesucht wurde, konnte ich nicht nach Hause gehen. Ich blieb in Sebokeng. Ich konnte keine Schule besuchen. Ich blieb ein Jahr und ein paar Monate in Sebokeng.

Als ich danach nach Hause zurückkehrte, wartete die Polizei schon auf mich in Koppies. Sie nahmen mich und meinen jüngeren Bruder mit zur Koppies Polizeistation, wo sie mich folterten. Sie forderten eine Aussage von uns, die wir verweigerten. Aber weil sie folterten und damit drohten, mich einzusperren, waren wir gezwungen, eine Aussage zu machen. Doch irgendwie gelang es ihnen, alles zu verdrehen. Als ich schließlich unterschreiben sollte, verweigerte ich das zuerst, denn es war nicht das, was ich gesagt hatte. Aber weil sie mich unter Druck setzten, unterschrieb ich doch.

Nach meiner Freilassung ging ich erneut nach Sebokeng, weil ich erkannte, dass in Koppies mein Leben in Gefahr war. Erst nach einer Weile kehrte ich zurück. Meine Mutter hatte sich mit meinen Freunden getroffen, und sie hatten mit Priscilla Jana gesprochen, die versucht hatte, dass wir zurückkehren und wieder zur Schule gehen könnten. Etwas später versuchte sie, die ganze Angelegenheit vor Gericht zu bringen, aber weil wir nicht genug Geld hatten, konnte ich ihr nicht versprechen, alle Kosten zu bezahlen. Als wir etwas Geld zusammen hatten, gaben wir es ihr. Aber bis heute weiß ich nicht, was aus der Sache geworden ist.

Sie konnten nur 13 Kugeln entfernen, fünf Kugeln sind immer noch in meinem Körper. Ich wurde krank. Nach einer Weile musste meine linke Niere entfernt werden. Meine Mutter hat finanzielle Probleme. Sie ist nicht in der Lage, mich zu einem Doktor zu schicken.

C: Danke für deinen anschaulichen Bericht darüber, was dir geschehen ist. Hast du jemals Anzeige gegen die Polizisten erstattet, unabhängig von der Anzeige der Anwältin?

IR: Ja, wir gingen zur Polizeistation, um Anzeige gegen die Polizisten zu erstatten, die auf uns geschossen hatten.

C: Und was wurde aus der Anzeige?

IR: Sie sagten, die Anzeige würde vor ein Gericht gebracht, aber bis heute haben wir nichts gehört.

C: Kannst du den Namen des Amtsarztes noch erinnern?

IR: Ja, ich erinnere ihn noch.

FC: Bitte sage ihn. Du sagst doch, du weißt ihn noch?

IR: Ja, ich weiß ihn noch.

C: Oder bist du dir nicht sicher?

IR: Es ist Dr. Jan Bouwer.

C: Konntest du später deine Schule fortsetzen?

IR: Ja, ich ging zurück zur Schule, aber nicht sehr lange.

C: Wie weit bist du gekommen?

IR: Ich gehe jetzt in die 11. Klasse (Standard 9), weil ich so viel Zeit verloren habe.

C: Hast du Probleme beim Lernen oder geht es einigermaßen?

IR: Ich habe Probleme. Gerade jetzt im Juni haben wir Examen geschrieben, aber ich konnte nicht daran teilnehmen, weil ich im Krankenhaus war.

C: Vielen Dank, Ismail. Es ist deutlich, dass du viele Verletzungen erlitten hast. Ich bin beeindruckt, dass du hier sein kannst, um uns deine Geschichte zu erzählen. Ich würde dich gern fragen, wie dies alles dein weiteres Leben beeinflusst hat.

IR: Kurz gesagt: Es hatte einen schlimmen Einfluss. Mehr noch, wenn ich an die Folter zurückdenke, selbst jetzt …

Meine Mutter hatte vor, hier heute dabei zu sein. Aber weil es auch sie zerstört hat, war sie nicht in der Lage zu kommen.

C: Was ist mit ihr geschehen?

IR: Nachdem ich niedergeschossen worden war, ist sie krank geworden. Sie hat beinah einen Herzinfarkt gehabt.

C: Warum konntest du nicht das Examen schreiben?

IR: Wegen der Operation meiner Niere, sie mussten das viermal machen. Sie wollten noch eine fünfte Operation durchführen. Aber das hat meine Mutter nicht zugelassen.

C: Musstest du für die Operationen bezahlen?

IR: Ja. Immer wenn ich ins Krankenhaus gehe, muss ich bezahlen. Ich bezahle den Arzt, den Transport dahin und die Krankenhauskosten. Das ist ein Problem, das ich habe. Meine Mutter hat kein Geld. Wenn ich eine Behandlung brauche, muss ich Geld borgen oder es anders beschaffen. Dann erst kann ich eine Behandlung durchführen lassen.

C: In Bezug auf dein Lernen: Hast du Konzentrationsschwierigkeiten oder musst du oft daran denken, was dir geschehen ist?

IR: Das kommt vor. Es kommt vor, wenn ich lerne, dass ich sehr darüber grüble, was mir widerfahren ist, und das geht mir auf die Nerven. Dann gehe ich weg von meinen Büchern und schlafe, weil ich nicht in der Lage bin weiterzumachen.

C: Vielen Dank, Ismail. Ich denke, dass wir deine Krankenhausunterlagen benötigen. Es ist deutlich, dass deine Gesundheit in einem schlechten Zustand ist. In der Kommission gibt es ein Entschädigungskomitee, das hart daran arbeitet, Probleme wie deines lösen zu können. Wir haben alles angehört, was du berichtet hast, und wir werden alles versuchen, um dir zu helfen. Danke dir!

Ismail, bevor wir aufhören, noch eine Frage: Mir ist aufgefallen, dass du uns nichts über deinen Bruder erzählt hast, der auch niedergeschossen wurde. Kannst du uns dazu noch etwas sagen?

IR: Weil ich ihm half aufzustehen, konnte er entkommen. Im Krankenhaus war ich teilweise ohne Bewusstsein. Er ging zu einem Internisten. Die Kugeln waren tief in seinem Kopf. Aber dieser Internist war in der Lage, alle Kugeln herauszuholen.

C: Ist er in Ordnung heute?

IR: Ich denke, er ist okay.

C: Nach dem, was du sagtest, wurde viel geschossen an jenem Tag. Wie viele andere Leute wurden verletzt? Ist jemand gestorben? Was kannst du uns noch sagen?

IR: Nein, niemand starb an jenem Tag. Viele Kameraden wurden verletzt. Mit mir ist heute einer hierher gekommen, der seitdem gelähmt ist.

Mai 1999: Zwei Jahre später. Es gelingt uns, eine Postanschrift von Ismail herauszubekommen. Nach mehreren Wochen kommt tatsächlich eine Antwort des heute 26-jährigen jungen Mannes. Er schreibt: «Ich möchte mich für Ihr Interesse bedanken ... Da die Operation für das Entfernen einer Kugel rund 250 Rand kostet, ist es mir bisher leider noch immer nicht möglich gewesen, alle Kugeln entfernen zu lassen. Auch haben meine Nierenprobleme – trotz jener Operation damals – wieder zugenommen. Meine Mutter ist inzwischen gelähmt und abhängig von mir. Meine Pläne waren und sind: ein guter Schulabschluss. Aber so, wie es mir jetzt geht, schaffe ich das nicht. Ich hoffe, die Regierung erhört doch noch meine Hilferufe ...»

Es ist anfangs mühsam, einen zuständigen Mitarbeiter beim TRC-Entschädigungskomitee zu erreichen, mehrere Telefonate bleiben ohne Ergebnis. Im Juni ruft jedoch der Leiter des Komitees, Tulani Grenville-Gray, persönlich zurück: Er habe den Vorgang untersucht und festgestellt, dass Ismail in der Tat ein entsprechendes Formular bereits vor längerem ausgefüllt habe. Aufgrund von Personalmangel habe es Verzögerungen gegeben. Nun seien jedoch neue Mitarbeiter eingestellt, und er würde selbst darauf achten, dass Ismail in Kürze einen – vermutlich positiven – Bescheid bekäme. Konkret würde er dann über eine Wohlfahrtsinstanz in seiner Nähe an einen Arzt verwiesen. Die notwendige medizinische Behandlung würde dann vom «President's Fund» übernommen werden. Aufatmen. Wir werden mit Ismail Kontakt halten.

Pretty Mkalipi: «Ich war zu jung, verbrannt zu werden ...»

Pretty Mkalipi, geboren 1971, besucht die 9. Klasse (Standard 7) der Oberschule in Bathurst bei Port Alfred in der östlichen Kapprovinz, als sie sich mit zwei anderen jungen Frauen entschließt, Mitglied der AZAPO zu werden. Sie ist damals 14 Jahre alt. Viel wissen sie nicht von dieser Organisation, nur dass sie ein paar Monate vorher gegründet worden sei, «um die Schwarzen von der Unterdrückung durch die Regierung zu befreien und um sich für den Frieden einzusetzen». Außerdem habe es in Bathurst damals keine andere Befreiungsorganisation gegeben. Pretty Mkapilis Aussagen wurden für dieses Buch ausgewählt, weil sie verdeutlichen, wie groß das Misstrauen innerhalb schwarzer Gemeinschaften sein konnte, wie grausam in diesem Fall das gut gemeinte Engagement eines jungen Mädchens «bestraft» wurde – aber auch, wie Perspektiven für eine gemeinsame Zukunft durch die Ehrung gemeinsamer Opfer vorstellbar werden könnten.

Kurz vor ihrem 15. Geburtstag, an einem Sonntag im Juni 1985, fährt Pretty Mkalipi mit ihren beiden Freundinnen zu einer größeren AZAPO-Versammlung nach Port Alfred. Sie haben Essen für gerade freigelassene Kameraden mitgenommen und hören dort deren Berichte über ihre Gefangenschaft. Während der Versammlung werden Gerüchte laut, dass Mitglieder der konkurrierenden UDF Angriffe planen würden, weil bei der AZAPO angeblich Polizeispitzel wären.

Da es am Abend für die drei keine Möglichkeit mehr gibt, zurück nach Bathurst zu kommen, übernachten sie mit rund zwanzig anderen AZAPO-Leuten im Haus eines Kameraden in Port Alfred. Mitten in der Nacht kommt es zum Angriff von UDF-Leuten, denen es schließlich gelingt, in das Haus einzudringen. Pretty Mkalipis Bericht setzt ein, nachdem es ihrer Freundin gelungen ist, schwer verletzt zu entkommen, sie selbst jedoch festgehalten wird.

TRC-Hearing am 8. April 1997 in Grahamstown

Pretty Mkalipi (PM): Nachdem meine Freundin weg war, sagten die Angreifer zu mir, dass sie mich verbrennen würden. Zu meinem Glück kamen vier junge Männer, die mich retteten. Sie sagten: Die ist zu jung, verbrannt zu werden. Sie setzten sich richtig für mich ein. Diese Leute aus Port Alfred aber beharrten erst darauf, mich doch in Brand zu stecken.

C: Die Leute, die dich verbrennen wollten, waren von der **UDF**?

PM: Ja, sie waren von der UDF.

C: Kanntest du sie?

PM: Nein, das nicht. Ich konnte sie auch nicht erkennen, weil es zu dunkel war.

C: Warum wollten sie dich verbrennen?

PM: Sie sagten, weil ich ein **AZAPO**-Mitglied sei.

C: Haben sie dir denn gesagt, zu welcher Organisation sie gehörten?

PM: Nein, aber das war eine klare Sache.

C: Aber du bist trotzdem noch verletzt worden?

PM: Sie schlugen mir mit einer Axt fünfmal auf den Kopf. Ich hatte auch Verletzungen am Bein. Mit **Sjamboks** haben sie mich überall am Körper geschlagen. Sie prügelten auf mich ein, als ich schon am Boden lag.

C: Wurdest du in ein Krankenhaus gebracht?

PM: Ich wurde später ins Settlers-Krankenhaus nach Grahamstown gebracht. Man machte dort nur Notoperationen. Uns wurde gesagt, dass sie keine Zeit für uns hätten, weil zu viele Menschen gekommen seien.

C: Bist du danach noch in Behandlung wegen der damaligen Verwundungen gewesen?

PM: Ich ging für Verbände in eine Klinik und auch zu einem traditionellen Heiler, weil meine Augen geschwollen waren.

C: Müsstest du heute noch ärztliche Behandlungen bekommen?

PM: Ja, ich würde gern eine Untersuchung meines Kopfes haben, weil mir ab und zu plötzlich schwindlig wird. Manchmal bin ich auch depressiv und kann dann keine Menschen sehen.

C: Hast du Wünsche an die TRC?

PM: Mein Wunsch ist, dass die Leute, die das getan haben, sich bei der TRC melden.

C: Wenn sie zu uns kämen und sich bei dir entschuldigen für das, was sie dir damals angetan haben, was würdest du ihnen antworten?

PM: Ich würde ihnen vergeben, wenn sie sich meldeten. Ich wäre zufrieden, weil ich jetzt einfach nicht weiß, wer dies tat. Wenn ich sie kennen würde, wäre ich zufrieden.

C: Was machst du jetzt? Arbeitest du oder studierst du?

PM: Ich arbeite nicht, und ich studiere nicht. Ich hörte mit der Schule auf, nachdem ich verletzt worden war. Das war in der 9. Klasse. Ich ging zwar noch mal zur Schule, aber ich hatte immer Kopfschmerzen. Ich konnte mich nicht auf das konzentrieren, was der Lehrer sagte.

C: Warst du ein richtiges Mitglied der AZAPO?

PM: Ja, aber ohne eine Mitgliedskarte, weil die AZAPO in Bathurst gerade erst gegründet worden war.

C: Gab es in diesem Konflikt zwischen der UDF und der AZAPO Opfer auf beiden Seiten?

PM: Nein, bei diesem Konflikt nur auf unserer Seite.

C: Du hast an anderer Stelle gesagt, dass du gern einen Gedenkstein für die Opfer haben würdest. Ich möchte dich fragen, ob dies ein Gedenkstein für die Opfer auf beiden Seiten sein sollte oder lieber zwei getrennte Gedenksteine?

PM: Ich wünsche mir, dass an die Opfer gemeinsam erinnert wird.

C: Vielen Dank! Wir alle erinnern uns hier an die Zeit der Konflikte zwischen der AZAPO und der UDF. Wir haben viele Zeugenaussagen dazu in dieser Gegend gehört, die zum Teil widersprüchlich waren. Was uns besonders bewegt, ist, dass du und deine Freundinnen zu Opfern geworden sind und dass ihr auch als Frauen misshandelt wurdet. Das ist uns im Moment wichtiger, als wer nun genau mit der Polizei zusammengearbeitet hat und wer nicht. Wir haben verstanden, dass Täter und Opfer aus der gleichen Gegend kommen, zuweilen sogar aus der gleichen Stadt. Für dich ist es wichtig, dass sich die Täter bei dir entschuldigen. Falls das geschehen sollte, wären wir sehr froh, wenn es auch helfen würde, einen wirklichen Frieden zu schaffen.

Mai 1999: Mit Unterstützung eines Mitarbeiters des Black Sash-Beratungsbüros in Grahamstown, der persönlich Kontakt mit Pretty Mkalipi aufnimmt, erfahren wir über ihre heutige Situation das Folgende:

Sie hat zwei Kinder (13 und 3 Jahre alt), ist glücklich verheiratet und heute 28 Jahre alt. Sie selbst ist arbeitslos, aber ihr Mann Mpumelelo Samuel Vuso ist als Landarbeiter beschäftigt. Er verdient jedoch nicht genug, um allein die Familie unterhalten zu können. Da es keinerlei Sozialhilfe gibt, ist die Familie auf die Unterstützung anderer Familienmitglieder angewiesen. Ihre Situation ist nicht untypisch für weite Teile der armen Landbevölkerung.

Nach ihrer Aussage vor der TRC fühlte sie sich zunächst erleichtert, dass sie so offen hatte reden können über die Erniedrigungen, die sie früher erlitten hatte. Als sie danach in ihre Gemeinschaft zurückkehrte, wurde sie herzlich empfangen. Niemand machte ihr mehr Vorwürfe wegen ihrer damaligen politischen Mitgliedschaft.

Andererseits ist sie enttäuscht, dass sie bis zum heutigen Tag keinerlei medizinische Betreuung erhielt, obwohl sie nach wie vor Schmerzen in ihren Gelenken und Gliedmaßen hat. Es geht jetzt noch, aber sie macht sich Sorgen über die Zukunft, wenn nichts getan wird. Auch haben sich die Täter niemals bei ihr entschuldigt. Das war anfangs bitter, aber nun versucht sie, es zu vergessen, weil sie einfach weiterleben möchte.

Ihr Vorschlag eines Gedenksteins für die Opfer jener Zeit wurde von einigen politischen Vertretern ihrer Gegend besprochen. Bis jetzt hat man sich jedoch auf nichts Konkretes verständigt.

George Ndlozi: «Ohne die Selbstverteidigungseinheiten würden viele von uns heute hier nicht sitzen!»

George Ndlozi, geboren 1973 in Katlehong, einem Township im Katorus-Gebiet (East Rand), wuchs auf in einem Gebiet unmittelbarer Gewalt – ein Gebiet, das als «Schlachtfeld» zwischen Anhängern des ANC und der IFP sowohl in den 80er als auch den 90er Jahren traurige Schlagzeilen machte. George Ndlozi berichtet vor allem von den Erfahrungen anderer jugendlicher Mitglieder der ANC-nahen Selbstverteidigungseinheiten (SDUs), es ist jedoch auch seine eigene Geschichte. Er konnte lange Zeit wegen der Auseinandersetzungen nicht regelmäßig zur Schule gehen. Für seine Abschlussprüfung lernte er, indem er die Bücher mit in seine verschiedenen Verstecke nahm, manchmal auch zu Wachdiensten, die er für seine SDU leistete. Trotzdem schaffte er 1993, als die Eskalation der Gewalt zwischen ANC und der IFP auf dem Höhepunkt war, seinen Schulabschluss.

Sein Bericht wurde ausgewählt, weil er anhand beispielhafter Erfahrungen mehrerer Kameraden anschaulich macht, wie diese Jugendlichen selbst in die Spirale der Gewalt gerieten. Aber auch, weil die Geschichte der SDUs bis heute umstritten ist und – auch das macht sein Bericht deutlich – nur schwer in schlichte Schemata von Gut und Böse eingeteilt werden kann.

TRC-Hearing in Johannesburg am 12. Juni 1997

C: George, vielen Dank, dass du hier bist und dass du so geduldig gewartet hast. Du bist gekommen, um über die Jugend von Katorus im East Rand zu sprechen.

George Ndlozi (GN): Ich danke Ihnen. Ich denke, ich werde zuerst aus dem Dokument vorlesen, das wir vorbereitet haben: «Der geschichtliche Hintergrund des Konflikts im Katorus-Gebiet von Mitte 1990 bis 1994 ist gut dokumentiert. Viel wurde gesagt über die Rolle der Selbstverteidigungseinheiten, aber sehr wenig darüber, welchen Effekt dieser Konflikt auf die Jugend hatte.

Ob du bei der Verteidigung mitgemacht hast oder nicht – der

Gewalt warst du ausgesetzt. Es kam vor, dass Kindergartenkinder neben ihrer Schaukel eine Leiche fanden. **Hostel**-Bewohner und **SDU**-Leute beschossen einander auf gut Glück über Schulhöfe hinweg. Kindern wurde kein Schrecken erspart. Der Unterricht in diesem Gebiet kam zum Stillstand. Jugendliche verließen die Schulen, um Leben und Besitz zu verteidigen. Umgebungen von Hostels waren besonders betroffen.

Hunderte von Menschen waren gezwungen, ihre Häuser zu verlassen, und in vielen Fällen überließen es die Eltern ihren Söhnen, das zu verteidigen, was zu Hause zurückgelassen worden war. In manchen Fällen wurden Familien auch angegriffen, weil ihre Söhne Mitglieder von SDUs geworden waren.

In Tokoza zum Beispiel wurde Macashu Mabasos Familie im August 1993 in ihrem Haus in der Kumalo Street wegen seiner SDU-Aktivitäten brutal ermordet. Macashu trat mit 16 in eine SDU ein. Nach Macashus Aussage glaubte damals niemand mehr an die Polizei. So viele Menschen wurden einfach ermordet, weil sie nicht in die IFP eintreten wollten. Zusammen mit Freunden gründete er eine SDU. Anfangs hatten sie keine Waffen und benutzten Benzinbomben, **Pangas** und Messer. Als der Konflikt eskalierte und die IFP zusehends besser bewaffnet war, begann die SDU, auch Kriminelle aufzunehmen, die den SDUs die ersten Waffen beschafften. Später traf sich die Gemeinschaft, um Geld zu sammeln für Gewehre. So bekam diese SDU ihr erstes Maschinengewehr, eine AK 47. Macashu wurde mit 17 zum Kommandanten der größeren Thambo-Abteilung gewählt.

Die meisten SDU-Mitglieder waren gezwungen, die Schule während der kritischen Zeiten zu verlassen, die meisten waren in Klasse 10 oder 11 (Standard 8 oder 9). Natürlich gab es auch Ausnahmen. Eine ist Lucky Mtumkulu. Mit 13 wurde er in seinen Kopf und Magen geschossen, während er vor dem Fernseher saß. Er hieß nicht nur Lucky, er hatte auch Glück und überlebte. Vier andere Jugendliche wurden ermordet. Auch Lucky war Mitglied der Thambo-Abteilung. Gerettet wurde er von seinem Kameraden Macashu, der ihn bewusstlos aus dem Haus holte.

Das war nicht der erste Mensch, den Macashu gerettet hatte. Aber du hörtest ihn nie darüber reden. Er sprach nicht davon, aber die anderen Jungen schon. Befragt darüber, ob er Angst habe, wenn er Freunde aus dem Feindesgebiet rettete, sagte er, dass er immer dorthin gehen würde – selbst wenn sie tot wären, nur um sie zu holen.

Es kann nicht geleugnet werden, dass einige SDUs auch in Menschenrechtsverletzungen verwickelt waren. In Katorus war das eher die Ausnahme als die Regel, wenn wir unseren Erkenntnissen folgen. Die meisten SDUs verteidigten ihre Familien und Häuser gegen die IFP. Und die jüngsten Enthüllungen einiger Gemeinschaften, dass die südafrikanische Polizei aktiv beteiligt war, die IFP mit Waffen zu versorgen, waren keine Überraschung, wenn man bedenkt, dass die SDUs besondere Zielscheiben der Sicherheitskräfte waren. Organisationen aus dem East Rand, vor allem jene, die unabhängig ermittelten, stellten fest, dass die Sicherheitskräfte nach dem Schema operierten: schießen, um zu töten. Es war viel einfacher, SDU-Leute zu erschießen, als sie zu verhaften und durch eine ermüdende Prozessführung zu gehen.

Geschichten von Folterungen durch Polizisten aus den politischen und Gewaltverbrechen-Einheiten von Vlakplaas und **Enoni** sind sattsam bekannt. Zum Beispiel gab es in Enoni einen Hund, der Stoffel hieß, der oft Gefangene biss. Elektroschocks und Strangulieren mit Autoschläuchen waren an der Tagesordnung. Michael Marte war 16 Jahre alt und SDU-Mitglied in Ramakonope West in Katlehong. Er wurde verhaftet von **ISU**-Leuten und Polizisten jener Einheiten. Außer Strangulationsfolter und Attacken von Stoffel war ein Strick fest um seinen Körper gewickelt worden, wie bei einem Kreisel. Die Polizei ließ dann den Strick abrollen und Michael dadurch gegen eine Wand knallen. Dies geschah mehrmals. Amnesty International hat sich seines Falles angenommen, nachdem eine Kaution abgelehnt worden war und Michael für sechs Monate im Gefängnis war.

Untersuchungen zeigen, dass die SADF ebenfalls in diesem Gebiet folterte. Im August 1993 waren elf Jugendliche von der Armee festgenommen worden. Ihnen wurden schwarze Tüten über den Kopf gezogen und scharfe Nadeln unter ihre Fingernägel gestochen. Medizinische Untersuchungen bewiesen in der Folge, dass dies tatsächlich stattgefunden hatte. Auch Mitglieder der IFP wurden von der Polizei gefoltert. Sie wurden oftmals verhaftet, wobei ihnen gesagt wurde, dass sie in einer ANC-Gegend ausgesetzt werden würden, wenn sie nicht aussagten. ANC-Unterstützern wurde erklärt, dass man sie in eine IFP-Gegend bringen würde.

Ein Opfer der Schießereien in Tokoza erzählt eine typische Geschichte jener Ereignisse so: ‹Ich hörte ein Klopfen an der Tür, kurz nach Mitternacht. Jemand sagte: Ich will hereinkommen! Ich dachte, es wäre ein Freund, und ging zur Tür. Fünf Männer mit AK 47 und Benzinbomben drangen ein. Sie schossen auf mich, ich stürzte und jemand kam zu mir, um mir den Rest zu geben. Ich dachte: Dies ist mein letzter Moment, ich werde sterben. Aber er schoss vorbei. Meine Freunde kamen später, um mir zu helfen.›

Dies ist eines der bewegensten Themen der SDUs: Freundschaft und Kameradschaft. Sydney Nkozi sagte einmal: ‹Da ich auf einem verkrüppelten Bein balancieren muss, brauche ich die Leute von der SDU. Wenn sie mich im Stich lassen, habe ich niemanden. Wir helfen einander.›

Jimmy Nkondo wurde am 26. November 1977 geboren. Er trat 1990 mit 13 in die SDU ein. Sein Zuhause war nur einen Steinwurf von jenem berüchtigten Biofoso Hostel entfernt. Er wurde von niemandem angeworben, sondern entschied sich selbst zum SDU-Beitritt. Als die Gewalt eskalierte, flüchteten seine Eltern mit seinen jüngeren Geschwistern. Er entschied sich, zu bleiben und das Haus zu verteidigen. Er ging nicht mehr zur Schule. Das Essen wurde knapp. Oft aß er nur noch Kohl, Kartoffeln und Karotten. Manchmal gaben ihm Eltern der anderen Jungen, die nicht weggegangen waren, etwas Geld zum Essen. Als Jimmy zur SDU kam, veränderte er sich von einem sorglosen Jungen, der Freude an der Schule und am Sport gehabt hatte, in einen Mann ohne Gnade. Anstatt in einer Familie aufzuwachsen, wurde er zu einer Killermaschine.

Es gab keine Wahl – morden oder ermordet werden. 1993 erhielt er seine erste AK 47 von seinem Kommandanten. Er kontrollierte das Gebiet seiner Einheit, um Angriffe zu verhindern. Er wurde bekannt als «abafana abanikrag», was ungefähr so viel bedeutet wie: einer, der seinen Auftrag mutig und ohne Fehler erledigt. Am 6. November 1993 wurde er auf einer seiner Patrouillen von der Polizei entdeckt. Sie schossen auf ihn und nahmen ihn fest. Er wurde gegen fünf Uhr morgens festgenommen. Er hatte versucht zu flüchten, aber er war ins Bein geschossen worden. Kriechend versuchte er, sich in Sicherheit zu bringen, aber die Polizei entdeckte ihn. Als sie ihn hatten, schlugen sie ihn und zerrten ihn in ein Polizeiauto. Jimmy sagt, dass die Polizei mit einer Schere in sein linkes Bein stach, um die Kugel zu entfernen. Er lag dann mindestens 30 Minuten neben dem Polizeiauto, bevor ein Krankenwagen kam.

Im Krankenhaus wurde er unter Polizeibewachung gestellt. Nach einer Woche wurde er ins Germiston Polizeigefängnis verlegt. Dort begannen Jimmys Probleme erst richtig. Niemand hatte bislang seine Familie informiert. Drei oder vier Tage vergingen mit verzweifelter Suche … Schließlich schalteten sich Rechtsanwälte ein und fanden Jimmy, an eine Mauer gekettet, im Gefängnis von Germiston. Er wurde angeklagt wegen versuchten Mordes und Besitzes einer AK 47. Er wurde schuldig gesprochen und zu 12 Jahren verurteilt. Daraufhin wurde Berufung eingelegt. Zurzeit ist er gegen Kaution vorläufig draußen.»

C: George, wenn es dir nichts ausmacht, unterbreche ich dich hier. Wir haben deine Dokumentation vorliegen. Ob es dir möglich ist, das Wesentliche zusammenzufassen?

GN: Es muss zusammengefasst gesagt werden, dass SDUs in keiner Weise eine Bande undisziplinierter Kameraden waren oder die verlorene Generation. Sie waren in vieler Hinsicht das Rückgrat der Verteidigung in Katorus. Ohne die SDUs würden viele von uns heute hier nicht sitzen. Selbst durch die wenigen genannten Beispiele wird deutlich, dass jene, die bei SDUs mitmachten, etwas verloren haben, was ihnen niemals ersetzt werden kann – ihre Kindheit und Jugend.

C: Ich denke noch immer, dass viele Dinge schief liefen bei den SDU-Aktionen. Vor allem weil ihr eine hochpolitisierte Gruppe wart. Und obwohl, wie du sagst, ihr die Gemeinschaften vor der Sicherheitspolizei schützen wolltet, gelang es euch nicht, unparteiisch zu sein. Es gab die Tendenz, selbst eine Gefahr zu sein gegenüber Leuten, die nicht der gleichen politischen Auffassung waren. Das ist meine naive und vielleicht provozierende Bewertung der ganzen Geschichte*.

GN: Ja, ich möchte darauf antworten. Viele Dinge geschahen in dieser Gegend. Es kostete die Gemeinschaft drei Jahre, um zur Entscheidung des Einsatzes von Waffen zu kommen. Und weil, wie ich vorhin sagte, die SDUs anfangs keine Waffen hatten, waren sie abhängig von Kriminellen. Einige Leute nutzten diese Situation aus. Schließlich handelten sie nur noch für ihre persönlichen Interessen. Darum entschied die Gemeinschaft später, dass wir Geld bräuchten, um selbst Schusswaffen zu haben, die wir auch selbst kontrollieren können.

C: Waren sogenannte «Volksgerichte» irgendwie verbunden mit SDUs?

GN: In den meisten Fällen waren SDU-Mitglieder bei den Treffen der «Volksgerichte» zugelassen. Aber sie hatten dort keine Stimme. Die Eltern entschieden in den Straßenkomitees, wie wir in bestimmten Gegenden auftreten sollten. In anderen Gebieten fällten «Volksgerichte» diese Entscheidungen und gaben den SDUs den Auftrag, diese auszuführen. Kurz gesagt: Volksgerichte waren nicht verbunden mit SDUs.

C: Noch dazu: Habe ich dich richtig verstanden, dass SDUs die Beschlüsse der Volksgerichte exekutierten?

* Im TRC-Abschlussbericht wird diese Einschätzung so formuliert: «Obwohl es nicht offizielle ANC-Politik war, trug die Schaffung und Bewaffnung von SDUs zu einer Spirale der Gewalt bei ... Weil eine angemessene Befehlsstruktur fehlte, und vor dem Hintergrund staatlich finanzierter Angriffe nahmen SDU-Mitglieder oftmals das Gesetz in die eigene Hand und begingen hierbei selbst schwere Menschenrechtsverletzungen.» (TRC- Report, Bd. 5, Kap. 6, S. 242).

GN: Nein, nicht ganz. Es war nicht so, dass beschlossen worden war, jemand sollte hingerichtet werden, und wir das dann einfach ausführten, so war das nicht.

C: Ist es nicht zutreffend, dass die SDUs auch selbst die Initiative ergriffen? Mit anderen Worten: Dass die SDUs einzelne Leute in den Townships verfolgten als eine Art Rache oder vorbeugende Maßnahme im Sinne der Verteidigung?

GN: Ich würde sagen: Ja in dem Sinne, dass sie niemals Befehle bekamen, etwas so oder so zu tun, weil die Dinge geschahen, während du zu Hause warst. Du warst daheim beim Essen, und dann hörtest du Schüsse, und dann hast du deine AK 47 genommen und bist rausgegangen …

C: George, eine grundsätzliche Bemerkung von meiner Seite: Das ist die Verwirrung, die den gesamten Konflikt der Vergangenheit kennzeichnet. Leute, die du Helden oder Opfer nennst, waren gleichzeitig auch Täter und Opfer …

Gab es eine Altersgrenze nach unten, um SDU-Mitglied werden zu können?

GN: Nein, es gab keine Altersgrenze. Der Krieg machte keine Ausnahme, egal ob du sechs oder zehn Jahre alt warst … So war es oft schwierig, junge Kinder zu überzeugen, nicht mitzumachen. Im Gegenteil, sie bestanden darauf, es gab keine Wahl. Du musstest sie irgendwie integrieren und schauen, wie sie eine sinnvolle Rolle übernehmen konnten … Wenn du zum Beispiel an Jungen wie Lucky denkst. Sie waren jung, aber gleichzeitig sagten sie: Du kannst mich nicht davon abhalten, meine Gemeinschaft zu beschützen … Er wird dir von seiner Familie erzählen, die brutal ermordet wurde, wie auch Macashu zum Beispiel. So einen Menschen kannst du nicht stoppen …

C: George, gab es auch Mädchen?

GN: Ja.

C: Was war ihre Rolle?

GN: Sie sagten: ‹Wir möchten auch dabei sein! Ich möchte auch eine AK 47 tragen! Ich will nicht diskriminiert werden, weil ich weiblich bin!› Dann gab es auch andere, die wichtig waren, weil sie kochten. Es klingt vielleicht sexistisch, aber sie entschieden, dass es besser ist zu kochen für jene, die draußen die Gemeinschaft verteidigen. So haben alle mitgemacht.

C: Aber es gab auch Mädchen, die eine AK 47 trugen?

GN: Ganz klar, die gab es ... Es ist darum so wichtig, dass in der Zukunft junge Leute niemals mehr solchen Zuständen ausgesetzt sind. Obwohl wir wissen, dass sie wie Katalysatoren waren für die Veränderungen in diesem Land ...

C: George, noch eine Frage: Katorus wurde nach den Wahlen 1994 kurz zum Modellprojekt des Präsidenten bestimmt. Gibt es irgendetwas in diesem Projekt, das sich speziell diesen jungen Leuten widmet, über die du gesprochen hast?

GN: Ja. Einige der Mitglieder von SDUs und **SPU**s wurden in den Polizeidienst aufgenommen. Niemand hätte je geglaubt, dass diese zwei Gruppen ohne Probleme würden zusammenarbeiten können. Aber durch eine Reihe von Gesprächen, die sie miteinander führten, hat die Kriminalitätsrate in diesem Gebiet sogar abgenommen, wie die Statistik zeigt ...

Und es gibt viele Jugendgruppen, die verschiedene Clubs gegründet haben. Zum Beispiel kann ich «Itembalethu» nennen, der in Katlehong existiert. Dieser Club versucht, Jugendliche zusammenzubringen, die besonderer Gewalt ausgesetzt waren, um darüber nachzudenken, wie sie zur Entwicklung der Gemeinschaft beitragen können, wie sie eine Würde unter der Jugend wiederherstellen können und auch eine Art Kultur des Lebens, weil das größte Problem der mangelnde Schulbesuch ist.

C: Vielen Dank, George, dass du zu uns gekommen bist. Die Art, wie wir mit dir gesprochen haben, zeigt, wie man zerrissen sein kann zwischen Herz und Verstand, weil auch gut gemeinte Aktionen schief laufen konnten. Das möchte ich auch als eine Art Entschuldigung von unserer Seite sagen. Wirklich, vielen Dank! Du bist einer der Überlebenden in diesem Land, der eine Quelle der Ermutigung ist: Dafür, dass die Vergangenheit schwierig war, aber jungen Leuten auch die Möglichkeit gegeben werden kann, einen Sinn aus dem zu ziehen, was sie für ein gutes Ziel durchlitten haben … Wir hoffen, dass du einer jener Vertreter deiner Gemeinschaft warst, die anderen jungen Leuten helfen können, über alles nachzudenken und Pläne für eine bessere Zukunft für alle zu machen.

März 1999: George Ndlozi ist heute 26 Jahre alt. Bereits vor Errichtung der TRC hatte er seine politischen Erfahrungen bei den Vorbereitungen zu den ersten demokratischen Wahlen zur Verfügung gestellt. Nach den Wahlen im Mai 1994 wurden alle SDUs und SPUs aufgelöst und einige ihrer ehemaligen Mitglieder in den Polizeidienst integriert, andere erhielten verschiedene Formen der Ausbildung. Dies geschah im Kontext des oben erwähnten Modellprojekts des Präsidenten, in dessen Rahmen seit 1994 vor allem die Beteiligung und Mitverantwortung der vorher verfeindeten Gemeinschaften im Mittelpunkt stand – sie entschieden mit beim Aufbau von Schulen, Krankenhäusern, Spielplätzen, Radiostationen und verschiedenen infrastrukturellen, sozialen und kulturellen Programmen. Ohne ihre Kooperation – auch untereinander – konnte kein Fortschritt realisiert werden.

George Ndlozi hat viel zum Erfolg dieses Modellprojekts beigetragen: Persönlich nahm er an Friedensverhandlungen zwischen dem ANC und der IFP in seiner Region teil. Er übernahm Sicherheitsaufgaben, um den Ablauf der Wahlen zu schützen. Bei der TRC arbeitete er selbst in der Ermittlungsabteilung, wobei er andere Jugendliche ermutigte, ebenfalls ihre Aussage zu machen.

Seit Januar 1999 studiert er internationale Beziehungen, Soziologie, Ökonomie und Geschichte an der Witwatersrand Universität in Johannesburg. Sein Ziel ist es, Diplomat für sein Land zu werden.

In einem Telefonat Ende März 1999 berichtet er: «Ich glaube, dass ich etwas zur Zukunft meines Landes beitragen kann, jetzt wo wir frei sind. Ich bin optimistisch, was meine Zukunft angeht, weil ich Leute kenne, die mich ermutigen und unterstützen. Ich würde gern noch etwas anderes tun, aber da weiß ich noch nicht genau wie: Ich möchte den Kindern meiner ehemaligen SDU-Kameraden helfen, die ermordet wurden. Ich kenne viele ihrer Väter. Viele ähneln ihren Vätern so sehr, dass ich unwillkürlich an sie denken muss, wenn ich diese Kinder sehe. Ich möchte dafür sorgen, dass auch sie eine Zukunft haben …»

Nosipho B. Marwexu: «Ich war schwanger, als sie mich folterten ...»

Nosipho Blossom Marwexu, geboren 1966, besucht die 11. Klasse (Standard 9) der Qaqamba High School in Duncan Village bei East London in der östlichen Kapprovinz, als sie erfährt, dass die Polizei hinter ihr her ist. Die damals 19-jährige Schülerin ist sich keiner Straftat bewusst. In den COSAS, den «Kongress der südafrikanischen Schüler und Studenten» ist sie schon vor dessen Verbot im Jahr 1985 eingetreten. Ihr einziges «Verbrechen» besteht darin, dass einige Polizisten sie noch aus ihrer aktiven Zeit im COSAS kennen.*

Noch im gleichen Jahr 1985, dem ersten Jahr des von der Regierung erklärten Ausnahmezustandes («state of emergency»), muss sie ihr Elternhaus verlassen und sich verstecken.

Wir haben Nosipho Marwexus Aussagen ausgewählt, weil sie zeigen, mit welcher Rücksichtslosigkeit selbst gegen eine junge Frau, die zu der Zeit schwanger war, vorgegangen wurde – und dass hierbei auch schwarze Polizisten beteiligt waren, die sie zum Teil als frühere Nachbarn kannte.

TRC-Hearing in East London am 12. Juni 1997

Nosipho Marwexu (NM): Es hatte Unruhen in Duncan Village gegeben. Ab dann kam die Polizei regelmäßig zu unserem Haus, weil ich gesucht wurde. Nachdem ich gehört hatte, dass sie mich kriegen wollten, ging ich weg und blieb bei meiner Schwester im Township Mdantsane, NU 15**. Meine Mutter sagte, dass ich mich stellen solle, weil sie gar nicht mehr schlafen könne, die Polizei käme andauernd. Sie würden meine Mutter verhaften, wenn ich mich nicht selbst auslieferte. Ich antwortete ihr, dass ich zur Cambridge-Polizeistation gehen würde.

Aber Heather, meine Schwester, meinte, ich solle lieber nach

* Im Protokoll des Hearings vom 12. 6. 1997 ist Nosiphos Familienname falsch transkribiert in «Marwezu».

** Anschriften in Townships wurden oft nach Buchstaben und Zahlen eingeteilt, da es keine «richtigen» Straßennamen gab.

Kapstadt gehen, wo meine älteste Schwester wohnte. Das tat ich und blieb dort das ganze Jahr 1985. Erst im Mai 1986 kehrte ich zurück. Ich dachte, dass sich inzwischen alles etwas gelegt haben würde.

Am 18. Juni schlief ich zu Hause. Dann gab es einen Schlag gegen die Tür. Das war die Polizei. Es war etwa ein oder zwei Uhr in der Nacht. Mutter öffnete die Tür. Als sie eindrangen, sagten sie kein Wort. Bei ihnen war ein Polizist, der mich kannte: Mandisi Mbewana. Aber sie sahen mich erst nicht, weil ich mich zugedeckt hatte. Dann erklärten sie, dass sie einfach meine Mutter an meiner Stelle festnehmen würden. So haben sie mich bekommen. Außerdem verhafteten sie noch meine beiden Brüder, Thembinkosi und Mbuyiseli.

Ich war im Schlafanzug. Sie erlaubten mir nicht einmal, mich anzuziehen. Als ich draußen war, sah ich einen **Casspir**. Sie schoben mich in diesen Wagen. Er war voll von Leuten. Sie waren offensichtlich unterwegs gewesen, um Leute einzusammeln. Sie brachten uns zu einem Ort, der «Strongpoint» hieß, wo alle Soldaten in Duncan Village stationiert waren.

Am nächsten Morgen wurden wir zur Cambridge-Polizeistation gebracht. Der Offizier dort fragte die Polizisten, weswegen wir verhaftet worden wären. Der Mann antwortete, dass er das auch nicht wusste. Er hätte einfach eine Liste mit Namen von Leuten bekommen, die er verhaften solle. Dann sagte Mr. Mandisi Mbewana, der Polizist, der mich kannte, dass er uns alle ins Westbank-Gefängnis haben wolle. So kamen wir nach Westbank …

Zwei Monate lang durften wir dort keinerlei Besuch erhalten. Da ich bei der Festnahme nur meinen Pyjama trug, hatte ich hier nur Gefängniskleidung zum Anziehen. Dann begannen die Verhöre. Ich war im dritten Monat schwanger.

Sie nahmen immer einen nach dem anderen mit zur Cambridge-Polizeistation. Mich fragten sie dort, ob ich wüsste, dass der COSAS verboten war. Ich antwortete: Ja. Dann fragten sie, warum ich für den COSAS noch nach dem Verbot gearbeitet hätte. Ich sagte, dass ich das nicht getan habe. Dann sagten sie, dass ich ein Mitglied vom COSAS in Qaqamba sei, und fragten, ob ich nicht wüsste, dass die Unruhen in Duncan Village alle angeregt worden waren durch die Schüler von Qaqamba. Sie wollten wissen, wer das Haus eines Polizisten niedergebrannt habe. Ich entgegnete, dass ich es nicht wüsste.

Dann brachten sie mich zurück in die Zelle nach Westbank. Kaum zurück, riefen sie mich, dass ich wieder mitkommen solle, weil ich einen Termin im Frere Hospital hätte. Ich war dort schon gewesen und sagte, dass ich jetzt keinen Termin dort hätte. Eine Anwältin, die auch mit uns gefangen genommen worden war, gab mir ihr Kopftuch zum Umbinden.

Sie brachten mich erneut in ein Büro der Cambridge-Polizeistation. Zwei Polizisten waren dort – Mr. Mpumelelo Madliwa und Mr. Mpumelelo Nkomzombi. Sie wollten wieder wissen, wer das Haus angesteckt habe. Ich antwortete erneut, dass ich es nicht wüsste. Dann würgten sie mich. Sie rissen mein Kopftuch herunter und wickelten es um meinen Hals. Einer zog links und der andere rechts. Ich verlor alle Kraft. Ich urinierte in meine Hose. Ich war schwanger, als sie mich folterten …

Sie riefen, dass ich sagen müsse, wer das Haus niedergebrannt habe. Ich sagte dann, dass ich es war. «Wer noch?», beharrten sie. Ich sagte, dass ich es ganz allein getan hätte. Sie rissen das Kopftuch weg und würgten mich nun mit ihren bloßen Händen. Meine Augen wurden rot davon. Schließlich brachten sie mich zurück ins Westbank-Gefängnis, aber nicht zu den anderen Gefangenen, sondern in eine Einzelzelle. Meine Augen blieben rot. Ich sah nun nur noch die Polizei.

C: Wie lange warst du zu dieser Zeit schon im Gefängnis?

NM: Es war inzwischen ungefähr September.

C: Festgenommen worden bist du im Juni?

NM: Ja.

C: Du warst also ganz allein. Was geschah weiter?

NM: Sie brachten mich in regelmäßigen Abständen mit einem Polizeiauto ins Frere-Hospital. Ansonsten wechselte ich zwischen Einzelhaft im Westbank-Gefängnis und der Cambridge-Polizeistation.

C: Wie wurdest du freigelassen?

NM: Am 6. Dezember – im Westbank-Gefängnis – bekam ich starke Schmerzen, Krämpfe. Wieder wurde ich zum Hospital gefahren. Dort wurde mein Baby als Frühgeburt mit nur sieben Monaten geboren. Während der Geburt stand die ganze Zeit ein Polizist neben mir. Nach fünf Tagen musste ich mit meinem Kind Thinasonke* zurück ins Gefängnis. Morgens nach dem Appell wurde mir mein Baby weggenommen und spät abends erhielt ich es zurück.

C: Wo hast du in der Zelle geschlafen?

NM: Auf dem Boden.

C: Mit dem Baby?

NM: Ja.

C: Wusstest du, wer sich tagsüber um das Kind kümmerte, wer es fütterte?

NM: Nein. Immer wenn ich fragte, sagten sie nur, sie würden es in eine Krippe bringen.

C: Wie ging es dann weiter?

NM: Als sie Lust hatten, mich freizulassen, taten sie es.

C: Welcher Monat war das?

NM: Das war 1987, ich kann mich nicht mehr genau erinnern, ob es März oder April war.

C: Wie alt war das Kind?

NM: Drei Monate.

C: Warst du denn politisch aktiv?

NM: Ja, ich war ein COSAS-Mitglied vor und nach dem Verbot.

C: Aber dafür wurdest du nicht verurteilt? Wie endete die Verfolgung?

NM: Sie setzten mich in ein Auto und brachten mich zu einem Taxistand. Sie sagten mir, dass die Leute, mit denen ich gemeinsam festgenommen worden war, noch immer im Gefängnis wären. Ich sei die einzige, die sie freilassen würden. Ich kam frei, durfte

* «Thinasonke» ist ein Mädchenname und bedeutet in Xhosa etwa «wir alle zusammen» («all of us together»).

mich aber niemals mit mehr als einer Person zur selben Zeit treffen, weil es sonst eine politische Versammlung hätte sein können.

C: Wie wurdest du behandelt während deiner Schwangerschaft im Gefängnis?

NM: Sie nannten mich eine Hure. Sie verfluchten mich. Sie sagten, dass sie Geld von der Regierung hätten verschwenden müssen, um mich zu suchen … Als sie mich würgten und sagten, dass ich schon noch die Wahrheit sagen würde, ob es mir nun passen würde oder nicht … da sagte ich schließlich eine Wahrheit, die aber nicht stimmte …

C: Wenn du ein Mann gewesen wärst, hätten sie nicht so etwas zu dir gesagt. Ist das alles, was sie zu dir sagten?

NM: Nun, sie sagten noch viel mehr, aber ich kann diese Flüche hier nicht wiederholen.

C: Das respektieren wir. Danke dir. Kanntest du die Folterer vor deiner Festnahme?

NM: Ich kannte einen gut: Mr. Mandisi Mbewana war ein Freund meines Vaters. Wir waren Nachbarn. Mein Vater nannte ihn Onkel … Ich war entsetzt, wie er mich behandelte …

C: Nosipho, vielen Dank, dass du deine schmerzliche Geschichte mit uns geteilt hast. Viele Menschen können sich vielleicht nicht vorstellen, welche Bedeutung die Geburt eines Kindes für eine Mutter hat. Ich weiß nicht, wie es ist, ein Kind im Gefängnis zur Welt zu bringen und es dort die ersten Monate seines Lebens aufzuziehen. Deine Geschichte ist besonders schmerzlich, weil dir dein Kind ganze Tage lang einfach weggenommen wurde …

Wir Frauen haben gelitten in einer Weise, die vielleicht Männer niemals verstehen können. Ich hoffe, dass die Männer heute hier im Saal so zuhören, dass dies niemals wieder in der Zukunft geschieht. Ich danke Ihnen allen.

April 1999: Nosipho Marwexu ist heute 33 Jahre alt. Sie ist arbeitslos und leidet an Arthritis, was sie auf die damaligen Haftbedingungen zurückführt. Ihre Tochter Thinasonke ist inzwischen 12 Jahre alt. Sie ist sehr klein und schmächtig für ihr Alter und leidet an chronischer Heiserkeit. Nosipho hat bislang keine Entschädigung von der TRC bekommen, hofft aber darauf, weil sie von Bekannten weiß, die in ähnlicher Situation bereits etwas erhalten hätten. Sie bittet Karin, über den Black Sash bei der TRC nachfragen zu lassen.

Chris van Eeden, Jannie du Plessis, Christo Uys: «Dem Afrikaaner ist der Freiheitskampf nicht fremd!»

Drei junge Afrikaaner als Vertreter der «Junior Rapportryers» vor der Wahrheitskommission: Diese Bewegung ist laut ihrer Grundsatzerklärung nicht direkt an irgendeine politische Partei gebunden. Sie widmet sich der Pflege und Förderung der afrikaansen Sprache und vertritt die Interessen und Belange der Afrikaaner, besonders im kulturellen Bereich und im Geschäftswesen. Mitgliedschaft steht allein männlichen Afrikaanern bis zu 35 Jahren offen, die sich mit den Werten der Bewegung identifizieren, die als Orientierung an «Sprache, Identität und Religion der Afrikaaner» gekennzeichnet werden. Politisch engagieren sie sich für Ziele, die im heutigen Südafrika eher als konservativ gelten. So werben sie zum Beispiel für die Wiedereinführung der Todesstrafe, die unter der neuen Verfassung abgeschafft ist. Laut Auskunft eines Vorstandsmitgliedes im Juni 1999 steht die Mitgliedschaft unter den angegebenen Bedingungen auch jungen Männern offen, die anderen Bevölkerungsgruppen angehören. Tatsache ist, dass diese Jugendbewegung in den vergangenen Jahren eine Zubringerorganisation des «Broederbond» war, eines Geheimbundes, der lange Zeit großen Einfluss ausübte und dem die große Mehrheit der einflussreichen afrikaansen Politiker, Geschäftsleute und Beamten angehörte.

Chris van Eeden, geboren 1962, ist zur Zeit der Hearings Präsident der Junior Rapportryers. Jannie du Plessis und Christo Uys sind Vorstandsmitglieder. Sie treten vor die Kommission, da sie sich, späterer Auskunft zufolge, als weiße Afrikaaner von der TRC diskriminiert und benachteiligt fühlen. So denken sie zwei Jahre später unterschiedlich an diesen Auftritt zurück: Chris van Eeden fühlt sich von der Kommission gerecht und fair behandelt und empfand den Vorgang als «befreiend und sachlich». Die Kommission habe ein offenes Ohr gehabt und ohne Vorurteile zugehört und klärende Fragen gestellt. Jannie du Plessis dagegen hat die Befürchtung, dass die Kommission Afrikaaner wie ihn und seinen Vater als Monster in die Geschichtsbücher wird eingehen lassen. Trotzdem ist auch er froh, eine Gelegenheit gehabt zu haben, seine Geschichte darzustellen, «zu sagen, wie es für uns war, denn wir waren diejenigen in der Armee, in der Polizei und an der Grenze». Im Ganzen empfindet er die Kommission jedoch eher als einseitig, «darauf aus, eine Hexenjagd auf Afrikaaner zu veranstalten».

TRC-Hearing in Johannesburg, am 12. Juni 1997

C: Ihr seid zu uns gekommen, um mit uns die Sicht der jungen Afrikaaner zu diskutieren, vor allem der jungen Afrikaaner-Männer, und wir sind bereit, euch zuzuhören. Wie auch bei anderen Aussagen wissen und akzeptieren wir, dass dies eine bestimmte Perspektive darstellt und nicht die gesamte Wahrheit, aber eben die Wahrheit, so wie ihr sie seht. Vor diesem Hintergrund bitte ich euch, mit uns zu reden.

Chris van Eeden (CvE): Vielen Dank! Ich möchte nachdrücklich sagen, dass wir nicht im Namen der Afrikaaner-Jugend sprechen. Wir machen unsere Aussagen in der Hoffnung, zur Versöhnung und einem größeren Verständnis untereinander beizutragen, auch weil wohl nicht alle Südafrikaner und alle Afrikaaner gleichermaßen zufrieden sind mit der Objektivität der Wahrheitskommission. Aber vielleicht ist dies ein Schritt, um es in einem anderen Licht zu sehen.

Ihr Auftrag ist es, Versöhnung zu schaffen, aber das Ideal der Versöhnung hängt nicht nur davon ab, wie wir die Geschichte verstehen, sondern auch davon, welche Erfahrungen die Afrikaaner-Jugend heute macht. Vielleicht wird einiges von dem, was wir sagen, außerhalb Ihres Mandats liegen, aber bitte haben Sie Geduld und hören Sie zu, sodass Sie das gesamte Bild erhalten können. Ich bitte nun Christo Uys fortzufahren.

Christo Uys (CU): Herr Malan, wir haben heute angehört, wie die vergangenen zwanzig Jahre die Jugend Südafrikas beeinflussten. Junge Afrikaaner wurden auch in diesen zwanzig Jahren beeinflusst, und wir sind mit ganzem Herzen ein Teil von Südafrika und ein Teil dieser Geschichte.

Wenn man hört, wie Afrikaaner dargestellt werden, ist es oft schwierig für uns, einen Beitrag zu einem Forum wie diesem hier zu leisten, weil wir Afrikaaner auch stolz sind auf das, was wir geleistet haben. Vielleicht ist es hilfreich, einen kurzen Hintergrund hierzu zu geben. Wissen Sie, dem Afrikaaner ist der Freiheitskampf nicht fremd! Die Afrikaaner waren vermutlich unter den Ersten auf diesem Kontinent, die sich gegen Kolonisation erhoben*, und wir als junge Afrikaaner sind in dieser Tradition aufgewachsen.

Und darum können wir heute hier sitzen und den ganzen Kampf der Selbstverteidigungseinheiten (SDUs) verstehen. Unsere Vorväter waren gegen kolonialistisches Denken, und es war ein Kampf für die Afrikaaner. Wie die Geschichte zeigt, versuchten sie, die Freiheit für uns Jüngere zu verwirklichen, wobei sie dies mit anderen Strategien taten.

Die Geschichte hat sich verändert, und der Afrikaaner ist Teil dieses Prozesses, wobei diese Freiheit weiter sehr wichtig für uns ist. In den vergangenen zwanzig Jahren – den 70ern und 80ern – konnte unsere Generation nichts mehr tun, um den schwarzen Nationalismus aufzuhalten oder sonst wie die Geschichte zu ändern. Wir wurden mitten im Streit geboren. Es gab den Krieg an den Grenzen, und innerhalb Südafrikas gab es den Freiheitskampf.

Heute wird es als ein gerechter Kampf angesehen, aber die Auswirkungen waren nicht immer genauso gerecht, und wir waren ein Teil davon. In der Polizei oder der Armee taten wir unseren Dienst, in den Schulen und Universitäten bereiteten wir uns darauf vor, eine aktive Rolle in der südafrikanischen Wirtschaft zu spielen. Heute wird manchmal übersehen und vergessen, dass wir auch eine aktive Rolle im Kampf gegen den Kommunismus spiel-

* Gemeint ist der Kampf gegen die Briten in den anglo-burischen Kriegen (1880–1881 und 1899–1902).

ten. Das wird heute als lächerlich angesehen, aber wir glaubten an unsere positive Rolle dabei.

Im Kern war unser Kampf gegen die Anarchie gerichtet. Heute haben wir gehört, wie weit verbreitet die Anarchie in schwarzen Gemeinschaften war, wie sie sich auf das Leben der Leute auswirkte. Es wurde Bezug genommen auf Formen der Selbstjustiz wie «**Kangaroo-Gericht**e» oder «**Necklacing**». Das hatte auch Auswirkungen auf uns.

Während meines Militärdienstes glaubte ich daran und war sicher, dass ich dazu beitrug, Menschen das Leben zu retten. Wir haben auch von vielen Grausamkeiten gehört, die stattfanden. Auch wenn das nicht geglaubt wird aus dem Munde eines Afrikaaners – aber ich habe niemals Befehle erhalten oder so etwas von anderen mitbekommen, die zu Menschenrechtsverletzungen führten. Gegenwärtig können wir nicht bestreiten, dass es das auch gegeben hat, aber die Mehrheit der Südafrikaner, so wie ich oder meine Freunde hier, versuchten für eine gerechte Sache zu kämpfen, und darin haben wir gewonnen. Kann das etwa bestritten werden? Nein.

Die Tatsache, dass wir in unserem Land die beste Infrastruktur von Afrika haben, auch die Tatsache, dass wir die Fähigkeit zu wirtschaftlichem Wachstum haben, ist für mich ein Beweis, dass wir einen großen Beitrag zum friedlichen Übergang in Südafrika erbracht haben. Wissen Sie, Demokratie ist eine wunderbare Sache, aber Sie können sie nicht essen und sie wärmt Sie nicht im Winter. Wenn der Übergang in Südafrika überhastet geschehen wäre, hätten wir auch in einem neuen Bosnien aufwachen können.

Versöhnung ist unserer Meinung nach eingebettet in Achtung voreinander, und darum achten wir auch den Kampf, über den heute hier vor der TRC berichtet wurde. Aber wir erwarten auch, dass unsere Rolle geachtet wird. Wir haben auch Opfer gehabt, Menschen, die im Kampf starben, und Versöhnung kann wohl nur geschehen, wenn diese Menschen gemeinsam geehrt werden …

Jannie du Plessis (JdP): Wir leugnen in keiner Weise, dass es in der Vergangenheit Vorurteile gegen Menschen gab. Wir haben kein Problem mit dem Kern von affirmativen Aktionen* ... aber es funktioniert nicht immer auf diese Weise. Es ist jetzt ein System geworden, in dem Leute einen Posten nicht deshalb erhalten, weil sie geeignet sind, sondern wegen ihrer Hautfarbe ... nach wie vielen Jahren soll dies wieder in Ordnung gebracht werden? Nach fünf Jahren, nach zehn?

Der nächste Punkt ist, dass Afrikaans nicht anerkannt wird. Die Regierung und ihre Ministerien diskriminieren Afrikaans. Es gibt elf offizielle Sprachen in Südafrika, aber die einheimischen Sprachen sind im Grunde verschwunden zugunsten von Englisch. Alle offiziellen Dokumente sind in Englisch. Afrikaans, die am dritthäufigsten gesprochene Sprache, wird ignoriert ... Auch die Haltung der TRC gegenüber Afrikaans ist nicht akzeptabel ...

Wir hörten heute von Grausamkeiten gegen Kinder. Kein normal denkender Mensch würde Kinder ohne Grund einsperren. Jeder Pädophile oder Verbrecher, der dies tut, sollte verhaftet und dafür bestraft werden. Ich unterstütze Graça Machels Meinung, dass Kinder nicht im Krieg benutzt werden dürfen. Heute wurde nur die eine Seite der Medaille gesehen. Unsere «Junior Rapportryers-Bewegung» vertraut darauf, dass auf der anderen Seite auch gesehen wird, welche Monster Kinder für ihren politischen Kampf gebrauchten. Es muss festgestellt werden, welche Gruppe von Leuten Kinder gebrauchten, um Schulen niederzubrennen, Steine zu werfen und dann auch die «necklacing»-Morde zu begehen ... Dafür muss die TRC ohne eigene Vorurteile sein, sonst wird es nur eine unnütze Übung sein, die nicht zur Versöhnung führt ...

Wir haben hart gearbeitet, um frei zu werden, es wurden schon unsere beiden anglo-burischen Kriege erwähnt. Wir kämpften ge-

* Affirmative Aktionen («affirmative action») bezeichnen einen Bewerbungsvorgang, bei dem bei gleichen sonstigen Voraussetzungen eine nicht weiße Bewerberin bzw. ein solcher Bewerber einem weißen vorgezogen wird (in europäischen Ländern häufig auch als «positive Diskriminierung» bezeichnet).

gen Königin Elisabeth und Unterdrückung. Afrikaaner sind Menschen aus Afrika. Wir sind hier, und wir sind hier, um zu bleiben ... Ich möchte zusammenfassen: Wir möchten eine Hand ausstrecken für die Freundschaft mit allen jungen Südafrikanern, Menschen, die mit uns in diesem Land leben. Und wir glauben, dass wir nur durch die gegenseitige Achtung vor den Bedürfnissen des anderen die Zukunft beginnen können ...

C: Vielen Dank, meine Herren! In der TRC kommen wir zusammen aus verschiedenen Teilen unseres Landes. In gewisser Weise entstamme ich dem gleichen Hintergrund wie ihr. Ich bin einer eurer Vorgänger, vor 23 Jahren war ich ebenfalls Präsident dieser Bewegung. Deshalb habe ich euch durchaus mit Einfühlung zugehört. Meine erste Reaktion war, euch zu unterbrechen, aber dann entschied ich, es nicht zu tun. Jedoch möchte ich ein paar Fragen stellen, nicht als Verteidigung, wir müssen Kritik annehmen und wollen sie nicht zurückweisen. Das ist nicht mein Plan.

Könnt ihr hierzu Stellung nehmen: Wie habt ihr das Ausmaß von Menschen, die gefoltert wurden, von Morden wahrgenommen? Wie haben die jungen Afrikaaner-Männer in eurer Organisation darauf reagiert?

CvE: In unserer Organisation sind einige tausend junge Männer, und mehr als 50 Prozent von ihnen haben Militärdienst geleistet. Der Rest war noch zu jung. Durch meine Funktion sehe ich die meisten im Laufe des Jahres, und wir reden miteinander. Ich will die TRC nicht beschuldigen, aber es werden immer die gleichen Namen von den gleichen Polizei- oder Verteidigungseinheiten genannt. Jedoch ist davon nicht die Mehrheit der Leute betroffen, die ihren Dienst geleistet haben. Sie hatten damit nichts zu tun. Sie haben diesen Dienst für das Land getan, weil sie dieses Land lieben, was nach wie vor der Fall ist.

C: Darf ich dich hier unterbrechen, weil ich glaube, dass wir deinen Punkt verstanden haben. Ich möchte mich nur auf den ersten Aspekt beziehen: Ihr habt die gleichen Namen gehört, sagst du – habt ihr diese Namen nicht gehört, als ihr in der Armee wart?

CvE: Ich kann nur ehrlich sagen, dass niemand diese Vorkommnisse gutheißen kann. Es macht dich wütend, weil es nicht das ist, wofür ich und tausende anderer junger Afrikaaner gekämpft haben.

C: Kann ich die Frage noch einmal etwas anders stellen? (...) Wie kommt es, dass wir nichts wussten oder etwas dagegen taten? Hast du darüber eine Meinung?

CvE: Krieg ist immer ein Verbrechen gegen die Menschlichkeit, es gibt keine Sieger. Ich persönlich hatte Kenntnis, weil ich es sah. Ich sah, wie Körper verbrannt wurden, das wusste ich. Ich wusste nichts von gesteuerten Bemühungen der Streitkräfte, in denen ich diente, um solche Vorkommnisse zu provozieren ...

C: Du sagst, dass du gesehen hast, dass Körper verbrannt wurden. Was glaubst du, ist der Grund hierfür?

CvE: Darüber brauche ich nicht nachzudenken, das war ziemlich klar. Ich habe meinen Dienst im Vaal-Dreieck geleistet, in den 90er Jahren, und das war Gewalt von Schwarzen gegen Schwarze. Dass dies von anderen Kräften provoziert worden war, gut, dafür gibt es heute Beweise. Aber ich hatte keine persönliche Kenntnis davon ...

C: Du hast niemals eine derartige Aktion der Regierung gesehen?

CvE: Nein, das habe ich nicht. Der Beweis dafür war ein Schock.

C: Ich möchte jetzt nicht weiter darauf eingehen. Aber es ist vielleicht gut, dies im Hinterkopf zu behalten, wenn du sagst, dass jeder geehrt werden muss, nicht nur die eine Seite.

Herr du Plessis sagte, dass niemand, der bei Verstand sei, ohne Grund Kinder einsperren würde und dass diejenigen die Monster seien, die die Kinder für den Kampf missbrauchten ... Ich möchte euch nicht provozieren, aber es doch kontrastieren mit dem, was die anderen Zeugen über ihre Kindheitserfahrungen heute aussagten. Jene sagten, dass diejenigen, die die alte Ordnung repräsentierten, die Monster waren. Könnt ihr dazu etwas sagen?

JdP: Ich bin fest davon überzeugt, dass der Platz eines Kindes nicht das Schlachtfeld ist. Es sollte keine Waffen tragen. Jede Situation, in der Kinder missbraucht werden, muss verurteilt werden. Wenn wir die Vergangenheit betrachten, sehen wir, dass Kinder eingesperrt und in Gefängnisse geworfen wurden. Das können wir nicht rechtfertigen. Aber Sie können auch nicht rechtfertigen, dass Kinder im Kampf missbraucht wurden. Beide Seiten müssen gleichermaßen detailliert untersucht werden.

C: In meiner letzten Frage würde ich gern den Advocatus diaboli spielen. Ihr wart heute bei diesem Hearing anwesend, und ich danke euch dafür. Wenn ihr diesen Tag vor Augen habt und wie die Commissioners die Verhöre durchführten, habt ihr dabei Einseitigkeiten oder Vorurteile erlebt?

CvE: Nein, der Tag selbst war kein Problem, es war nicht schwierig. Ich denke, was Vorurteile betrifft, ja, vielleicht. Weil die eine Seite des Kampfes als mehr gerechtfertigt angesehen wird als die andere. Es scheint so, als wäre es weniger schlimm, eine Bombe gegen die Apartheid zu werfen als für die Apartheid. Für unsere jungen Leute, die gerade das Abitur gemacht haben, ist ein Verbrechen ein Verbrechen. Wenn unsere jungen Abiturienten sich um ein Stipendium oder einen Job bewerben und Leute sagen: «Es tut uns Leid, aber ihr habt die falsche Hautfarbe!», dann verstehen sie das nicht, denn sie sind nicht für die Vergangenheit verantwortlich, müssen aber jetzt dafür bezahlen.

Und das ist es, was wir von Ihnen erwarten: Diskriminieren Sie nicht Leute, die gar nicht Teil des Kampfes waren. Das sind jetzt Leute, die gemeinsam mit anderen das neue Südafrika aufbauen müssen … und wir können nicht eine Situation zulassen, dass wir in 20 Jahren eine ganze Generation von Afrikaanern haben, die sich diskriminiert fühlt. Wir müssen damit jetzt aufhören. Die TRC ist ein Instrument, das das tun könnte, und Sie müssen dies aus Ihrer eigenen Überzeugung heraus tun. Und das wollten wir auch mit unserem Beitrag aus unserer Perspektive hier erreichen.

C: Wir werden festhalten, was ihr sagt. Ich möchte euch danken, dass ihr hier wart. Und ich möchte außerdem euch und eurer Organisation für die Vorbereitung des heutigen Tages danken. Ihr seid eine der wenigen Organisationen der alten Ordnung gewesen, die aktiv mit uns zusammengearbeitet haben, um eine Perspektive zu präsentieren, die wir sonst nicht gehört hätten. Wir möchten euch dafür danken!

Laurie Nathan: «Wir haben uns niemals als Helden betrachtet und sicherlich nicht als Opfer ...»

Laurie Nathan, geboren 1959 in Kapstadt, besuchte die South African College High School (SACS), bevor er Student an der Universität von Kapstadt wurde. Ab Anfang der 80er Jahre Mitinitiator von Kampagnen gegen den Wehrdienst sowie wenig später Mitbegründer und führender Aktivist der nationalen «Kampagne zur Abschaffung der Wehrpflicht» (ECC). Nach Verhaftungen anderer Aktivisten im Rahmen der Notstandsgesetze von Juni 1985 bis Dezember 1986 im Versteck. Heute ist er Direktor des «Zentrums für Konfliktlösung» an der Universität Kapstadt

Laurie Nathans Aussage wurde ausgewählt, weil er berichtet, wie sich bereits Anfang der 80er Jahre Weiße im Rahmen der ECC gegen die Apartheid zu organisieren begannen und bereit waren, dafür auch Verfolgung, Haft oder Exil in Kauf zu nehmen. Auch wenn dies eine Minderheit innerhalb der weißen Gemeinschaften Südafrikas war, ist es gerade darum wichtig zu verstehen, woher sie ihre Orientierung nahm und den Mut, dafür einzustehen.

TRC-Hearing in Kapstadt am 23. Juni 1997

Laurie Nathan (LN): Sehr geehrte Commissioners, meine Damen und Herren, ich bin eingeladen worden, um über die **«End Conscription Campaign»** (**ECC**) zu berichten. Da die ECC vor ein paar Jahren aufgelöst worden ist, spreche ich selbstverständlich nicht im Namen von anderen, sondern biete Ihnen lediglich einige persönliche Reflexionen. Ich war beteiligt an der Gründung der ECC Anfang der 80er Jahre. In der Folge war ich 1985/86 als landesweiter Organisator für ECC tätig und danach für eine kurze Zeit Vorsitzender der ECC in Kapstadt. Gegenwärtig bin ich Direktor des Zentrums für Konfliktlösung an der Universität von Kapstadt.

Die Antikriegsbewegung in Südafrika begann ernsthaft in den späten 70er Jahren als Folge von Südafrikas Invasion in Angola

1975 und dem Soweto-Aufstand im folgenden Jahr. Sie manifestierte sich in einer Anzahl unterschiedlicher Formen: Eine von ihnen war eine Gruppe von weißen Wehrpflichtigen, die ins Exil ging und dem ANC beitrat. Einige von ihnen gründeten das «Committee on South African War Resistance» (COSAW). Ziel war, internationale Aufmerksamkeit für die Rolle der SADF zu erzeugen und Unterstützung für Verweigerer im Exil zu bieten. Die Antwort der Regierung bestand darin, die Strafe für Wehrdienstverweigerung auf ein Maximum von sechs Jahren Gefängnis zu erhöhen. Die drakonischen Maßnahmen hatten jedoch einen gegenteiligen Effekt.

Der erste Aufruf für eine Beendigung der Wehrpflicht kam 1983 auf der Jahrestagung des Black Sash, und wenig später wurde die ECC gegründet. Einer der besonders aufregenden Aspekte der Kampagne damals war die breite Koalition, die wir bildeten. Unter uns waren Englisch und Afrikaans sprechende Leute, Schüler, Studenten und Eltern. Einige von uns betrachteten sich als Liberale, andere als Radikale, Marxisten, Pazifisten, Christen, Humanisten. Es gab Rockmusiker, Dichter, Künstler, und alle diese unterschiedlichen Menschen waren durch die ECC in der Lage, gegen die Wehrpflicht aufzutreten – jeder auf seine oder ihre Art. So veranstalteten wir traditionelle Massendemonstrationen, aber es gab auch Rock-Konzerte unter dem Motto «Rock against the Ratel»*.

Wir bauten Sandburgen am Clifton Strand in der Form der Kapstädter Burg**. Die Polizei kam in voller Uniform auf den Strand, mitten im Sommer. Können Sie sich das vorstellen am Clifton Strand? Die Polizei kam auf den Strand in Uniform und trat mit ihren Stiefeln die Sandburgen kaputt!

Eines Morgens früh banden wir in den Straßen von Pretoria gelbe Bänder an Bäume und Straßenmasten, um gegen Militär-

* «Ratel» ist der Name eines Militärfahrzeugs.

** Die «Kapstädter Burg» ist das damalige militärische Hauptquartier in Kapstadt in der alten Burg, die, noch aus kapholländischer Zeit stammend, in der Form eines fünfzackigen Sterns gebaut ist und darum leicht auch als Sandburg nachgebaut werden konnte.

truppen in den Townships, in Namibia und Angola zu protestieren. Noch bevor die ECC-Aktivisten verhaftet wurden, kletterten Polizisten in die Bäume und auf die Masten, um die Bänder wieder herunterzuholen. Wir waren durchaus ernsthaft in unserem Handeln, aber ich möchte veranschaulichen, dass wir politische Aktivitäten bevorzugten, die dynamisch und kreativ waren.

Ich möchte Ihnen jetzt die damalige ECC-Erklärung vorlesen, weil sie die Botschaft unserer Kampagne am besten zusammenfasst:

«Diese Erklärung gilt einem gerechten Frieden in unserem Land – eine Erklärung zur Beendigung der Wehrpflicht. Wir leben in einer ungerechten Gesellschaft, in der wesentliche Menschenrechte einer Mehrheit des Volkes verwehrt werden. Wir leben in einer ungleichen Gesellschaft, in der das Land und der Wohlstand einer Minderheit gehören. Wir leben in einer Gesellschaft, die sich im Bürgerkriegszustand befindet, in dem Brüder gegen Brüder kämpfen sollen. Wir rufen dazu auf, den Wehrdienst abzuschaffen!

Junge Männer werden einberufen, um die illegale Besatzung Namibias aufrechtzuerhalten und Krieg gegen andere Länder zu führen. Junge Männer werden einberufen, um die Politik der Apartheid zu verwirklichen und zu verteidigen. Junge Männer, die sich verweigern, werden konfrontiert mit der Wahl zwischen einem Leben im Exil oder möglichen sechs Jahren im Gefängnis. Wir rufen dazu auf, die Wehrpflicht abzuschaffen!

Wir glauben, dass die finanziellen Kosten des Krieges die Armut unseres Landes vergrößern und dass dieses Geld besser für den Frieden angelegt wäre. Wir glauben, dass die (geplante) Ausweitung der Wehrpflicht auf junge Farbige und Inder die Konflikte verschlimmern und unser Land noch stärker teilen wird. Wir glauben an das moralische Recht von Südafrikanern auf Gewissensfreiheit und an das Recht, sich gegen den Dienst in der SADF entscheiden zu dürfen.

Wir rufen dazu auf, die Wehrpflicht abzuschaffen!

Wir fordern einen gerechten Frieden für unser Land!»

Das war unsere Erklärung. Sie gibt ziemlich genau die Ziele unserer Organisation wieder.

Wir gründeten die ECC und führten unsere Kampagnen aus drei wesentlichen Gründen:

Der erste war eine Frage des Gewissens. Mit unserem Gewissen war es nicht vereinbar, mit Waffengewalt Apartheid gegenüber unseren Mitbürgern durchzusetzen.

Zweitens bemühten wir uns, durch die Ablehnung der Wehrpflicht einen aktiven Beitrag im Kampf gegen Apartheid zu leisten – und gegen das Militär. Dies traf offensichtlich auf eine besondere politische Empfindlichkeit. Das System des verfassungsmäßigen Rassismus, eine Weißen-Gesetzgebung, abgelehnt von der Mehrheit der Südafrikaner, hing notwendigerweise vom umfangreichen Einsatz von Gewalt ab. Die Rolle der Streitkräfte und die Wehrpflicht waren deshalb von besonderer politischer und strategischer Bedeutung für die Apartheid-Regierung. Indem wir dieses System herausforderten, glaubten wir, etwas zum Kampf gegen Apartheid beitragen zu können.

Unser Engagement war auch bemerkenswert, eben weil wir Weiße waren. Wir begegneten Studenten an Unis, in denen Afrikaans gesprochen wurde, und Angehörigen der Streitkräfte, die uns sagten, dass sie uns für schlimmer hielten als den Feind – da wir Verräter seien.

Drittens wollten wir durch unsere Kampagne den Antirassismus unterstützen. Der ANC und seine internen Verbündeten versuchten deutlich zu machen, das der Kampf in Südafrika nicht zwischen Weiß und Schwarz geführt wurde. Es war ein Kampf zwischen Gerechtigkeit und Ungerechtigkeit. Das Endziel war nicht die Ersetzung der weißen Vorherrschaft durch eine schwarze, sondern der Aufbau einer gerechten und nicht rassistischen Gesellschaft.

Es wurde außerdem gesagt, dass Antirassismus nicht nur ein Ziel war, sondern auch Teil des Prozesses sein sollte. Durch unser Engagement versuchten wir, der weißen wie der schwarzen Gesellschaft zu zeigen, dass nicht alle Weißen Rassisten waren und zumindest einige von uns sich dem Kampf um Gerechtigkeit und Frieden verschrieben hatten.

Die Bedeutung dieser Ziele und die hohe öffentliche Aufmerksamkeit, die unsere Kampagne bekam, führten zu umfassenden Repressionen des Staates. Wir wurden gnadenlos verunglimpft als Verräter, Feiglinge und Muttersöhnchen, wie Magnus Malan, der ehemalige Verteidigungsminister, es einmal nannte. Wir gingen angeblich ins Bett mit Kommunisten und wären Teil der revolutionären Verschwörung gegen Südafrika.

Es gab auch zahlreiche physische Verfolgungen: ECC-Mitglieder wurden zusammengeschlagen, in unsere Häuser wurden Brandbomben geworfen, man machte sich an unseren Autos zu schaffen, indem Bremskabel durchgeschnitten oder Radmuttern gelöst wurden. Es kam so weit, dass eine Anzahl von ECC-Aktivisten auf die Hitliste des «Civil Cooperation Bureaus» (**CCB**) kamen und während des staatlichen Notstands 1985 rund 70–80 unserer Aktivisten eingesperrt wurden. Der jüngste war 17 Jahre und der älteste 75. Einige wurden vom Militärgeheimdienst verhört, andere von der Sicherheitspolizei, einige wurden gar nicht befragt, und kein einziger bekam einen Prozess.

Nach unserer erfolgreichen Aktion vor Gericht* gegen die Streitkräfte und dem Auftritt von 143 Wehrpflichtigen, die gleichzeitig ihre Verweigerung bekanntgaben, wurde die ECC 1988 verboten. Erst nachdem der ANC wieder zugelassen war, wurden wir noch einmal aktiv.

C: Vielen Dank, Laurie! Ich habe einen Kommentar, der beinahe auch eine Frage ist. Die Frage des Gewissens. Ich denke, dass etwas, worum wir in unserer Gesellschaft gerungen haben, die

* Gemeint ist ein Prozess im August / September 1988, den die ECC gegen die Armee (d. h. die SADF) führte und gewann. Im Verlauf dieses Prozesses wurde deutlich (und öffentlich), dass die SADF eine extensive Lügen- und Schmutzpropaganda-Kampagne gegen die ECC geführt hatte. Das Gericht befand zugunsten der ECC aufgrund 64 verschiedener und belegter Fälle von Einschüchterung allein in Kapstadt und aufgrund der Aussagen von drei Wehrpflichtigen, die sich weigerten, die Lügenkampagnen gegen die ECC mitzumachen, und die dann öffentlich gegen die Wehrmacht aussagten.

Schwierigkeit von Menschen ist, eine individuelle Entscheidung zu treffen und sich zu trauen, das Gewissen höher zu bewerten als die Autorität ... Welche Strategien können Menschen lernen, glaubst du, um selbstsicherer zu sein?

LN: Ich denke, dass es zwei Dinge gibt, die in dieser Hinsicht extrem wichtig sind: Zuerst – erziehen wir unsere Kinder so, dass sie kritisch sein können, oder entmutigen wir Fragen und Kritik? Das Zweite betrifft die Haltung einer Regierung gegenüber Kritik. Je bereitwilliger eine Regierung Kritik annimmt, desto freier fühlen wir uns als Bürger, kritisch zu sein. Oftmals habe ich in Gesprächen in anderen afrikanischen Ländern – wenn es um Demokratie ging und ich deutlich machen wollte, für wie frei ich unser Land halte – davon erzählt, dass es in diesem Land anders als in den meisten anderen afrikanischen Ländern möglich sei, dass sich jemand vor das Parlament auf eine Seifenkiste stellt und sagt: «Präsident Mandela ist ein alter Dummkopf!» Niemand würde diese Person weiter beachten. Dies kann man nicht in autoritären Staaten tun. Das heißt, der Grad von Toleranz auf Seiten der Autoritäten ist offensichtlich entscheidend.

Januar 1999: Um die in seinem Statement angerissenen Fragen zu vertiefen, vor allem solche nach seinen persönlichen Orientierungen als junger Student damals und als gestandener Akademiker heute, wird ein Treffen mit Laurie Nathan in seinem Universitätsbüro verabredet (siehe Kapitel III).

[illegible] gebracht, [illegible] hat [illegible] Grund [illegible] die [illegible]
[illegible] welches [illegible] Regierung [illegible]
[illegible] Aufmerksamkeit [illegible] anzugehen [illegible] Kontrolle [illegible]
[illegible] herstellen [illegible]

[illegible]
[illegible] Inland [illegible] Daher [illegible]
[illegible] Politik [illegible] [illegible] und Kontrolle [illegible]
Zweck bei der Haltung [illegible]
Sicherheit [illegible] Regierung [illegible] Kontrolle [illegible] zahlreich
auf [illegible] fragen [illegible] Gesetz [illegible]
einer [illegible] Ausschüssen [illegible] das [illegible] die [illegible]
gang und [illegible] wie die [illegible] und
hatte [illegible] er fühlt, dass er in [illegible] Land [illegible] in den
[illegible]
[illegible] von der Bundesregierung [illegible]
[illegible] Macht [illegible] Parlament [illegible] und diese
[illegible] nicht in [illegible]
[illegible] des Grafen [illegible] Antrag
[illegible] Bundesrat [illegible]

[illegible] Verfassung [illegible]
[illegible]
[illegible]
[illegible]

III. Die Kraft zum Träumen

In diesem Kapitel geht es um eine Bestandsaufnahme heute, einige Zeit nach Abschluss der TRC-Hearings. Was hat es den unmittelbar Beteiligten gebracht? Wie schauen sie heute zurück auf diese Zeit – und wie nach vorn?

Im ersten Teil kommen drei Frauen zu Wort, deren Arbeit, ja Leben, in besonderer Weise mit der Idee von Wahrheit und Versöhnung verbunden ist. Sodann hat Karin Chubb fünf jener jungen Leute persönlich aufgesucht, die in Kapitel II mit ihren TRC-Statements zu Wort gekommen sind.

Im dritten Teil stellen wir einige beispielhafte Projekte vor, in deren Mittelpunkt Jugendliche oder junge Erwachsene stehen, die sich auf unterschiedliche Weise für eine bessere Zukunft engagieren – vor dem Hintergrund ihrer Erfahrungen mit der Vergangenheit.

III. Die Kraft zum Träumen

[illegible]

1. Frauen über damals und heute

Nomfundo Walaza: «Was gibt uns das Recht, im Namen der Kinder zu sprechen?»

Nomfundo Walaza, Februar 1999

Nomfundo Walaza, geboren 1962 in Queenstown in der östlichen Kapprovinz, erlebte als Kind in unmittelbarer Umgebung die verheerenden Auswirkungen der «Passgesetze». Sie besuchte die Langa High School und studierte später an der Universität Kapstadt. Heute arbeitet sie als ausgebildete Psychologin und ist Direktorin des «Trauma-Zentrum Cowley House» in Kapstadt.

«Cowley House» – über viele Jahre wurden hier gerade entlassene Gefangene von Robben Island betreut. Für sie und ihre Familien, die sie auf der Insel besuchten, war Cowley House in den Zeiten der Apartheid ein sicherer Zufluchtsort. Jetzt ist an diesem Ort ein Trauma-Zentrum eingerichtet, das sich dem Heilen von Wunden der Vergangenheit widmet. Hier treffe ich die Direktorin des Zentrums, Nomfundo Walaza. Ich möchte mit ihr über die Arbeit des Zentrums im Zusammenhang mit Kindern und Jugendlichen vor der TRC sprechen.

Mit einem Gefühl von «déjà vu» betrete ich den schönen alten Innenhof, während ich Cowley House gleichzeitig als einen völlig anderen Ort erinnere. In den schlimmen Zeiten versuchten wir vom Black Sash, den entlassenen Familienangehörigen in all ihrer Angst, Wut oder Verwirrung einen angenehmen Empfang zu bereiten, indem wir sie zunächst mit dem Einfachsten versorgten: einer warmen Mahlzeit sowie einem Transport in Privatautos zur Robben Island Fähre, um den für sie so wichtigen Besuch machen zu können. Heute, so scheint es, sind die bösen Geister der Vergangenheit vertrieben – aber ist es wirklich so?

Nach der Befreiung bot Cowley House den ehemaligen politischen Gefangenen psychologische Betreuung an. Auch heute noch betreut das Zentrum Opfer der gewalttätigen Vergangenheit. Hinzu gekommen sind vielfältige Formen aktueller Gewalt vor allem in den Städten. Auch diese Opfer von Raubüberfällen, Straßenschießereien, Vergewaltigungen und anderen kriminellen Gewalttaten finden hier Angebote der Betreuung. *KC*

Nomfundo Walaza: «Eine der weiteren Aufgaben in Kapstadt ist die psychologische Beratung von Flüchtlingen und Asylbewerbern aus den Nachbarländern. Auch sie kommen mit Kriegserfahrungen. Wenn wir über Versöhnung sprechen, dann dürfen wir die Menschen nicht vergessen, die in ihrer Not zu uns kommen. Südafrikaner waren früher nicht sehr gastfreundlich … damals hofften wir darauf, dass wir uns mit unseren Schwestern und Brüdern aus dem Norden später verbünden würden. Aber es hat sich als schwierig erwiesen, jene von außerhalb Südafrikas aufzunehmen, obwohl sie doch auch vom afrikanischen Kontinent sind und verdienen, hier sein zu dürfen. ‹African Renaissance›, jener Schlüsselbegriff in ANC-Präsident Thabo Mbekis Vision für die Zukunft, hat keinerlei Bedeutung, wenn wir unsere eigenen Leute nicht willkommen heißen.»

Kannst du mir erzählen, wie du die TRC-Hearings erlebt hast?

Ich weiß von einigen Leuten, die sehr wütend sind, weil sie ihre Geschichten nicht mehr in der Öffentlichkeit erzählen konnten. Sie glaubten, ihre Berichte, die nicht für die öffentlichen Hearings ausgewählt worden waren, seien deshalb als weniger wichtig betrachtet worden.

Um von denjenigen zu sprechen, die auftraten: Es hat nicht genug Vorbereitung darauf gegeben, was das «Schweigen brechen» wirklich bedeuten würde. Viele Leute durchlebten Traumata intimster Art, zum Beispiel Frauen, die von Vergewaltigungen berichteten. Viele Variablen beeinflussen, wie die Wahrheit erzählt wird: wie aufmerksam und sensibel das Publikum ist, dann natürlich all die Scheinwerfer, die Medien, die Dolmetscher – viele Einzelheiten. Es kann erneut traumatisch sein.

Vor dem Hintergrund dessen, was du gerade sagtest: War es gut, Kinder unter 18 Jahren nicht in der Öffentlichkeit aussagen zu lassen?

Das ist zu diskutieren. Man weiß es niemals sicher. Vieles hängt von der Vorbereitung ab. Es gibt Kids, die können das, und andere können es nicht. Für mich spielen die Zuhörer eine wichtige Rolle. Es ist sicher nicht angemessen, Sechs-, Sieben- und Achtjährige auftreten zu lassen. Aber wenn wir an Zwölfjährige und Ältere denken, sprechen wir bereits von einer ganz anderen Entwicklungsstufe. Diese können durchaus öffentlich aussagen, sicher in Gegenwart einer Person ihres Vertrauens. Dann können sie mit der eigenen Stimme sprechen.

Junge Menschen können sehr stark sein. Für mich geht es darum, denen, die sprechen wollen, Raum zu geben und die Wahrheit nicht von anderen verdunkeln zu lassen. Ich denke hier zum Beispiel an eine Vierzehnjährige – niemals kann ich für sie sprechen. Dabei erkennen wir an, dass der ganze Vorgang sehr traumatisch werden kann. Und doch ist es ein Unterschied, wenn Experten für die Kinder auftreten. Wenn du das Wesentliche der Erfahrung eines Teenagers begreifen willst, dann kannst du das nur in dieser Generation selbst finden.

Als Lehrer oder als Akademiker sprechen wir gern für und über andere. Das ist schockierend. Faktisch – wenn auch häufig unbewusst – bringen wir gerade damit ihre Stimmen zum Schweigen, manchmal für immer. Wir haben Angst davor zu fühlen und zuzuhören, wir fürchten, dass wir zu viel hören könnten, wenn die Leute für sich selbst sprechen. Deshalb schützen wir uns, indem wir für sie sprechen.

Unter denen, die aussagten, waren auffallend viele männliche Stimmen. Die Frauen oder Mädchen, die aussagten, sprachen dann auch noch oft über ihre Ehemänner, Söhne und Väter, aber nicht wirklich über sich selbst.

Genau. Die erste Frau, die beim ersten TRC-Hearing in East London aussagte, sprach über ihren ermordeten Mann, über sich selbst sagte sie nichts. Erst aus der Zeitung erfuhr ich, dass sie gefoltert worden war. Für mich wäre es der Auftrag der TRC gewesen, jene zum Schweigen gebrachten Stimmen noch deutlicher hörbar zu machen und zu fragen: Was hast DU erlitten? Das ist nicht wirklich geschehen, obwohl unter den TRC-Commissioners auch Frauen waren. Wir leben einfach in einer patriarchalischen Welt, in der Männer die Helden sind.

So hat die TRC zum Beispiel nicht die Erfahrungen der Frauen dokumentiert, die durch die «Passgesetze» traumatisiert worden waren. Als ich ein Kind war, ich wuchs in Langa auf, wachte ich drei- oder viermal in der Woche frühmorgens auf und entdeckte Frauen, die sich unter unserer Hecke versteckten. Sie waren mitten in der Nacht vor der Polizei weggelaufen. Viele waren aus den Fenstern der Hostels gesprungen, um nicht festgenommen zu werden.

Als kleines Kind hatte ich Angst davor, erwachsen zu werden. Ich sah diese Frauen und dachte: «Ich möchte nicht älter werden, weil ich dann vielleicht das gleiche Schicksal habe.» Ein Kind versteht die Zusammenhänge noch nicht, es weiß nicht, gegen wen diese Gesetze genau gerichtet sind. Welche Erklärung es auch bekommt, zunächst wächst die Angst. Selbst wenn du den richtigen **«dompas»** hattest, wusstest du nicht genau, was passieren würde, wenn du zum Beispiel nach Kapstadt kamst. Ich fürchtete immer, nicht sicher zu sein. So stellst du schließlich dein Recht in Frage, einen Platz in dieser Welt zu haben.

Ich besuchte manchmal eine Freundin in Rondebosch*. Einmal konnte sie mich nicht am Bahnhof abholen. Ich musste allein auf der Straße zu ihrem Haus gehen. Für meine 14 Jahre war ich schon ziemlich hoch gewachsen. Plötzlich sah ich ein Polizeiauto in der Straße und erstarrte. Ich hatte solche Angst, weil ich keinen «dompas» hatte und fürchtete, dass sie mich schon für sechzehn

* «Rondebosch» – eine wohlhabende, früher weiße Vorstadt von Kapstadt.

halten könnten, weil ich so lang war. So stand ich dort und wünschte, ich hätte mich auflösen können.

Das Polizeiauto näherte sich und fuhr vorbei. Die Polizisten lächelten mir sogar zu. Aber mein Herz schlug bis zum Hals. Zum ersten Mal erfuhr ich selbst, dass ich eben nicht überall hingehen konnte. Selbst heute noch – 22 Jahre später – erinnere ich mich genau, wo ich stand und was ich fühlte. Als ich später nach Hause ging, war ich wie betäubt, ohne Gefühl, wie tot. Das ist nur eine kleine Geschichte. Es gibt Millionen andere …

Wenn ich heute den Kindern der Asylbewerber zuhöre, dann klingt das in meinen Ohren wie ein Echo meiner eigenen Erfahrungen: Eine andere Mutter, ein anderes Kind – aber die gleiche Angst vor Vernichtung.

Ich hörte damals oft Frauen, die in der Langa Polizeistation wegen der «Passgesetze» eingesperrt worden waren, wenn ich von der Schule heimging. Dort gab es hohe, kleine Fenster mit Gitterstäben. Sie waren zu hoch für die Frauen, um hindurchzusehen, aber man konnte sie deshalb hören, und so schrien sie: «Bitte, geh in das Hostel zu Zimmer so-und-so und sage meinem Mann, dass ich hier bin!» Die Geschichten dieser Frauen gehen nun verloren. Das Trauma, mit einem Kind in eine Passrazzia zu geraten und in einer Polizeizelle zu sitzen … Diese Geschichten wurden bisher nicht erzählt, jene Alltagsgeschichten des Lebens unter Apartheid. Dafür gab es keinen Raum bei der TRC.

Aber hat dies nicht einen Weg für uns geöffnet, um nun zu sagen, dass noch mehr Geschichten erzählt werden müssen? Jene, die noch immer verschwiegen sind?

Ja, sicher hat es diesen Anstoß gegeben. Meine Einschätzung ist, dass vor allem den Frauen und der Jugend noch mehr zugehört werden muss. Männer werden noch mehr Gelegenheiten finden, um sich Gehör zu verschaffen, schon wegen ihrer Stellung in der Gesellschaft. Frauen werden sie nicht so selbstverständlich erhalten, solange sie nicht selbst etwas dafür tun. Wir benötigen mehr Initiativen zum Erzählen dieser persönlichen Erfahrungen – aus zwei Gründen:

Erstens müssen wir die Menschen, die erzählen wollen, dadurch anerkennen, dass wir einen Raum schaffen, in dem sie ihre Geschichte selbst erzählen können – und nicht wir für sie. Es ist bedeutsam, diesen Raum so zu schaffen, dass diese Geschichten bewahrt und nicht falsch verstanden oder missbraucht werden können. Es gibt ja auch Mütter, die ihre Kinder durch Erzählungen von Erlittenem manipulieren, indem sie ihnen Schuldgefühle mitgeben. Zweitens ist es wichtig, weil sich alles so rasend schnell verändert und die junge Generation schon nicht mehr weiß, was damals geschah, zum Beispiel, dass Frauen aus dem Fenster sprangen, um einer Passrazzia zu entkommen. Sie werden von Müttern geboren, die sich oft nicht vorstellen können, dass ihre Geschichten wichtig sind.

Was sollte über dieses Erzählen der verschwiegenen Geschichten hinaus geschehen? Was sollte nach der TRC passieren? Viele Jugendliche sind verbittert, weil sie denken, dass sie ihr Leben verschwendet haben, weil sich für sie selbst so wenig oder gar nichts verändert hat.

Ich denke, Anerkennung ist sehr wichtig. Oft denken wir zuerst an Geld, aber die Anerkennung von Schmerz und Leid und Opfern trägt manchmal länger.

Und das geschieht viel zu wenig, denke ich. Wir tendieren dazu, einfach weiterzumachen ...

Ja, und wir denken, die Leute werden das schon irgendwie selbst hinbekommen. Die Regierung sollte deutlicher anerkennen, dass die Hauptlast des Befreiungskrieges von der Jugend getragen wurde. Die Leute schauen zuerst darauf, was **Madiba** und andere hochrangige Parlamentarier damals erlitten haben. Wir müssen aber vor allem auch jene anerkennen, die ebenfalls alles opferten und nicht so bekannt sind. Und wir müssen noch etwas tun: Wir sollten die jungen Leute fragen, was ihnen selbst am wichtigsten ist. Einige werden ihre Ausbildung abschließen wollen, andere wünschen sich vielleicht anderes. Wir müssen über ihre Geschichten reden und dafür sorgen, dass die nächsten Generationen davon wissen.

Mich beschäftigt sehr die Frage der Identität, von verlorener

Identität. Schwarze Kinder zum Beispiel, die auf Privatschulen oder Modell-C-Schulen* gingen, wirkten später trotz ihrer Ausbildung wie eingeschränkt, unvollständig, ohne gute Kenntnis ihrer Muttersprache. Sie haben sich von ihrer Kultur und deren Ritualen entfernt, sie haben sich getrennt von ihren Vorfahren. Geist und Seele haben keine Verbindung mehr – viele wissen nicht wirklich, wer sie sind.

Ich sage damit nicht, dass das Privatschulsystem verkehrt ist, aber man muss einen bestimmten Preis dafür bezahlen. Im Trauma-Zentrum erzählte mir einmal eine junge Frau: «Meine Mutter ist geschockt von mir, der Kreatur, die sie geschaffen hat.» Diese Frau hat die meiste Zeit ihres Lebens in einer Privatschule zugebracht. Sie spricht fließend Englisch, aber kaum Xhosa. Als sie volljährig wurde, erwartete ihre Mutter, dass sie die entsprechenden Rituale vollzog. Sie verweigerte dies: «Du kannst nicht von mir erwarten, dazu noch eine Beziehung zu haben, so wie ich aufgewachsen bin. Ich werde nicht aufs Land ziehen, ich will nicht, dass für mich ein Schaf geschlachtet wird. Für mich ist das Tierquälerei.»

Im Streben nach einem besseren Leben haben wir das Wesen unseres Daseins getötet. Das ist eine Tragödie. Sieh dir die Generation der 80er und 90er Jahre an – nichts wird dagegen getan! Ich sage nicht, dass wir wie in der Vergangenheit leben sollen. Kultur ist niemals statisch, Kultur entwickelt sich beständig weiter. Aber es gibt bestimmte Grundhaltungen zum Leben, Ansichten, die wir von unserer Welt haben und davon, wer wir sind. Dies prägt unsere Persönlichkeit, sodass wir in Interaktion mit anderen festen Boden unter den Füßen haben, eine starke Identität auf gleichberechtigter Ebene.

Aber wenn ich viel von deiner Kultur aufgesogen habe und davon, was du bist …

… **Weil ich dir gesagt habe, dass deine Kultur wertlos ist …**

… dann geschieht es, dass ich niemals gleichberechtigt mit dir re-

* «Modell-C-Schulen» – frühere Regierungsschulen für weiße Kinder, an denen schwarze Kinder nur als Ausnahme zugelassen wurden.

den kann. Wir können nur deshalb hier und in diesem Moment gleichberechtigt und gut miteinander reden, weil du weißt, wer du bist, und weil ich weiß, wer ich bin. Wenn ich dies nicht wüsste oder wenn ich nur eine verkleinerte Ausgabe von dir wäre, dann hätten wir ein Problem.

Und eine Hierarchie, weil ich oben wäre ...

Und das wäre wiederum, was ich auch wollte. Das führt zu Enttäuschungen, Ängsten, Entfremdung, Wut – genau zu dem, was wir millionenfach um uns herum sehen. Die gegenwärtige alltägliche Gewalt, die wir erleben, hat mit diesen vielen Ebenen der Entfremdung von uns selbst und anderen zu tun. Die missglückte Suche nach Identität, die in Gewaltausbrüche umschlägt. Einzelne erpressen eine Gemeinschaft, weil sie sich selbst nicht so anerkennen können, wie sie sind.

Das wäre eine Erklärung dafür, warum dies jetzt geschieht und nicht früher schon geschehen ist.

Es geschieht auch deshalb, weil wir als Schwarze keinen gemeinsamen Feind mehr haben. Jetzt kommen Unterschiede zwischen uns zutage, und wir müssen genauer hinschauen, wer wir sind. Wir sind eine Krisengesellschaft. Die Krise hat mit der Frage zu tun, wie wir uns neu definieren. Wir waren als Objekte, als Randständige definiert. Jetzt haben wir die Verantwortung – wie gehen wir damit um? Wir haben vergessen, was es heißt, schwarz zu sein.

Die Unterschiede brechen deutlicher hervor. Gleichzeitig gibt es aber endlich auch im positiven Sinn etwas zu tun, zum Beispiel für uns als Pädagogen und Psychologen.

Ja, wir können etwas tun, aber wir müssen alle unsere Kräfte anstrengen. Und wir müssen die größeren Zusammenhänge verstehen, in denen wir arbeiten. Es ist auch wichtig, wer die Arbeit mit welcher Einstellung macht. Professionelle Leute sollten auch Aktivisten sein, kein engstirniges Spezialistentum verfolgen, wie es für eurozentrische Ansätze so typisch ist. Wir müssen selbst Aktivisten sein in dem, was wir tun und denken.

Glenda Wildschut: «Die Arbeit als Commissioner war unglaublich einsam ...»

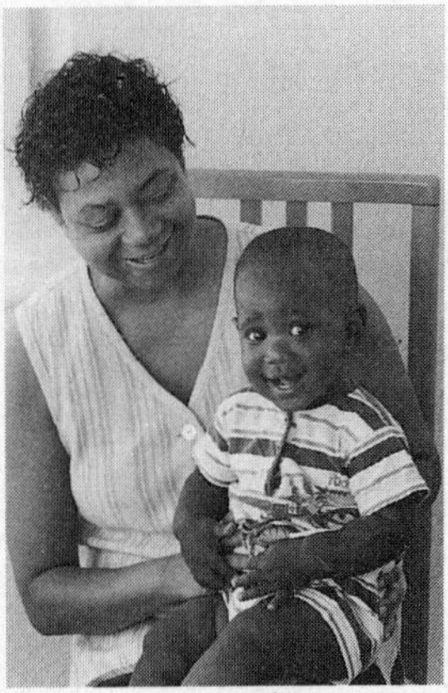

Glenda Wildschut und ihr Sohn Grant Sipho, Februar 1999

Glenda Wildschut, geboren 1953 im District Six in Kapstadt, besuchte die Alexander Sinton Oberschule, bevor sie eine Ausbildung als Krankenschwester am Nursing College absolvierte. Vorher studierte sie Physiologie und Psychologie an der Universität Western Cape. Ende 1995 wurde sie als eine von 17 TRC-Commissioners gewählt. 1998 adoptierte sie ihren Sohn Grant Sipho.

Es lag nahe, Glenda Wildschut um ein Interview zu bitten – sie war eine der TRC-Commissioners, die sich besonders nachdrücklich für die Jugend-Hearings eingesetzt hatte. Ich kenne Glenda noch aus meiner Zeit im Black Sash, als wir im Cowley House (siehe Begegnung mit Nomfundo Walaza im vorhergehenden Kapitel) an Feiertagen, wenn die Küchenangestellten frei hatten, für die Angehörigen der politischen Gefangenen eine warme Mahlzeit kochten. Glenda war damals Mitglied einer kleinen Gruppe von Psychologen, Krankenschwestern und anderen im Gesundheitssektor Tätigen, die uns auf internen Black Sash-Treffen – trotz Notstandsgesetzen und strengster Sicherheitsbestimmungen in Gefängnissen – über die Bedingungen in den Gefängnissen und die Schrecken, denen Gefangene und ihre Angehörigen ausgesetzt waren, informierten.

Zu Beginn unseres Wiedersehens bei ihr zu Hause lerne ich Grant Sipho kennen, ihren elf Monate alten Adoptivsohn, dessen Charme mich fesselt. «In der schwersten Zeit bin ich durch ihn bei Kräften geblieben», sagt sie stolz lächelnd.

Glenda ist unduldsam geworden angesichts zahlloser Interviews, die sie hat geben müssen, und äußert eingangs offen ihren Unmut über jene Leute, «die uns ausquetschen und die TRC-Protokolle überfliegen, nur für ihren persönlichen Vorteil, weil sie eine Geschichte verkaufen wollen oder Stoff für eine wissenschaftliche Untersuchung brauchen – jedoch ohne persönlich betroffen zu sein, ohne wirklich Verantwortung zu tragen für das, was sie da tun.»

Was geht dir zuerst durch den Kopf, Glenda, wenn du an deine Zeit als Commissioner zurückdenkst?

Wir haben in diesem Land ein solches Glück gehabt. Wir haben eine besondere Chance bekommen, wie eine Gnade für ein ganzes Volk. Dieses Land hätte auch in völliger Anarchie untergehen können, vor allem nachdem 1993 das Attentat auf **Chris Hani** geschehen war. Es war sehr bewegend für mich zu erleben, wie viele Leute in allen Teilen des Landes, auch in den meist vernachlässigten ländlichen Regionen, auf die TRC reagiert haben. Es hat so viel bedeutet, dass sie von ihren Erfahrungen zum ersten Mal in Würde erzählen konnten. Immer wieder hörten wir: «Niemals zuvor hat uns jemand so zugehört wie ihr!»

Oft wurden wir von Tätern gebeten, Kontakte zu jenen herzustellen, die sie verletzt hatten. Es gab ein tiefes Bedürfnis, von jenen Gemeinschaften wieder aufgenommen zu werden, denen sie Schaden zugefügt hatten, aber zu denen sie sich doch zugehörig fühlten. Ein Beispiel dafür ist eine Geschichte aus Upington, wo ein Polizist aussagte, der ein Kind getötet hatte. Eine Weile nach diesem Hearing kamen wir noch einmal nach Upington. Die Gemeinschaft hatte ein Treffen in der Kirche organisiert, um selbst den Täter anzuhören. Der Mann sprach aus seinem Herzen, er sprach jeden persönlich an und zitterte vor Erregung, als er in seinen Worten noch einmal erzählte, wie es zu der Tat gekommen war. Du konntest die Spannung im Raum fühlen, als er erklärte, dass er nur Polizist geworden war, um seine Familie ernähren zu können. Damals hatte die Gemeinschaft ihn als Verräter angesehen, es hatte wütende Auseinandersetzungen und einen Angriff gegeben. In Panik und allein aus Angst hatte er geschossen und dabei den Jungen getötet. Danach war er nach Namibia geflohen. Zur TRC war er gekommen, weil er um Vergebung bitten wollte und um eine Wiederaufnahme seiner Familie in die Gemeinschaft. Auf jenem TRC-Hearing war die Tante des getöteten Jungen anwesend, und er sprach sie direkt an. Sie entgegnete: «Ich bin nur ein Mitglied der Familie. Du musst mit deiner Familie zu unserer Familie kommen. Wir müssen uns treffen.» Dieses Treffen hat stattgefunden und der Konflikt wurde beigelegt. Danach gab es diesen Gottesdienst für das ganze Dorf und danach ein Fest, auf dem er und seine Familie wieder aufgenommen wurden.

Kein Gerichtsverfahren könnte jemals so etwas erreichen, weil es dort um Vergeltung geht. Hier dagegen ging es um Heilung und darum, jemanden dorthin zurückzubringen, wo sie oder er zu Hause ist. Es gab viele solcher Geschichten bei der TRC. Diese ist kein Einzelfall.

Obwohl wir im engeren Sinne gar nichts dazu getan haben. Wir durften lediglich teilnehmen an dem, was als Folge des TRC-Prozesses geschah, wobei jedes offizielle Protokoll ausgeschlossen war. Wir hatten lediglich nachgefragt, wie es nach den Hearings weitergegangen war, und so kamen wir an diese Geschichten.

Aber ohne die TRC wäre das nicht möglich gewesen.

Nein, es hatte der offiziellen Anerkennung bedurft, der öffentlichen Wertschätzung der Aussagen ganz normaler Leute.

Ich gebrauche das Wort «Vergebung» nur zögernd, weil ich nicht weiß, was es außerhalb eines religiösen Kontextes wirklich bedeutet. Vielleicht kann ich es so sagen: Es kommt mir so vor, als hätte die TRC ermöglicht, dass Menschen einander wieder als Menschen wahrnehmen.

Es macht einen demütig zu erfahren, dass dies von Leuten kommt, die niemals derartige Konzepte studiert haben. Sie tun es einfach.

Ich habe mich in den 80er Jahren oft gefragt, wie gerade Frauen diese unglaubliche Stärke des Durchhaltens entwickelten, während gleichzeitig ihre Familien verfolgt, eingesperrt, ermordet wurden. Sie machten einfach weiter, oft unter den schwierigsten materiellen Bedingungen. Ich weiß noch gut, wie Nomaindia Mfekheto, unsere heutige Bürgermeisterin von Kapstadt, gerade aus einer langen Haft entlassen worden war, nur um direkt an der Beerdigung ihres Sohnes teilzunehmen …

Schrecklich, diese Jahre ... Das war zu jener Zeit, als ich meine Ausbildung als Krankenschwester beendet hatte und mich fragte, was ich zum Kampf beitragen könnte. Ich hatte gerade Don Fosters Buch «Haft und Folter in Südafrika» (Kapstadt 1987) gelesen und wollte etwas tun. So habe ich mit einigen Kollegen aus dem Gesundheitsbereich das «Gefangenen-Versorgungs-Team» (Detention Treatment Team, DTT) gegründet, um Inhaftierte und ihre Familien zu unterstützen. Ich arbeitete auch in der logistischen und anderen Hilfe für junge MK-Kämpfer mit, persönlich arbeitete ich mit Colleen Williams und Robby Waterwitch zusammen, die beide durch eine Granate ermordet wurden (siehe auch im Kapitel III. 3. den Teil über die «Western Cape Action Tours»). Colleen bat mich mitzumachen bei der Vorbereitung junger Kämpfer auf das, was bei Folterungen auf sie zukommen könnte: Wie mit bestimmten Risiken während der Haft umgehen und wie durchhalten bei Folter? Wir erklärten, wie die Polizei dabei arbeitete und welche Auswirkungen auf Körper und Geist, zum Beispiel bei Schlafentzug, zu erwarten seien.

Wie hast du den enormen Stress nicht nur damals, sondern auch während des TRC-Prozesses durchgehalten?

Als ich für die TRC arbeitete, musste ich mich einer größeren Operation unterziehen. Es war in jener Zeit, dass ich mich entschloss, Grant Sipho zu adoptieren. Erzbischof Tutu unterstützte mich sehr dabei – er hat Grant getauft, und er ist Grants **Tatamkhulu**. Oft fühle ich, dass es dieses Baby ist, das mich hat gesund bleiben lassen während all der schrecklichen Geschichten, die wir anhörten.

Die Arbeit als Commissioner war unglaublich einsam. Du konntest nichts teilen. Wenn ich abends nach Hause zu meiner Familie kam, wurde ich oft wütend, weil bei ihnen alles normal weiterlief, ich aber nicht daran teilhaben konnte. Ich kam mir vor wie in einem Film, der nichts mit mir zu tun hatte. Wenn ich dann manchmal allein am Strand spazieren ging und Mütter mit ihren Kindern sah, brach ich in Tränen aus – weil so viele Mütter ihre Kinder verloren haben.

Vielleicht war es gut, dass ich nur weinte, wenn ich allein war, weil es mir half, nicht während der Hearings selbst zusammenzubrechen. Dann ging es um die Opfer, sie sollten alle Aufmerksamkeit haben. Wir mussten aufpassen, nicht zu viel Aufmerksamkeit auf uns als Commissioners zu ziehen. Darum waren meine privaten Depressionen schon in Ordnung.

Während der Jugend-Hearings muss es besonders schwer gewesen sein.

Wie du weißt, war ich eine der Commissioners, die darauf bestanden, dass wir Jugend-Hearings veranstalten müssen. Zweifellos mussten auch junge Leute einen besonderen Rahmen bekommen.

Gleichwohl haben wir damit in ein Wespennest gestochen, da wir nicht zuließen, dass Kinder unter 18 Jahren in öffentlichen Hearings auftraten. Wir wussten, dass dies im Widerspruch zur UN-Charta des Kindes steht, die sagt, dass Kinder selbst zu Wort kommen sollen. Aber wir wussten auch, dass die internationale Presse bei uns jederzeit Zugang hatte, und wir konnten nicht garantieren, dass alle Journalisten ausreichend sensibel sein würden. Wir wurden dafür hart kritisiert, zum Beispiel von Graça Machel. Aber wir versuchten wirklich nur, so verantwortungsbewusst wie möglich zu handeln.

In der westlichen Kapprovinz konnten wir die Jugend-Hearings an das pädagogische Ubuntu-Projekt koppeln. Dort wurden Kinder, die schlimmste Gewalt erlebt hatten, mit anderen Kindern zusammengebracht, die vor so etwas bewahrt geblieben waren. Kinder aus Townships und Vorstädten trafen sich in verschiedenen Altersgruppen. Die älteste Gruppe fertigte eine wunderschöne Wandmalerei über Ubuntu an, in der sie ihre Erfahrungen als eine Art Patchwork komponierten. Diese Malerei ist nun in der St.-George-Kathedrale zu bewundern*. Ich würde mich freuen, wenn von diesem Projekt ein Schneeball-Effekt ausgehen könnte. Wir brauchen diese Art von heilender Arbeit sehr für unsere Kinder und Jugendlichen.

* Diese Malerei bildet auch den Hintergrund, vor dem die Jugendlichen auf dem Foto unseres Buchumschlags zu sehen sind.

Sehr ans Herz ging mir das Hearing über die Geschichte mit dem «Trojanischen Pferd».* Ich war selbst einmal Schülerin auf der Alexander-Sinton-Oberschule. Ich war nur wenige Minuten, nachdem die Schießerei stattgefunden hatte, dort … nur wenige Minuten später. Einer der Verantwortlichen für diesen Überfall auf die Schulkinder ist Pädagoge und spielt bis heute eine Rolle in der Erziehung. Er war damals Mitglied der Bürgerwehr («Citizen Force») und hatte Dienst an dem Tag.

Ich möchte dich noch nach der Rolle der Mädchen und Frauen bei den Hearings fragen. Du hast bereits Colleen Williams erwähnt, die ermordet wurde. Wenige Mädchen wagten den Schritt, vor der TRC auszusagen. Wenn ich mir die TRC-Protokolle im Ganzen anschaue, kommen sie mir sehr männlich orientiert vor. Doch weiß ich, dass Mädchen und Frauen eine wichtige Rolle im Befreiungskrieg spielten. Woher kommt dieser Widerspruch? Denken Frauen, dass ihre Erfahrungen nicht wichtig genug sind? Hat die TRC Frauen nicht ausreichend ermutigt, sich zu melden? Oder haben sie ganz spezifische traumatische Erlebnisse, zum Beispiel Vergewaltigungen, über die sie nicht sprechen wollen? Ich nehme jedenfalls ein Schweigen wahr.

Du irrst dich nicht. Es gibt ein Schweigen aus allen Gründen, die du nennst. Es ist viel Mut nötig, um auszusagen. Sandra Adonis (siehe Kapitel II. 3 und III. 1) konnte sich gut ausdrücken, sie ist wirklich eine besondere junge Frau. Viele Mädchen sprachen mit uns persönlich, wollten aber nicht in der Öffentlichkeit aussagen. Darum mussten wir regelrecht suchen nach jenen Erfahrungen von Mädchen und jungen Frauen, die ein Stück weit auch stellvertretend für andere stehen konnten, wie eben die Geschichte von Sandra. Mit ihren Erlebnissen konnten sich viele andere Mädchen identifizieren.

Zum anderen gab es bei den Massendemonstrationen und vor allem bei den direkten Gefechten mit der Polizei auch weniger

* Der Vorfall mit dem «Trojanischen Pferd», bei dem Polizisten in einem Lastwagen versteckt in eine Demo von Jugendlichen fuhren und das Feuer eröffneten, wird ausführlicher erwähnt im TRC-Statement von Sandra Adonis (siehe Kapitel II. 3).

Mädchen. Viele Mädchen wurden verletzt, weil sie einfach nicht schnell genug wegkamen oder zufällig in der Nähe waren. Was nicht heißt, dass jene, die es im Hintergrund traf, nicht ähnlich schlimme Folgen zu erleiden hatten.

All die jungen Leute, die sich opferten, die so viel verloren, die ihre Kindheit aufgaben … das Mandat der TRC war dafür einfach nicht ausreichend. Es gibt noch so viele Geschichten, die erzählt werden müssen.

Nachdem ich das Tonband ausgeschaltet habe, bleibe ich noch ein wenig. Glenda lädt mich ein, mit ihr Fotos aus Grant Siphos erstem Lebensjahr anzuschauen. Es gibt ein besonders schönes, auf dem Grant Sipho dem Erzbischof direkt in die Augen schaut, jenem Mann, der so viel von sich selber gibt, um eine Zukunft für Kinder wie ihn zu schaffen.

Ungefähr zwei Wochen nach diesem Gespräch bin ich erneut in Glendas Haus zu Gast. Dieses Mal teilen wir die Freude über Grants ersten Geburtstag gemeinsam mit Glendas engster Familie sowie mit Cynthia, Grants Xhosa-Kinderfrau, die damit beauftragt ist, ihn die Sprache und Kultur der Xhosa zu lehren.

KC

Gillian Schermbrucker:
«Dieses Leben voll annehmen und etwas daraus machen ...»

Gillian Schermbrucker (l.), Februar 1999

Gillian Schermbrucker, geboren 1973 in Zimbabwe, war Schülerin am «Our Lady of Fatima Convent» in Durban und studiert gegenwärtig Medizin an der Universität Kapstadt. Durch einen Anschlag der APLA in der Kapstädter St. James Kirche am 25. Juli 1993 wurde sie im Alter von 20 Jahren schwer verletzt.

Aus verschiedenen Gründen löste das Massaker in der St. James Kirche von Kapstadt am 25. Juli 1993 überall im Land einen besonderen Schock aus: Elf Menschen wurden ermordet, 58 verletzt, viele besonders schwer. Der Anschlag geschah neun Monate vor den ersten demokratischen Wahlen. Alle politischen Parteien, auch die PAC, deren militärischer Zweig **APLA** für das Massaker verantwortlich war, arbeiteten an der neuen Verfassung und kooperierten, um einen möglichst friedlichen Übergang zu schaffen. Es gab keinerlei nachvollziehbare Basis für so einen Vorfall. Und niemals zuvor war ein dermaßen brutaler Anschlag auf eine Kirchengemeinde während des Gebets verübt worden, eine Gemeinde, die bereits damals Mitglieder aller Hautfarben versammelte. Alle Zeitungen und Fernsehanstalten berichteten tagelang von dem Ereignis und seinen Folgen. Es gab auch Kommentare, die monierten, dass dem Massaker so viel Aufmerksamkeit vor allem deshalb geschenkt wurde, weil viele Opfer Weiße waren. Selbst wenn solche Kritik in der Vergangenheit Berechtigung gehabt haben mag, heute erschiene sie mir als eine zynische Distanzierung vom wirklichen Thema jenes städtischen Terrorismus, der sich als politisch revolutionär verkleidete.

Viele Geschichten von herausragendem Mut wären von jenen Überlebenden zu berichten, die langsam ins Leben zurückkehren, selbst wenn es mit drei künstlichen Gliedmaßen oder ohne Augenlicht geschehen muss. Eine spontane Nähe spüre ich zu Gillian, die wie meine Tochter damals Medizinstudentin an der Universität Kapstadt ist. Gillian überlebte ihre schweren Verletzungen nur nach vielen, schmerzhaften Operationen.

Ich habe Gillian in einer Fernsehsendung über die TRC gesehen: Sie und Liezel Ackermann, deren Mutter bei dem Anschlag in der Kirche ermordet wurde, besuchen einen der Täter, Gcinikhaya Makoma, im Pollsmoor Gefängnis, wo er seine Strafe absitzt. Dieses Treffen findet noch vor der Amnestie-Anhörung der Täter statt. Während ich damals diese Fernsehsendung sah, dachte ich: Wenn wir doch nur in einer Gesellschaft gelebt hätten, in der diese jungen Menschen sich hätten treffen und miteinander reden können! Dann wäre dieses Schreckliche vielleicht nie geschehen.

Wir treffen uns im Haus ihrer Eltern in Newlands. Gillian ist offen und freundlich, eine junge Frau, deren langes blondes Haar vom Kapstädter Südwestwind um ihr Gesicht geweht wird, als sie mich mit einem Händedruck und einem Lächeln begrüßt. Gleichzeitig nehme ich eine Form der Wachsamkeit in ihren Augen wahr, und es schmerzt, dies bei so einer jungen und lebendigen Frau zu beobachten. Ich hatte vermutet, Narben bei ihr zu sehen oder ein Hinken – aber es ist zunächst kein äußerliches Zeichen ihrer Verwundungen zu erkennen. Auf den ersten Blick wirkt sie wie jede andere junge Studentin: selbstbewusst, dem Leben zugewandt und kontrolliert. Aber sie trägt einen langen Rock, der ihre Beine verdeckt. Zu Beginn möchte Gillian wissen, was Lutz van Dijk und mich motiviert hat, dieses Buch zu schreiben. Als ich es ihr erklärt habe, entgegnet sie:

Meine Hauptmotivation, Gcinikhaya Makoma zu treffen, war, herauszubekommen, woher sein Hass kam. Euer Buch kann ebenfalls helfen, dass Menschen einander besser verstehen. Ich wollte den Mann treffen, der dies tat. Es erschien mir absurd, dass etwas, das so viel Schmerzen verursacht und tiefe Veränderungen im Leben vieler Menschen erzwungen hat, versteckt und ohne Gesicht bleiben sollte. Was dachte er, als er diese langen Nägel mit Klebeband an der Handgranate befestigte, damit sie noch schlimmere Verletzungen zufügen sollte, bevor er sie in die für ihn anonyme

Kirchenversammlung warf? Es fällt mir schwer, überhaupt etwas für Menschen zu fühlen, die ich nicht kenne. Ich kann es nicht, und ich entschied mich, auch gar nicht zu versuchen, mir diese Männer vorzustellen, denn wie leicht könnte ich mich irren. Gleichzeitig fühlte ich mich – jenseits von Rationalisierungen und politischen Entschuldigungen – sehr irritiert dadurch, dass sie es rechtfertigen konnten, mich zu verletzen, ohne auch nur meinen Namen, meinen Hintergrund oder meine Überzeugungen zu kennen.

Lass uns kurz zurückgehen in deine Schulzeit: Warst du politisch interessiert?

Mein Interesse galt immer mehr den Menschen. Ich hatte es gut, weil ich in der Schule – erst in Zimbabwe und dann in Durban – mit Jugendlichen aus verschiedenen Bevölkerungsgruppen zusammen war. Kulturell waren wir unterschiedlicher Herkunft, aber wir gehörten alle mehr oder weniger der Mittelschicht an und besuchten ziemlich teure Schulen. Freunde unserer Familie halfen, mein Schuldgeld zu zahlen. Dafür bin ich sehr dankbar, weil es mir die Möglichkeit gab, mit Schülerinnen und Schülern aus verschiedenen Kulturen und religiösen Traditionen umzugehen. Erst an der Universität erkannte ich, welch ein Privileg mir da zuteil geworden war. Ich konnte meine eigene Identität finden, indem ich durch Diskussionen und den Austausch über verschiedene Wertesysteme meine eigene Richtung festlegen konnte.

Dann war eure Schule zu Zeiten der Apartheid ziemlich untypisch?

Damals erschien mir alles so normal. Ich hatte eben einfach Freunde – ob sie Schwarze oder Inder waren, spielte dabei keine Rolle. Es gab Zeiten, wo es mich verwirrt oder auch verärgert hat, dass nicht alle Menschen so dachten. Die Absurdität der Apartheidgesetze machte sich auch in meinem Leben bemerkbar. Wenn wir unsere Abschlusspartys vor den Schulferien planten, mussten wir darauf achten, dass wir nur dahin gingen, wo alle sich wohl fühlen konnten. Man musste sich sogar überlegen, an welchen Strand man ging. In den letzten Schuljahren ging es allerdings entspannter zu: Wir ignorierten dann einfach die Leute, die blöde guckten, wenn wir in gemischten Gruppen irgendwo hingingen. Die Schule war ein Schonraum. Vor den Toren der Schule lauerte die ganze Härte der Apartheid, die wir nicht akzeptieren wollten.

Hast du diese Widersprüche an der Universität stärker empfunden?

Das spielte eine Rolle, sicher. Aber ich war immer mehr an konkreten Menschen interessiert anstatt an Politik. Darum habe ich mich auch für Medizin entschieden – und ich liebe dieses Studium.

Warst du aktiv in der St. James Kirchengemeinde?

Nein, ich war eigentlich nur an diesem Abend dort …

Ist es dir unangenehm, wenn ich dich nach deinen Verletzungen frage?

Nein, überhaupt nicht. Wir saßen in der Kirche, ich betete. Dann hörte ich einen lauten Knall, sah auf und erblickte die Silhouetten dreier Männer in der Tür, deren Gewehre sich auf und nieder bewegten. Mir wurde klar, was das bedeutete, und ich versuchte mich zu ducken wie die meisten anderen um mich herum auch. Dann erblickte ich eine Handgranate ganz in meiner Nähe, ein graues Ding, an dem etwa fünf Zentimeter lange Nägel mit einem Band befestigt waren. Meine erste Reaktion war, es wegzustoßen oder zu ihnen zurückzuwerfen. Aber es ist erstaunlich, wie klar man in so einer Sekunde denken kann; mir war klar: Wenn ich es packe, könnten meine Hände abgerissen und mein Gesicht zerstört werden; wenn ich es irgendwohin stoße, könnte jemand anders getötet werden. Und dann hätte ich damit leben müssen, ein Menschenleben auf dem Gewissen zu haben. Es gibt einige Dinge, die sollte man dem lieben Gott überlassen … so begann ich zu beten. Dann explodierte die Granate. Ich spürte ein Brennen in meinem Körper und jene Taubheit, die anfangs entsteht, wenn du wirklich schwer verletzt bist. Ich konnte meine Beine nicht mehr fühlen und hatte Angst, sie könnten abgerissen worden sein. Ich wagte nicht hinzuschauen. Ich erinnere mich nur noch, dass ich einer Freundin neben mir, die mich entsetzt ansah, sagte: «Mach dir keine Sorgen, Gott ist bei mir.» Das ist alles, was ich noch erinnere. Der Mann auf der anderen Seite neben mir und der Mann vor ihm starben. Dimitri vor mir verlor einen Arm und beide Beine.

Ich hatte Granatsplitter in meiner Lunge, und ein Splitter hatte einen Schnitt in mein Herz gemacht. Auf dem Weg zum Krankenhaus hörte mein Herz auf zu schlagen. Auch beide Beine, mein Rücken und meine Brust waren schwer getroffen. Ich wurde mehrfach operiert und die Ärzte nannten es ein Wunder, dass ich noch am Leben bin. In den fünf Jahren danach wurde ich über 50 Stunden lang an den Beinen operiert. Das war schon ziemlich schlimm, aber andererseits – wenn du daran denkst, wie es anderen ergangen ist wie zum Beispiel Dimitri …

Meine Familie hat mir sehr geholfen. Meine Erfahrungen waren anders als die vieler Menschen, die überall in Südafrika leiden. Ich fühlte mich niemals allein. Ich hatte meine Familie und meinen Glauben. Im Krankenhaus erhielt ich als Medizinstudentin zusätzliche Aufmerksamkeit, auch wegen der Berichterstattung in den Medien. Ich bekam Post von vielen Leuten aus ganz Südafrika und allen Bereichen des Lebens. Mir wurde so viel Freundlichkeit von hunderten von Leuten entgegengebracht – ich wurde geradezu verwöhnt. Gewalt geschieht doch andauernd in Südafrika, aber bleibt zumeist unerwähnt. Siehst du das nicht auch so?

Ja, wenn du zum Beispiel an **KwaZulu-Natal** denkst, wo Leute jeden Tag erschossen werden … das macht dein Erlebnis nicht weniger schlimm, aber ich stimme dir zu, dass du wesentlich mehr Aufmerksamkeit bekamst. Hast du dich gefragt, woher der Hass kommt, der zu so einem Anschlag führen kann?

Das ist meine wichtigste Frage: Wo ist der tiefsitzende Schmerz zu lokalisieren, der diesen Zorn nährt? Eigentlich war ich enttäuscht, nachdem ich Makoma getroffen hatte. Aber wahrscheinlich war es für ihn auch traumatisch, mich zu sehen. Ich wollte selbst kein Statement vor der TRC abgeben, wegen des damit verbundenen Medienrummels. Ich wollte mich wirklich nur mit Makoma treffen und herausbekommen, wer er wirklich ist. Sie waren damals gekommen und hatten bestimmt, wofür ich in ihren Augen stand, auch ohne mich zu kennen. Wie durfte ich über sie urteilen, ohne sie jemals getroffen zu haben? Ich fragte ihn im Pollsmoor Gefängnis, ob ihm oder seiner Familie jemals etwas zugestoßen sei, dass ihn so hat hassen lassen. Er antwortete, dass es nichts Persönliches gab, er sei Soldat gewesen und habe Befehle ausgeführt.

Wie fühltest du dich, als du ihn trafst?

Ich habe in dem Moment nicht viel gefühlt. Ich hatte mir vorgenommen, nicht zu viel zu erwarten. Ich wollte nicht zu sehr enttäuscht werden.

Was war dein Eindruck von ihm?

Dass er ganz normal ist! Er ist nicht gemein, nicht schrecklich. Er könnte jemand sein, mit dem ich mich ganz nett auf der Straße unterhalte. Er ist ein kleiner Mann, ziemlich dünn, er lächelte, wir redeten … ein durchaus gutes Gespräch über anderthalb Stunden. Mein Eindruck war, dass der niemandem etwas zu Leide tun würde.

Half es dir, dass du ihn getroffen hast?

Damals war ich gefühlsmäßig schon etwas zur Ruhe gekommen. Insofern ich tiefere Antworten erhofft hatte, war ich ein wenig enttäuscht. Ich spürte auch, dass das eine Treffen eigentlich nicht ausreichte. Auch er äußerte den Wunsch, sich wieder zu treffen.

Habt ihr seit damals noch miteinander gesprochen?

Ich habe noch einige Anläufe unternommen, aber erfolglos. Wenig später bekamen sie Amnestie.

Wie denkst du darüber?

Um ehrlich zu sein: Ich habe zwar viel darüber nachgedacht, aber ich habe kein wirklich klares Gefühl. Ich habe niemals wirkliche Wut auf sie gespürt. Es macht mich eher betroffen, wie Gerechtigkeit in diesem Land praktiziert wird und weshalb sie Amnestie erhalten haben. Das stört mich viel mehr.

Stört es dich, dass sie Amnestie aus politischen Gründen erhielten?

Ja. Es war gerade das Datum der Wahlen bekannt gegeben worden, als der Anschlag geschah. Wir standen vor unseren ersten demokratischen Wahlen. Die Ziele des bewaffneten Kampfes waren erreicht. Makoma sagte, dass er im Untergrund kämpfte und nicht wusste, was sich aktuell politisch abspielte. Wie kann jemand Mitglied einer politischen Organisation sein und nicht wissen, was abläuft? Ich fragte Makoma mehrfach: «Welche Ziele hast du verfolgt mit dem Anschlag? Und hast du eines dieser Ziele erreicht?» Immer wieder fragte ich das, aber er antwortete nicht darauf. Er sagte nur: «Ich war ein Soldat und folgte meinen Befehlen.» Auf dieser Basis wurde ihm auch Amnestie zugestanden, weil er nicht der eigentlich Verantwortliche war. Das ist wahr, aber ... du kannst doch ein Soldat sein und noch immer selbständig denken ... und noch immer deine Menschlichkeit bewahren.

Das berührt erneut die Frage, über die wir eingangs sprachen: Wie kommen junge Leute so weit? Niemand wird als Mörder geboren. Sie sind normale Menschen. Was hat sie dazu gebracht?

Genau mit dieser Frage ringe ich. Er sagte, dass er dem PAC beigetreten sei, weil er so viel Unterdrückung und Ungerechtigkeit um sich herum gesehen habe. Er war im Untergrund und gab an, dass er zu Beginn der Operation nicht gewusst hatte, dass es um eine Kirche gehen würde. Ich habe ihn daraufhin gefragt, ob dies etwas geändert hätte? Nein, meinte er, er habe seinen Vorgesetzten genügend vertraut. Dann fragte ich: «Wenn nun nur schwarze Menschen in der Kirche gewesen wären, hättest du dann auch geschossen?» Er sagte, dass er nur Weiße töten wollte, dass es also ein Konflikt gewesen wäre, ein sehr schwieriger Konflikt, aber dass er sich am Ende doch auf seine Vorgesetzten verlassen hätte. Er führte ja nur Befehle aus.

Das alles konntest du ihn fragen?

Ja, das genau wollte ich ihn fragen. Er gab auch Antworten, aber ich denke nicht, dass er alles aus sich heraus beantwortete. Er hatte sicher auch vor Augen, dass ihm die Amnestie-Anhörung noch bevorstand, und hielt sich darum sicher an Empfehlungen der PAC, wie er aussagen sollte.

Ich glaube, es war auch hart für ihn. Es war das erste Mal, dass er Kontakt mit einem Opfer hatte. Damit konfrontiert zu werden, was du getan hast, dazu irgendwie ein Verhältnis zu finden ... das wird sicher schwierig sein. Ich erwartete nicht, dass er plötzlich zerknirscht und voller Reue war. Ich möchte nicht zu fromm klingen, aber mein Wunsch für Makoma ist, dass er Frieden mit Gott finden kann. Die Vergebung, die ich ihm freiwillig anbiete, ist bedeutungslos. Ich möchte nicht, dass er leidet oder sonst wie Schaden nimmt wegen dem, was er getan hat. Als ich das Gefängnis verließ, hatte ich den Wunsch, einen Schlüssel zu besitzen und zu ihm sagen zu können: Geh ins Leben, nimm es voll an und mache etwas daraus! Mache gute Sachen jetzt … und weißt du, ich denke wirklich, dass er es tun wird …

Er war zur Zeit des Anschlags gerade siebzehn.

Ja, aber gleichzeitig denke ich an Gerechtigkeit. Gerechtigkeit ist nicht wirklich geschehen. Vergebung und Gerechtigkeit sind zwei völlig verschiedene Dinge.

Es gibt auch verschiedene Arten von Gerechtigkeit. So gibt es auf Vergeltung basierende Gerechtigkeit, die viele Leute fordern. Darauf basierten die Nürnberger Prozesse …

Das ist gefährlich.

… und es gibt eine heilende Gerechtigkeit, worauf sich die TRC bezog, wie unvollkommen auch immer. Viele Menschen finden, dass nicht ausreichend Gerechtigkeit geübt wurde, und sind zornig. Das ist ihr gutes Recht, das die TRC auch anerkennt. Wenn jedoch Gerichtsprozesse die einzige Möglichkeit sind, wird die Wahrheit nur sehr begrenzt ans Licht kommen. So wie es beim St.-James-Kirchen-Prozess geschah: Die Täter logen vor dem Gericht in der Hoffnung, eine mildere Strafe zu bekommen. Erst bei der TRC erzählten sie die Wahrheit. Nur so bekamen sie eine Chance auf Amnestie.

Ja, nur die Wahrheit rechtfertigte nicht, was geschehen ist. Ich bin fest davon überzeugt. Vergebung ist etwas anderes. Du kannst jemandem vergeben, ohne damit zu billigen, was er tat. Das Gegenteil von Vergebung ist Rache oder Vergeltung. Das will ich nicht, weil es destruktiv ist. Ich möchte den Tätern keinen Schaden zufügen. Ich habe genug Narben und Schmerzen …

Hast du noch immer Schmerzen?

Manchmal. Mein Schmerz ist körperlich. Aber die Wunden der Täter … die kann nur Gott heilen.

Um Heilung in unserer Gesellschaft zu erreichen – wo sollten wir anfangen? Makoma ist ja nur einer von so vielen, die Heilung benötigen.

Was denkst du? Was ist deine Antwort darauf?

Es ist schwierig. Ich glaube vor allem, dass viel mehr Aufmerksamkeit und wesentlich mehr Mittel für die Jugendlichen da sein müssen. Die Mehrheit derjenigen, die während der Apartheid starben, waren Jugendliche. Wir sind eine Nation, in der der größte Teil der Bevölkerung unter zwanzig ist. Bisher vermisse ich eine entsprechende Anerkennung dessen, was dies bedeutet. Es muss auch auf der Makro-Ebene von Regierungsseite kommen. Auf der persönlichen Ebene müssen vor allem jene von uns, die privilegiert sind, ernsthaft darüber nachdenken, wohin wir in diesem Land gehen wollen. Mir hat die TRC geholfen, deutlicher jene schreienden Ungerechtigkeiten zu erkennen, die zu lange beiseite geschoben wurden.

Das stimmt. In meiner Mediziner-Studentengruppe waren es die schwarzafrikanischen Studenten, die wussten, was bei der TRC läuft. Die weißen Studenten hatten in der Regel keine Ahnung.

Nur wenige Weiße waren bei den TRC-Hearings. Aber die wirkliche Herausforderung ist wohl, was wir nun mit all der Wahrheit tun, die durch die TRC ans Licht gekommen ist: Sehr ernst zu nehmen, was die jungen Leute sagten, dass ihnen niemand zuhören wollte bisher, wie viele Opfer sie brachten und dass sie heute noch schlechter dran sind.

Das ist genau, was auch Gcinikhaya Makoma sagte. Er habe für die Demokratie gekämpft, aber die Früchte würden wir Weiße ernten, während er nun im Gefängnis saß. Aber ehrlich gesagt, dachte ich bei mir … na ja, da hast du wohl 'ne Nummer zu hart gekämpft! (Gillian *lacht.*)

Sicher müssen noch viele Einsichten kommen. Es ist zu hoffen, dass die Leute, denen jetzt Amnestie gewährt wird, nicht allein gelassen werden.

Darüber mache ich mir auch Sorgen. Geh nur mal von der Arbeitslosigkeit aus und was die mit Kriminalität zu tun hat. Was wird mit Gcinikhaya geschehen, wenn er frei ist? Ohne Ausbildung … gibt es irgendwelche Angebote für jemanden wie ihn? Ich weiß, dass es Einrichtungen wie das Trauma-Zentrum gibt (siehe auch das Gespräch mit Nomfundo Walaza in diesem Kapitel), so etwas ist sehr wichtig. Ich habe in letzter Zeit darüber nachgedacht, wie ich Geld für diese Arbeit sammeln könnte. Früher bin ich viel gelaufen, ich war ziemlich sportlich. Ich will damit wieder anfangen, auch wenn ich natürlich niemals mehr so schnell sein werde. Ich hoffe, dass ich in ein oder zwei Jahren in der Lage sein werde, am Zwei-Ozeane-Marathon* teilzunehmen. Dabei werde ich versuchen, Geld für die Opfer von Gewalt zu sammeln. Vielleicht spricht das die Leute an.

Ich weiß, dass ich sehr privilegiert bin und begünstigt. Für all meine medizinische Versorgung wurden die Kosten von Familie, Freunden und der Kirche übernommen. Wie viele Menschen haben so ein Glück? Als ich damals im Krankenhaus war, aber auch später, erhielt ich unglaublich viel Unterstützung. Es gibt so viele Opfer von Gewalt, denen es viel, viel schlechter geht als mir. Ich möchte gern dazu beitragen, dass sich auch ihr Leben ändert, im ganz praktischen Sinne.

Obwohl ich nichts von dem Entsetzen und den Schmerzen verkleinern möchte, muss ich doch sagen, dass mich diese Erfahrung auch stärker gemacht hat. Ich erfuhr die gute Seite durch Leute, die zusammenkamen, um den Opfern des St.-James-Massakers zu helfen. In den Medien lag der Schwerpunkt der Berichterstattung auf dem Tod, der Zerstörung und dem Bösen. Ich habe auch Heilung, Liebe und Freundschaft erfahren. Das hat mich tiefer beeindruckt als die paar Leute, die die Granaten warfen. Die fünf jungen Attentäter stehen hunderten, wenn nicht tausenden gegenüber, die aufbauen und heilen wollten. Dadurch kann ich eine Perspektive entwickeln.

Was sind deine Pläne, wenn du Ärztin bist?

Ich möchte in die basismedizinische Betreuung gehen und auf dem Land in Natal arbeiten. Die Menschen dort sind so freundlich und warm. Als Kind konnte ich ein bisschen Zulu sprechen, und ich werde das sicher wieder auffrischen, wenn ich unter Leuten bin, die kein Englisch sprechen. Seit wir die neue Regierung haben, fließen mehr Mittel in ländliche Gebiete. Ich sehe hier positive Veränderungen, und darum möchte ich hier arbeiten, unter Menschen vom Lande …

* Der Zwei-Ozeane-Marathon ist ein weltberühmter Lauf, der über 56 Kilometer rund um die Kaphalbinsel führt und jedes Jahr am Ostersonnabend stattfindet.

Einige Wochen nach diesem Interview, am Ostersonntag, wird der Zwei-Ozeane-Marathon im Fernsehen übertragen. Als ich die ersten Läufer ins Ziel kommen sehe, rufe ich Gillian an: «Ich freue mich auf das nächste Jahr!»

Sie lacht und ruft mit heller Stimme ins Telefon: «Ich trainiere schon hart. Ich werde dabei sein!» *KC*

2. Zeugen der Jugend-Hearings heute

Riefaat Hattas: «Ich habe Angst davor, im Leben voranzukommen ...»

Riefaat Hattas mit seiner Nichte, März 1999

Mein Kontakt zu Riefaat Hattas läuft zunächst über eine Kontaktperson. Er erkundigt sich eingehend über mich und stimmt schließlich einem Treffen an einem neutralen Ort zu. Wir verabreden uns im Garten der Universität von Kapstadt.

Zweimal ist er in den 80er Jahren inhaftiert gewesen, beide Male gefoltert worden, ein Junge noch, aus einem den islamischen Glauben praktizierenden Elternhaus stammend. In seiner Aussage vor der TRC sagte er zwei Jahre zuvor: «Ich bin kaputt wegen all dem, was ich durchgemacht habe in meinen Jahren auf der Oberschule.» Und bei der Schilderung seiner Folter bricht er ab mit den Worten: «... die Dinge möchte ich nicht nennen, die sie mit mir machten, weil ich es nicht in der Presse lesen möchte» (siehe sein ausführliches TRC-Statement im Kapitel II).

Riefaats Zeit an der Oberschule in den 80er Jahren – sie ist mir vor Augen, als ich mich auf das Gespräch mit ihm vorbereite. Viele Schulen im ganzen Land wurden zu Zentren des Widerstands, der Slogan «Freiheit vor Erziehung!» («Liberation before Education!») zum Credo fast der gesamten Schülergeneration jener Zeit. Die UDF als Sammelbecken der meisten Apartheidgegner, die sich im Geheimen mit dem im Untergrund befindlichen ANC abstimmte, hatte das Motto ausgegeben, «das Land unregierbar zu machen». Schüler und Studenten setzten dies um in Schulstreiks gegen die verhasste Bantu-Erziehung.

Der Slogan «Freiheit vor Erziehung» war keineswegs unumstritten.

Sowohl der ANC im Exil als auch verschiedene Gruppen im Lande sprachen sich deutlich dagegen aus, die Kinder und Jugendlichen in dieser Form zu ermutigen. Ich erinnere mich an eine landesweite Konferenz in Johannesburg vom Dezember 1985, bei der die Mehrheit sich dafür aussprach, lieber für alternative Unterrichtsinhalte und -methoden zu kämpfen, als eine ganze Generation ohne Ausbildung aufwachsen zu lassen. Gleichzeitig wurde hier das **NECC** gegründet, das «Nationale Erziehungskrisen-Komitee», das sich dafür einsetzte, Alternativen einer demokratischen Erziehung zu entwickeln. Im Januar 1986 gab das NECC die Parole aus, die Kinder und Jugendlichen aufzufordern, in die Schulen zurückzukehren.

Zu diesem Zeitpunkt war Riefaat Hattas bereits inhaftiert. Ich beginne mit der Frage, wie er dazu kam, eine Führungsrolle in der Schule zu übernehmen.

Weil ich meine Schularbeiten nicht gemacht hatte!

Was sagst du?

(Riefaat lacht) Ja, die Schüler der Abschlussklassen hatten zu einem Boykott aufgerufen und uns Jüngere aufgefordert, zu einem ihrer Treffen zu kommen. Ich hatte meine Hausaufgaben in Afrikaans nicht gemacht und dachte, dann gehe ich mal lieber zu diesem Treffen ... Meine Vorstellung von einem Boykott war anfangs: Prima, du brauchst nicht in der Klasse zu sitzen und kannst schwänzen!

Der Schulleiter drohte dann den älteren Schülern, dass sie ihre Bewerbungen für das College riskierten, wenn sie weiter boykottieren würden. Deshalb gingen die Älteren als Erste zurück in die Klassen und plötzlich saßen wir Jüngeren allein da. Ohne nachzudenken rief ich ihnen hinterher: «Ihr seid ein Haufen Verräter!» Alle, die übrig geblieben waren, schauten auf mich und sagten: «Du hast Recht – du bist jetzt unser Anführer!» Ich entgegnete erstaunt: «Was ist los?» Aber da begannen sie auch schon zu klatschen und meinen Namen zu rufen: «Hattas! Hattas!»

Damals wusste ich überhaupt nichts von Politik, nichts vom Kampf. Meine Vorstellung von Boykott war, mit Steinen zu werfen, zu rennen und gegen die Polizei zu kämpfen. So lief das damals ab in Manenberg. Aber bald darauf kamen einige Schüler zu mir, vor allem Mädchen waren das, und meinten: «Hattas, du solltest dich um ein Programm kümmern!» – «Was?» – «Ja, ein Programm, um den Leuten zu sagen, wohin es gehen soll!» Darauf antwortete ich: «Aber ich habe keine Ahnung von Politik!» Also ging ich zu Treffen der Schülerorganisation **SOYA**, wo ich erstmals zusammenhängend informiert wurde.

Jener erste Boykott damals dauerte drei Wochen. Wir gehörten zunächst zu keiner Organisation und hatten auch keinerlei Struktur. Der Schulleiter kam zu uns und meinte: «Ihr seid die letzte Gruppe, die noch boykottiert! Alle anderen sitzen bereits wieder in ihren Klassen!» Ich antwortete ihm: «Das ist doch nur Propaganda!» Das war das erste Fremdwort, das ich bei der SOYA gelernt hatte. Dann sangen wir weiter unsere Lieder wie «Zusammen sind wir stark, allein sind wir schwach!» oder auch «Kuchen und Tee!»*, wir sangen vom Morgen bis zum Nachmittag.

Aber ich spürte, dass meine Mitschüler mehr wollten als nur singen. Ich wusste erst nicht, was sie wollten. Ich sagte einfach: «Los, wir singen!» Abends ging ich zum politischen Training, um hinzuzulernen.

Wir gründeten einen SRC, einen Schülerrat. 1985, als ich in der Abschlussklasse war, gehörten wir zu den am besten organisierten SRCs. Als andere Schulen uns fragten, wieso bei uns immer noch boykottiert würde, merkten wir erst, dass wir tatsächlich die Letzten waren, die so lange durchgehalten hatten. Mit 16 Jahren wurde ich in das **ISCC** gewählt, ein Komitee, das die gemeinsamen Aktionen der Schulen plante und koordinierte. Ein Jahr später wurde ich in den Vorstand des ISCC aufgenommen. Damals organisierten wir ausschließlich ‹farbige› Schulen, noch keine schwarzen, weil einfach alles damals so getrennt ablief.** Kurz danach flog alles auf.

* Er rief: «Koek and tea!», eine für das Westkap typische Mischung von Afrikaans (Koek = Kuchen) und Englisch (tea = Tee).

** Siehe zur Einteilung der städtischen Viertel nach Apartheidgesetzen auch das Kapitel III.3. über die «Western Cape Action Tours».

Das war aber nun politisch, nicht? Ich erinnere mich, dass viele Schulboykotts zwar wegen der lokalen Konflikte, aber zum Beispiel auch aus Solidarität mit der noch schlimmeren Unterdrückung in der östlichen Kapprovinz veranstaltet wurden. Wie war das bei euch?

Die Politisierung geschah auch in Konfrontation mit der Polizei. So hatten wir eines Tages unsere erste gemeinsame Demonstration, zu der Polizei auftauchte. Uns fehlte jede Erfahrung, wie wir reagieren sollten. Wir sagten zunächst: «Leute, setzt euch hin!» Aber dann begann die Polizei einfach zu schießen. Ich war damals noch von Gewaltfreiheit begeistert, so im Stile von Gandhi. Passiver Widerstand – davon hatte ich im Geschichtsunterricht immerhin schon mal gehört. Aber dann geschah es auch bei uns, dass die Polizei mit Casspirs vor unserer Schule vorfuhr. Die Buren drangen in die Schule ein und schlugen die Leute mit ihren Sjamboks. Meine Mitschüler bestürmten mich wütend und wollten eine Entscheidung von mir. Erst bat ich die Schulsprecherin, ein Gebet zu sprechen. Die Schüler riefen: «Was kann ein Gebet schon ausrichten? Das wird die Buren nicht daran hindern, uns zu schlagen!» Erst jetzt entschied ich mich: Wenn sie uns angreifen, müssen wir zurückschlagen.

Dies geschah dann am 29. August 1985. Wir hatten eine Demonstration durch Manenberg bis zur Polizeistation organisiert. Die Polizei ging auf uns los und erschoss zwei Mitschüler: Brian Lucas, 16, und Lance Phillips, 18. Ich werde ihre Namen niemals vergessen. Das war der Wendepunkt. Während ihres Begräbnisses beschlossen wir: Schluss mit dem passiven Widerstand!

Wir gründeten ein Aktionskomitee. Ich hatte anfangs Schwierigkeiten, weil man mir vorwarf, dass ich ein sturer Hardliner sei. Ich wusste nicht genau, was sie damit meinten. Erst allmählich erkannte ich die Wirklichkeit des Kampfes. Man konnte nicht einfach rufen, was man wollte. In den Townships musste man «Viva UDF!» oder «Viva ANC!» rufen, wollte man nicht anecken. Ich hatte meine Schwierigkeiten damit, dass andere Leute mir ihre Ideen vorschreiben wollten.

Dann kam eines Tages Celeste Naidoo, eine politisch erfahrene

Frau, die an unseren Aktionen teilnahm. Sie fragte mich, was ich von Politik verstünde und ob ich viel lesen würde und was ich von Bündnissen wüsste. Alles was ich wusste war, dass wir unterdrückt wurden, dass ich zu einem Anführer geworden war und etwas tun musste. Durch sie erhielt ich Bücher zum Lesen. So begann meine wirkliche politische Erziehung.

Wo ist sie heute?

Zurück aus dem Exil, hier in der Gegend. Aber ich habe Angst, mich mit ihr zu treffen. Sie setzte so hohe Erwartungen in mich. Und ich spüre, dass ich versagt habe. Ich kann nicht sehen, was mein Beitrag in den Jahren des Kampfes war. Jenen Leuten, die nichts taten, geht es heute eindeutig besser als mir.

Das heißt nicht, dass du keinen Beitrag geleistet hast. Es heißt nur, dass du bislang keine Vorteile davon hattest.

Das stimmt. Wir waren es, die den Übergang erst ermöglichten. Es waren vor allem die Jugendlichen …

Erinnerst du dich noch an die «Lila-Regen-Demo»*? Ein einzelner junger Mann hat dies geschafft!

(Riefaat und ich müssen beide lachen in der Erinnerung an diese denkwürdige Demo. Dann ist er aber schnell wieder ernst:)

Wir sprühten auch auf die Mauern: «Befreiung vor Erziehung!» Ich war einer von denen, die das machten. Als meine Eltern zu mir sagten, dass ich zur Schule gehen solle, entgegnete ich: «Nein, ich muss erst befreit sein! Weil ich will, dass meine Kinder eines Tages nicht all dies auch erleiden müssen.» Alle sagten wir zu unseren Eltern: «Wenn ihr etwas zu eurer Zeit getan hättet, dann müssten wir es jetzt nicht tun!» Daran glaubten wir damals. Wir

* Im September 1989 hatte sich die Polizei einmal überlegt, einen Wasserwerfer gegen Demonstranten einzusetzen, der mit einer lila Farbe ausgerüstet war. Die Idee dabei war, dass auf diese Weise alle Demonstranten, die mit dieser schwer löslichen Farbe in Berührung kämen, später leicht identifiziert und festgenommen werden könnten. Anfangs funktionierte es auch so. Aber dann lief es plötzlich anders. Ein beherzter junger Mann war auf den Wasserwerfer gesprungen, wobei es ihm gelang, die Kanone zuerst auf die Polizei selbst zu richten. Später sprühte sie eine Weile ziellos in die Gegend, bevor die Polizei sie wieder unter Kontrolle hatte. Der Greenmarket Square in der Innenstadt von Kapstadt war noch tagelang lila gefärbt.

waren jeden Tag dafür unterwegs, eigentlich Tag und Nacht. Wenn wir dann doch einmal zum Unterricht erschienen, schliefen wir mit dem Kopf auf dem Tisch ein.

Wie kam es zu deiner Verhaftung?

Da war ich schon im Untergrund, auf der Flucht sozusagen. Als ich doch einmal eine Nacht daheim schlief, kamen sie am frühen Morgen, zwei Polizisten: Kotze und Viljoen; ich weiß, wer sie sind. Sie nahmen mich mit und wollten Namen von mir hören. Ich weigerte mich, jemanden zu verraten. Sie folterten mich. Sie zerrten meine Beine weit auseinander und schlugen auf meinen Penis, immer wieder ... Das ging so lange, bis ich spürte: Das halte ich nicht mehr lange durch. Ich überlegte fieberhaft, was ich sagen könnte, ohne Schaden anzurichten. Und dann kam ich auf Deon, von dem ich dachte, dass er in Sicherheit wäre ...

So kam es, dass sie Deon schnappten und vor meinen Augen zusammenprügelten ... Ich kann noch immer nicht damit fertig werden, weil ich ein Verräter an meinem Gefährten war. Auch wenn ich noch so viel für den Kampf getan habe, dieser Verrat wird immer an mir kleben bleiben. Im Kampf ist es das Schlimmste, ein Verräter zu werden ... das Schlimmste ...

Aber du hattest doch keinerlei Ausbildung, wie du eine solche Befragung hättest überstehen können. Für mich bist du kein Verräter unter solch unmenschlichen Bedingungen.

Ich habe versucht, so etwas vor der TRC zu sagen. Ich hatte gehofft, dass Deon hören würde, wie Leid es mir tut. Dass ich es mir nicht selbst vergeben kann. Ich werde mit dieser Schuld leben müssen, bis ich sterbe.

Glaubst du nicht, dass man auch lernen kann, sich selbst zu verzeihen?

Als ich in Haft war, geschahen Dinge, über die ich nicht reden kann. Sie töteten mich innerlich. Ich bin innen tot. Ich bin nicht in der Lage, noch irgendwelche Beziehungen einzugehen. Ich kümmere mich nicht um mein eigenes Vorankommen. Ich kann nur schwer mit mir leben. Ich bin nicht länger im Kampf, sondern der Kampf ist in mir.

Sicher, ich habe Aufträge bekommen, aber ich mache Celeste

keine Vorwürfe deshalb. Sie hatte ebenfalls Anweisungen von ganz oben, sogar von außerhalb des Landes. Ich tat alles, um sie nicht zu enttäuschen, und tat alles, was sie uns auftrug. Sogar als sie selbst ins Exil musste, ließen wir nicht nach, ja verstärkten noch unseren Einsatz, um sie nicht zu enttäuschen, wenn sie zurückkäme. Ich war besonders gut darin, meine Gefährten anzufeuern – und sie gaben ihr Leben, ihre Erziehung, alles …

Jetzt kann ich ihnen kaum ins Gesicht schauen. Einer von ihnen erzählte mir, dass seine Mutter auf dem Sterbebett zu ihm gesagt habe, dass er sein Leben für nichts verschwendet habe. Das ist die Realität.

Und dann siehst du im Fernsehen, wie all die Mbekis und Winnie Mandelas, die doch schon im Parlament sitzen, immer noch mehr Ehren bekommen. Warum erhalten meine Kameraden nichts?

Die meisten von uns sind arbeitslos. Oder haben Dreckjobs. Ich mache zum Beispiel Toiletten sauber, um mein Geld zu verdienen. Ich könnte vielleicht mehr schaffen. Aber ich habe auch Angst davor, im Leben voranzukommen. Aus Scham vor meinen Kameraden. Ich habe ein Fernstudium über Management begonnen, aber da rede ich nicht drüber. Ich war doch derjenige, der ihnen riet, die Schule aufzugeben.

Was sollte deiner Meinung nach zuerst für diese jungen Leute getan werden?

Was ich auch damals vor der TRC sagte: Therapiemöglichkeiten und Beratung. Danach geeignete Bildung und Ausbildung – und Lehrer, die unsere Störungen und unsere Verrücktheiten verstehen können.

Hat die TRC hierbei geholfen?

Gewissermaßen dadurch, dass sie viel Aufmerksamkeit schaffte. Aber es war zu wenig Aufmerksamkeit für die Jugend.

Warum bist du eigentlich zur TRC gegangen?

Neben meiner Botschaft an Deon hatte ich gehofft, dass sie auch die beiden Polizisten verfolgen würden, die mich damals gefoltert haben. Ich habe bereits einen ziemlich hohen Preis bezahlt. Viele Leute haben das. Aber diese beiden Polizisten haben sich niemals bei mir entschuldigt. Ich bekam heraus, dass die TRC nichts gegen sie unternommen hat, obwohl ich ihnen genügend Beweise geliefert hatte. Ich ging dann davon aus, dass sie sich um Amnestie bewerben würden. Aber auch das taten sie nicht. Und nichts ist ihnen geschehen.

Inzwischen befürchte ich sogar, dass es noch eine Generalamnestie geben könnte in unserem Land. Was wird dabei aus uns? Ich habe mich doch nicht etwa selbst erniedrigt durch meinen Auftritt vor der TRC – für nichts?

Hast du mal überlegt, selbst Anzeige gegen die beiden Polizisten zu erstatten?

Aber dann müsste ich das alles ja noch mal über mich ergehen lassen. Wenn ich sie heute in meine Hand bekäme, ich würde sie erschießen. Ich habe bezahlt und sie müssen auch bezahlen. Mein ganzes Leben musste ich mit Gewalt aufwachsen. Ich will das alles nicht mehr ... Die Politiker dürfen nicht solche Spiele mit uns treiben. Warum haben sie die ganze TRC denn begonnen? Sie dürfen nicht solche Erwartungen wecken ...

Ist die TRC dir nicht gerecht geworden?

Mir persönlich nicht, nein. Die TRC war wohl notwendig für den Übergang im Land. Mehr Menschen wissen nun, was sich wirklich abgespielt hat. Aber soweit es mich betrifft – vielleicht bin ich einfach mit falschen Erwartungen hingegangen.

Bist du gegen Amnestie in jeder Form?

Ich weiß, dass Amnestie in bestimmten Fällen einen Sinn macht für Südafrika. Wir können nicht immer in der Vergangenheit leben. Aber ich bin noch immer in der Vergangenheit, jeden Tag aufs Neue. Ich möchte da heraus, aber es gelingt mir nicht. Es ist so schwer. Ich bin noch immer gefangen. Mein Kopf sagt mir: Ja, wir müssen einander vergeben – aber dann sehe ich etwas und bin wieder voller Wut und Schmerz. Es ist sehr schwer, eine solche Vergangenheit hinter sich zu lassen ...

Wenn diese beiden Polizisten wenigstens um Amnestie nachgesucht hätten, dann wäre für jeden deutlicher geworden, dass sie mich an den Rand des Abgrunds getrieben hatten. Wenn sie nur zugeben würden, dass sie der Grund waren für das, was Deon geschah ... die Last auf mir würde etwas leichter werden ...

Ich möchte doch auch nur leben. Zur Zeit lebe ich einfach nicht. Ich möchte mich freuen können. Ich bin nun 31 Jahre alt. Ich würde so gern zu leben beginnen.

Hast du eine Freundin?

Nein. Ich habe nicht genügend Selbstvertrauen. Das Einzige, was ich kann, ist kämpfen und organisieren.

Ohne Leute wie dich wäre vieles heute nicht möglich.

Darum bin ich ja auch Celeste bis heute dankbar. Sie hat mir so viel beigebracht. Aber nun muss ich mit mir allein klarkommen. Und ich habe es schwer mit mir selbst.

Du sagst, dass es dir schwer fällt, deinen ehemaligen Gefährten ins Gesicht zu sehen. Ist das eher ein Gefühl oder eine konkrete Erfahrung?

Es ist mehr mein Gefühl. Niemand von denen war wirklich schlecht zu mir. Es ist alles in mir, der ganze Schmerz. Manchmal muss ich einfach heulen und kann gar nicht wieder aufhören. Auch wenn jemand zu mir sagt: «Hattas, es ist doch nicht alles deine Schuld!», dann fühle ich doch, dass es meine Schuld ist. Es ist nicht so einfach.

Wenn die beiden Polizisten ihre Verantwortung bekennen würden, dann bräuchtest du sie vielleicht auch nicht zu erschießen?

Ja, das würde eine Last von mir nehmen. Ich könnte zu Deon sagen: Jetzt weißt du, dass ich es unter anderen Umständen niemals getan hätte.

Ich kommuniziere kaum noch mit jemand. Die meiste Zeit verbringe ich mit den kleinen Kindern meines Bruders. Es fällt mir schwer, mit Erwachsenen zu kommunizieren. Dieses Gespräch mit dir ist eine Ausnahme. Weil ich es natürlich ändern will. Bevor ich sterbe, möchte ich das noch erleben, möchte ich noch ... leben.

Auf dem Weg zurück zum Auto, kurze Zeit nach unserem Gespräch, durchqueren wir die Fakultät der Sozialwissenschaften der Universität von Kapstadt. Vor einer Wand mit Notizzetteln hält Riefaat plötzlich an,

studiert einen Anschlag sorgfältig und reißt sich dann einen Handzettel ab. «Das sind Studienbücher, die jemand billig verkauft. Die sind gut, ich kann einige davon gebrauchen ...» *KC*

Fikiswa Mzondi: «Die Welt muss begreifen, dass eine Vergewaltigung ernst zu nehmen ist!»

Fikiswa Mzondi, Februar 1999

November 1998: Von den vielen hundert Protokollseiten der TRC-Hearings gehen einige unmittelbar durch Mark und Bein. Ein Statement, das während meiner Alpträume wieder und wieder auftaucht, ist das eines elfjährigen, zarten Mädchens, während einer Nacht von zwei Polizisten nacheinander vergewaltigt, aus Rache weiß Gott wofür, ihrer Kindheit beraubt in wenigen brutalen Stunden. Der allzu vertraute Horror auf dem Polizeirevier danach, eine zweite, psychische Vergewaltigung: «Hattest du ein kurzes Kleid an? War es nett?» Lieber Himmel, sie war ein Kind von elf Jahren ...

Wie überlebt jemand so etwas? Wie lebt eine Mutter weiter mit so einer Erfahrung? Und wie hat diese junge Frau die Kraft gefunden, ihre Geschichte vor der TRC zu erzählen – und damit vor der gesamten Nation? Ihr fester Wille zu überleben schimmert bereits durch ihr Statement. Sie spricht leise, aber deutlich – für so viele, die stumm bleiben. Aus diesem Grund bin ich fest entschlossen, sie ausfindig zu machen.

Januar 1999: Es ist nicht leicht, ihre Spur zu finden. Immer wieder muss ich warten, und jede Art von Bürokratie stellt mein Vorhaben auf die Probe. Dann gibt es erste dürftige Hinweise. Das Netzwerk fördert schließlich die Telefonnummer der Mutter zutage. Dann habe ich das unangenehme Gefühl, aufdringlich zu sein – wie kann ich am Telefon fragen: «Darf ich Ihre Tochter wegen der Vergewaltigung interviewen?» Aber irgendetwas scheint doch rüberzukommen, ich werde nicht sofort abgewiesen, sondern soll auf Fikiswas Antwort warten. Diese kommt ein paar Tage später: «Ja, sie will mit Ihnen sprechen, wenn ich dabei bin und auch ihr Cousin.» Wunderbar. Ich sende ihr eine Information über das

Buch. Dann Fikiswas Stimme am Telefon – eine junge, sanfte Stimme: «Hallo Karin! Ich werde mit dir sprechen. Ich denke, dass euer Buch wichtig ist.»

Februar 1999: An einem frühen Sonntagmorgen, nicht lange nach diesem Telefonat, warten mein Mann Peter, der mich auf der 2000-Kilometer-Tour im Auto begleitet hat, und ich im Zentrum von Bloemfontein auf Fikiswas Mutter. Am Tag zuvor sind wir von Kapstadt aus gestartet. Viele Stunden Fahrt durch die ungeheure Weite und Hitze der Karoo haben uns ausgepumpt und erschöpft, was in einer merkwürdigen Weise der Aufgabe angemessen zu sein scheint. Es ist uns gleichsam physisch bewusst geworden, wie groß die Entfernungen sind, die überbrückt werden müssen. Die Wege sind nicht notwendigerweise komfortabel, alles erfordert eigene Anstrengungen …

Während wir warten, denke ich an die 80er Jahre zurück, an die verheerende Isolation des «Orange Free State» in Bezug auf Menschenrechte. Nirgendwo wurden sie wirklich geachtet, aber hier war es mit am schlimmsten. Hier gab es keinen Black Sash und kaum Einsatz von anderen Menschenrechtsorganisationen. Später gelang es nicht einmal der TRC, den Freistaat angemessen zu behandeln. Am Vorabend haben wir die entspannte Atmosphäre in einem Bloemfonteiner Steakhouse mit wirklich gemischtem Publikum genossen. Damals wäre das undenkbar gewesen.

Dann kommen uns zwei Frauen in der windigen Straße entgegen. Die Ältere in einem wehenden Kaftan, einem Symbol ihrer Großzügigkeit gleich, dann eine herzliche Umarmung: Dolly Mzondi, die Mutter. Neben ihr eine schlanke, hübsche junge Frau mit einer Sonnenbrille unter dem großen Hut: Fikiswa. Ein freundliches Händeschütteln, ein schüchternes Lächeln.

An diesem Sonntagmorgen haben sich drei Generationen der Mzondi-Frauen im kleinen Wohnzimmer von Fikiswas Großmutter versammelt. Hierhin werde ich gebracht, um Fikiswa zu interviewen, weil es hier geschah, dass Fikiswa und ihr Cousin Boikie von den zwei Polizisten an jenem Abend abgeführt wurden …

Kein vertrauliches Gespräch also, aber es fühlt sich absolut gut an. Es geht um eine Familienangelegenheit, und das ist Ubuntu – der Rahmen, in dem wir sprechen. Dolly drückt es später so aus: «Vergewaltigungen zerstören nicht nur einen Menschen, sondern die ganze Familie.» Soviel die Familie ihr auch geholfen hat zu überleben, so sehr ist sie selbst beschädigt worden. Niemand steht ihrem Schicksal distanziert gegenüber: weder die älteren Verwandten, die alles wissen, noch die jüngere Schwester, deren Kindheit überschattet ist von jenem schrecklichen Geheimnis.

Den Hut und die Sonnenbrille hat Fikiswa abgenommen, als wir das Gespräch beginnen miteinander, ihre Augen schauen mich direkt an, prüfend, keineswegs unsicher.

Fikiswa, kannst du mir etwas über deine Kindheit berichten, wo du geboren bist, wie du aufgewachsen bist, nicht über die schlimme Geschichte, sondern über deine Familie?

Geboren bin ich in Matatiele. Ich wohnte bei meinen Großeltern, das war wunderschön. Alles war gut. Ich mochte gern bei ihnen sein. Manchmal besuchte ich meine Eltern, sie wohnten woanders. Sie haben sich scheiden lassen, ich weiß nicht warum und will es nicht wissen. Ich muss weiterleben. Ich sehe ab und zu meinen Vater, aber wir reden nicht viel. Jetzt lebe ich mit meiner Mutter, meiner Großmutter, meinen Cousins und meiner kleinen Schwester zusammen. Ich ging zur Oberschule hier in Bloemfontein. Ich wuchs mit Englisch auf, aber ich spreche auch Sotho.

Fikiswas Mutter: Ich bin Dolly, ich bin oft mit meiner Schwester hier in «Rocklands». Fikiswa ist gut aufgewachsen, aber dann im Alter von elf, da hat alles begonnen … (Sie kämpft gegen Tränen an.) Karin, stell dir mal vor, jemand macht dich mitten in der Nacht wach und sagt … Boikie weckte mich auf und sagte zu mir … er trug Fikiswa auf dem Rücken …

(Sowohl Fikiswa als auch ihre Mutter weinen. Es dauert eine ganze Weile, bevor wir fortfahren. Fikiswa spricht zuerst wieder:)

Es begann damit, dass ich Alpträume bekam, das war schrecklich. Mein Leben veränderte sich. Ich hatte einen Nervenzusammenbruch. Ich weiß nicht, ob ich noch gern zur Schule ging. Ich erinnere mich an kaum etwas. Meine Mutter sagte, dass ich die Schule verlassen solle, dass ich es nicht schaffen würde. Ich sagte meiner Mutter: Auch wenn du nicht an mich glaubst, ich habe das überlebt. Ich werde es packen und die Prüfungen schaffen. Ich weiß nicht genau, wie es weiterging. Ich besuchte einfach weiter die Schule, manchmal brachten mich Leute nach Hause, weil ich nur weinte. Es gab Zeiten, da wollte ich mich umbringen.

Vier Wochen lang – nachdem das damals passiert war – konnte ich nicht gehen. Es fühlte sich an, als hätte jemand ein Stück aus mir herausgerissen. Es tat tief in mir sehr weh, und ich fragte mich: O Gott, werde ich jemals Kinder haben können?

(Fikiswa, so berichtete mir ihre Mutter später, hatte tiefe innere Risse erlitten und außerdem eine ernste Verletzung der Gebärmutter. Sie litt nicht nur an einem psychologischen Trauma, sondern auch an den fortwirkenden physischen Verletzungen. Ihr Gesundheitszustand war labil.)

Ich musste mich im vergangenen Jahr operieren lassen, weil ich seit damals keine zureichende medizinische Versorgung erhalten habe. Der Doktor erklärte mir: Ich weiß nicht, ob du jemals Kinder haben wirst.

(Um ermessen zu können, was dieser Befund bedeutet, muss man sich vor Augen halten, dass im Kontext der afrikanischen Tradition eine Frau, die nicht gebären kann, als wertlos betrachtet wird und auch für eine Heirat nicht in Frage kommt. Sie hat keinen Anspruch auf die «lobola», den Brautpreis, und die Achtung der Familie ihres Mannes.)

Wenn ich schlafen gehe, träume ich davon, ein Baby zu haben … aber ich weiß nicht, ob ich jemals ein eigenes Baby haben werde. Es ist einfach schrecklich, weil ich mich dabei beobachte, wie ich dieses oder jenes tue, nur um den Tag zu überstehen. Einfach gesund und froh zu sein … ich weiß gar nicht, wie das ist.

Warum bist du zur TRC gegangen? Was hat dich dazu veranlasst, diesen Schritt in die Öffentlichkeit zu tun? Worauf hofftest du, als du es tatest?

Ehrlich gesagt, ich wollte gar nicht gehen. Ich sagte mir: was soll ich bei der TRC? Ich wollte ja alles vergessen. Aber dann, eines Tages, sagte ich zu mir: Die Welt muss begreifen, dass eine Vergewaltigung ernst zu nehmen ist.

Genau das ist es!

Manche Leute sagen, dass, wenn eine Frau vergewaltigt wurde, dies etwas ist, was sie wollte.

Darf ich dir eine eigene Geschichte dazu erzählen? Als ich in den 80er Jahren in der Frauenbewegung aktiv war, als wir **FEDSAW** aufbauten, die ANC-Untergrund-Frauenliga, gab es viele von uns, die meinten, die Organisation sollte auch über Themen wie Vergewaltigung und Gewalt gegen Frauen sprechen – genau wie über all die Befreiungsarbeit. Aber da gab es eine Menge Spannungen zwischen den Frauen. Besonders schwarze Frauen meinten, das sei typischer weißer Mittelschichtskram, der nichts mit der Befreiung zu tun habe. Und dann gab es viele von uns, die fühlten, dass es sehr wohl mit Befreiung zu tun hat, mit der Befreiung der Frauen, weshalb wir über Vergewaltigung, über sexuelle Gewalt sprechen müssen. Ich kann nur unterstreichen, was du sagst: Vergewaltigung ist sehr ernst.

Ja, heute geschieht das sogar kleinen Kindern. Und noch immer nehmen es Leute nicht ernst. So sagte ich eines Tages zu mir: Ich muss das tun. Ich muss bis zum Präsidenten vordringen, damit auch er sieht, wie ernst Vergewaltigung ist. Es schmerzt. Es zerstört dich, ob du es willst oder nicht. Selbst wenn du sagst: «Nein, ich bin stark!» – es zerstört dich noch immer.

Wirklich, ich bin immer wütend. Ich bin nicht ich selber. Ich gehe wenig mit anderen Menschen um. Ich bin immer daheim, bleibe im Haus, gehe nirgendwohin.

Und als du zur Wahrheitskommission gingst, worauf hofftest du da? Dass sie auf dich hören und es ernst nehmen würden?

Ja, das war es, was ich wollte.

Was wolltest du in Bezug auf die Leute, die dir das angetan haben? Darf ich dich fragen, ob es schwarze oder weiße Polizisten waren? Nicht dass dies etwas ändern würde, es waren Männer, die Macht hatten ...

Boikie meldet sich zu Wort:

Es waren schwarze Polizisten.

Hofftest du, dass als Ergebnis der Hearings etwas mit den Tätern geschehen würde?

Fikiswa spricht weiter: Zuerst wollte ich, dass sie gefangen werden, aber inzwischen ist es mir egal. Ich möchte sie nicht sehen. Es ist besser, wenn ich sie nicht sehe.

Aber du willst, dass es als ein Verbrechen geahndet wird?

Ja, das will ich unbedingt.

Wie war es, dein Statement vor der TRC abzugeben? Wie lief es ab für dich? Hat es dir etwas gebracht?

Lass es mich so sagen: Die Leute denken, dass es heilsam sei, wenn du erzählst. Ich glaube daran nicht. Aber ich denke, dass es sich lohnt, andere Leute wissen zu lassen, wie es dir innerlich geht.

Es zu teilen?

Ja, es zu teilen und sichbar werden zu lassen, dass wir Frauen etwas zu sagen haben und respektiert werden müssen. Viele Leute achten Frauen nicht. Aber sie haben das Recht, sie haben die Kraft, nein zu sagen, wann immer sie fühlen, dass sie etwas nicht wollen oder brauchen in ihrem Leben … Lass mich dir das sagen: Ich wollte nicht einfach nur dasitzen und Mitleid mit mir selbst haben und anderen Leuten verheimlichen, was dieses Rumsitzen bei mir anrichtet. Indem du herauskommst, zeigst du anderen Frauen, dass Vergewaltigungen nicht die Schuld der Frauen sind. Du hast nicht gesagt: «Komm und vergewaltige mich!» Es ist die Schuld von jemand anderem, nicht deine. Deshalb ist es wichtig, nicht nur dazusitzen und nichts zu tun. Das ist es, was ich Frauen sagen möchte: Kommt heraus, kämpft für eure Rechte, seid stark! Ich weiß, dass viele Frauen schwach sind; die Mehrheit der Leute denkt, dass Frauen schwach sind. Aber ich denke, Frauen haben starke Persönlichkeiten. Es ist alles in ihrem Geist, ihren Herzen, sie müssten ihre Ängste zulassen und für sich selbst einstehen. Das ist es, was ich sagen möchte.

Bei der TRC hast du gesagt, dass du eigentlich unpolitisch bist. Aber das ist am Ende doch ziemlich politisch, oder?

Ich mache keine aktive Politik. Aber auch das andere ist real: Frauen werden auf der Erde schlechter behandelt als andere Menschen. Ich hoffe einfach, dass Leute sich darüber klar werden, dass wir Menschen sind, dass wir etwas zu sagen haben … Nicht dass jemand, der Macht hat, zu mir kommen und tun kann, was immer er oder sie will. Ich bin ein Mensch, ich verdiene alles, was ich möchte in dieser Welt. Menschen müssen einander respektieren.

Denkst du, dass die TRC ein Weg ist, dieses Ziel der gegenseitigen Achtung zu erreichen?

Ich denke, dass sie hilft. Ich denke, alle Menschen, die zur TRC gingen, waren mutig. In schwarzen Gemeinschaften gibt es so viel Heimlichtuerei: Wir dürfen das nicht sagen und jenes nicht … Deshalb denke ich, dass diese Leute stark waren, wenn sie dort hingingen und schlimme Dinge erzählten wie: Mein Mann wurde aus politischen Gründen ermordet …

Und sie sind noch immer präsent, sie machen weiter in ihrem Leben. Sie sind stark, machen den Mund auf, unterdrücken nichts oder verstecken etwas so Schreckliches nicht in ihren Herzen. Wenn du etwas herauslässt, kann es sein, dass du dich besser fühlst. Je mehr du darüber redest, desto mehr akzeptierst du es. Wenn du still bleibst, wirst du es nicht akzeptieren. Jeden Tag verleugnest du es. Wenn du es aussprichst, lernst du, damit zu leben und es zu akzeptieren.

Es ist auch die eigene Geschichte.

Ja, und ich denke, dass wenn du zur Wahrheitskommission gehst und über alles sprichst, was dir passiert ist, dann kannst du andere lehren, mit diesen verletzenden Dingen umzugehen, wenn sie ihnen geschehen.

Du hattest viele Albträume. Darf ich dich um einen Gefallen bitten? Wenn du einen Moment deine Augen schließt und an einen guten Traum denkst – was könnte das sein?

Ich brauche meine Augen gar nicht zu schließen. Ich kann dir auch so sagen, was mich glücklich machen würde: Wenn ich eines Tages aufwachen würde und zum Doktor ginge und der zu mir sagen würde: «Du bist schwanger!» Ich würde der glücklichste Mensch sein, wenn ich ein eigenes Kind haben und aufziehen könnte, ein eigenes Baby in meinen Armen halten …

Boikie, auch du warst bei der Wahrheitskommission. Wie hast du es erlebt?

Die Sache ist so: Nach dem Vorfall … habe ich nicht mehr wirklich darüber nachgedacht. Ich wurde von meinem Großvater erzogen. Er brachte mir bei: Wenn etwas passiert oder dir jemand etwas Schlimmes antut, dann musst du es wie ein Mann ertragen. Als Fikiswa zu einem Psychologen ging, bin ich nicht mitgegangen. Ich habe einfach so weitergelebt. Als dann die TRC anfing, fragte mich Fikiswa: Sollen wir gehen? Ich sagte ihr, dass ich darüber nachdenken wolle. Und dann sagte ich ihr, wenn sie kein Problem damit habe, könnten wir gehen. Es tut mir weh, sie deswegen weinen zu sehen. Denn als es geschah, geschah das vor meinen Augen. Wenn ich daran denke, tut es mir auch weh.

Hat es dir geholfen, zur TRC zu gehen? Hat es dir geholfen, deine Geschichte zu erzählen?

Ja, ich kann sagen, dass es mir geholfen hat. Ich hatte es zurückgehalten … aber es war immer in meinem Bewusstsein.

Und was, hoffst du, soll dabei herauskommen?

Dass es unser Leben verändern kann.

Wie genau? Die TRC bestand aus 17 Commissioners. Sie konnten viel machen, um alles aufzuschreiben und zu veröffentlichen, aber danach können sie nicht viel tun. Hast du Vorstellungen von deiner eigenen Zukunft? Was sind deine Träume?

Dass sie die Haftstrafen für jene erhöhen, die so was machen …

Und deine eigene Zukunft?

Ich möchte nur ein normales Leben führen. Ich brauche nicht viel Geld und möchte auch nicht arm sein. Einfach normal.

Fikiswa, hast du Berufspläne?

Ich möchte Psychologin werden, weil ich es einfach brauche, anderen zu helfen. Deshalb würde ich gern Psychologie studieren. Ich werde das schaffen. Ich will anderen Leuten helfen.

Fikiswas Mutter Dolly meldet sich wieder zu Wort: Ich habe zwei Töchter: Fikiswa ist zwanzig, Palesa zehn. Deshalb habe ich Palesa während unseres Interviews auch weggeschickt, weil sie nicht weiß, was passierte … **(Sie spricht unter Tränen weiter.)** Ich ringe noch mit mir, wie ich ihr erzählen soll, was mit ihrer

Schwester passiert ist. Ich habe Angst, weil ich nicht weiß, wie sie es aufnehmen wird. Wird sie akzeptieren, dass ich die Wahrheit sage, oder wird sie mich eine Lügnerin nennen?

Hinzu kommt, dass ich Angst habe, weil Palesa jetzt im gleichen Alter ist wie Fikiswa, als sie vergewaltigt wurde. Ich habe Angst, dass es auch ihr geschehen könnte. Andauernd passe ich auf: Wo ist Palesa?, weil ich denke, dass das, was ihrer Schwester passiert ist, auch ihr geschehen könnte.

Fikiswa unterbricht: Ich möchte etwas sagen. Eines Tages spielte meine kleine Schwester, sie zeichnete etwas. Sie zeichnete Häuser und Familien und kleine Mädchen. Dann erzählte sie mir zu ihrem Bild, wie einmal ein kleines Mädchen in einem der Häuser vergewaltigt worden ist. Ich mochte ihre Geschichte nicht hören, aber sie wollte, dass ihr ihr zuhöre. Ich denke, zu diesem Zeitpunkt hätte meine Mutter es sagen sollen.

Das kam dann noch einmal vor, als Palesa mit einer Freundin sprach, die ihr berichtet hatte, dass sie selbst mit sechs vergewaltigt worden war. Weißt du, was meine kleine Schwester da geantwortet hat? «Du musst diesen Mann töten, weil er dir diese schreckliche Sache angetan hat.» Ich sagte zu Palesa: «Nein, das bringt nichts, du brauchst nicht zu warten, bis er schläft, um ihn dann umzubringen … Ich habe ein ähnliches Problem. Aber das bedeutet nicht, dass wir jemanden umbringen müssen, wenn er etwas Schlimmes getan hat. Du musst dich dem zuerst selbst stellen, es innerlich bewältigen. So jemanden umzubringen oder zu erschlagen hilft am Ende gar nichts. Du musst bei dir selbst beginnen. Du musst danach suchen, was du in deinem innersten Herzen fühlst.» Und sie sagte: «Okay, ich werde es nicht tun.»

Dolly, Fikiswas Mutter: Es ist so schwer, dem Kind zu sagen, was geschehen ist. Ich weiß nicht, wie ich es anfangen soll.

Fikiswa: Als ich damals zur Beratung ins medizinische Zentrum ging und schon dieser Doktor mir sagte: «Ich denke nicht, dass du Babys haben wirst!», da sagte ich zu meiner Mutter: Ich schulde es mir, eigene Kinder zu haben. Dann erst weiß ich, warum ich auf dieser Erde lebe.

Von diesem Tag an blieb ich nur noch zu Hause. Ich ging nicht mehr aus. Ich habe noch heute manchmal Angst auszugehen, selbst mit meinem Freund. Ich kann nachts nicht mehr nach Hause gehen. Ich schaffe das nicht, ich habe Angst vor der Dunkelheit. Mein Freund hilft mir, und ich gebe mein Bestes, aber ich kann es einfach nicht. Wenn das alles nicht geschehen wäre, würde mein Leben heute besser sein. Ich habe viel verloren. Ich weiß im Grunde nicht, was es heißt, ein Kind zu sein.

Dolly: Mein Traum ist, Fikiswa glücklich zu sehen. Wenn ich nur erleben könnte, dass jemand sie heilt ... Auch ich verliere viel. Fikiswa kann nicht zur Uni gehen, weil ich sie zu diesem und jenem Doktor bringen muss ... Jeden Tag, wenn ich zur Arbeit gehe, ist sie daheim und nicht an der Uni. Das frisst mich innerlich auf. Inzwischen fragt meine jüngere Tochter: Was ist ihr passiert? Warum weint sie? Jetzt habe ich ihr gesagt: Ich werde es dir erklären. Aber ich weiß immer noch nicht, wie ich es anfangen soll.

Fikiswa: Wir schlafen im selben Zimmer. Ich wache des öfteren mitten in der Nacht schreiend auf, und sie fragt: Warum? Ich wünschte, das käme nicht vor, aber es kommt oft vor.

Würde es dir helfen, wenn deine Mutter es Palesa erzählen würde?

Ich denke ja.

Dolly: Manchmal habe ich auch Alpträume. Ich träume, ich wäre das Opfer. In meinen Gedanken spielt es sich dann so ab, als wäre es mir geschehen. Ich wache weinend auf, sage aber nichts, weil ich Palesa nicht ängstigen will. Dann denke ich mir irgendeine Geschichte für sie aus.

Würde es nicht euch allen helfen, mit ihr offen zu reden? Sie scheint doch schon recht viel zu wissen und zu fühlen, was wirklich geschah.

Dolly: Es müsste jemand da sein, der sie dann wirklich auffangen könnte. Weil ich weiß, dass sie dann durch all diese Phasen der Verleugnung, der Wut und was auch immer gehen würde, da müsste jemand für sie da sein.

Kennst du niemanden?

Dolly: Bisher nicht. Ich selbst habe noch zu viel Angst. Sogar wenn sie in der Schule ist, habe ich Angst.

Nach dem Interview frage ich Dolly, ob sie es für denkbar hält, dass ihre Familie und im Besonderen Fikiswa Zielscheibe der Polizei war, weil sie selbst in der ANC-Frauenliga im Untergrund politisch aktiv gewesen war. Damals hatte sie MK-Leute versteckt, die illegal ins Land kamen, und auch in anderer Form den verbotenen ANC unterstützt. Ihrer Antwort entnehme ich, dass sie sich dieser Möglichkeit durchaus bewusst war. Sie selbst war niemals verhaftet worden, aber sie war bekannt. Sie hat in jener Zeit nie mit Fikiswa über ihre politische Arbeit gesprochen, um sie nicht zusätzlich in Gefahr zu bringen. Dessen ungeachtet spürt sie, dass Fikiswa in gewisser Weise für ihre Taten hat büßen sollen. Nachdem Fikiswa vergewaltigt worden war, hat Dolly jegliche politische Arbeit eingestellt und sich nur noch um ihr Kind gekümmert. Als alleinstehende Mutter hat sie zwei Töchter großgezogen. Nur zu mir sagt sie zum Schluss: «Die Vergewaltigung hat unsere Familie zerstört. Fikiswa hatte keine Kindheit und ich hatte kein Leben ...» *KC*

Yazir Henry: «Jeder von uns muss zur Heilung beitragen!»

Yazir Henry, Februar 1999

Etwa drei Monate nach unserem ersten Gespräch über ein Interview für dieses Buch sitze ich im Auto, um Yazir zu treffen. Es ist ein stürmischer Kapstädter Morgen, als ich dem Berg den Rücken kehre, um zum Vorort Grassy Park zu gelangen, wo ich den Ex-MK-Guerillakämpfer treffen soll – jenen jungen Mann, der sich der Öffentlichkeit während eines TRC-Hearings am 6. August 1996 (siehe Kapitel II) stellte, innerlich schwer verwundet, verfolgt von Alpträumen über den Tod seines Kameraden, für den er sich persönlich verantwortlich fühlte. Gequält auch durch eine zutiefst konflikthafte Beziehung mit dem ANC, dem er sein Leben anvertraut hatte. Dieses Leben war seitdem unerträglich geworden, finster und ohne Hoffnung.

Als ich ihm drei Monate zuvor begegnet war, waren die unverheilten Wunden noch deutlich in seinem Gesicht und Verhalten zu erkennen. Obgleich er meiner Erklärung, warum wir gerade ihn gern interviewen würden, aufmerksam zugehört hatte, sprachen seine Augen und sein Körper allein von Flucht, von dem Wunsch, jenen schmerzlichen Erinnerungen endlich zu entkommen. Sie zu ertragen war nicht einfacher durch die bohrenden Fragen aller möglichen Journalisten geworden, die nur seine Geschichte wollten. Er war zunächst auch Lutz und mir mit tiefem Misstrauen begegnet: Wollen wir ihn nicht einfach nur ausbeuten? Aus welchem Grund sollte er einer weißen Mittelschichts-Südafrikanerin oder einem europäischen Schriftsteller vertrauen? Die Fähigkeit zu vertrauen ist schwer wiederzuerlangen, wenn sie einmal betrogen wurde. Yazir hatte zweifellos keinen Grund, irgendjemandem zu vertrauen außerhalb seines kleinen Kreises von Exguerilleros, mit denen er gemeinsam darum ringt, eine persönliche Zukunft aufzubauen.

Seine Intelligenz jedoch hatte ihn zum aufmerksamen Zuhören

herausgefordert. Obwohl die Vorstellung, erneut an die Öffentlichkeit zu gehen, schmerzhaft für ihn war, wies er unsere Fragen nicht sofort von sich. Ein paar Tage später ein freundlicher, aber noch vorsichtiger Anruf: «Wir könnten uns treffen ...»

Noch bevor wir uns schließlich gegenüberstehen, wird das Eis zwischen uns durch einen Zufall gebrochen: Auf meiner Fahrt zu ihm verliere ich die Orientierung und rufe ihn mit meinem Handy von unterwegs an. Ein belustigter Yazir leitet mich via Handy zu unserem Treffpunkt: Nein, nicht hoch über die Victoria Road; es geht in eine Gegend, mit der ich nicht vertraut bin, in der ich mich nicht zurechtfinde, und zwar weniger deshalb, weil ich ohnehin eine schlechte Kartenleserin bin. Das Viertel, in dem Yazir lebt und in dem er sein Leben riskiert hatte, ist unbekanntes Terrain für mich. Ohne dass ich mir dessen bisher bewusst war, erfahre ich plötzlich, wie begrenzt meine Kenntnisse der städtischen Geographie sind, bedingt durch jene am Reißbrett geplanten Verwerfungsspalten, durch die die Architekten der Apartheid meinen Raum ausgemessen und meinen Bewegungsspielraum in meiner Heimatstadt festgelegt hatten. Es irritiert mich, das zu erkennen: Hatte ich denn nicht geglaubt, davon nicht betroffen zu sein, mich stets in meinem Alltagsleben über diese erzwungenen Grenzen hinwegsetzen zu können? Wie würde mein Umherirren in seinen Straßen in meinem (obwohl älteren) Mercedes wirken auf diesen jungen Mann, dessen Nöte strukturell verbunden waren mit meinen Privilegien?

Wir treffen uns jedoch zum Glück nicht in Schubladen, wir treffen uns als zwei konkrete Menschen. Eine freundliche Umarmung, ein erleichtertes Lachen von mir und ein herausforderndes Grinsen von ihm: Nun kennst du meine Achillesferse, sage ich. Es amüsiert ihn. Er stimmt mir zu, dass ich vermutlich ein hoffnungsloser Fall für jede Untergrundarmee gewesen wäre, da ich wohl ebenso gut beim Feind wie bei den eigenen Leuten hätte landen können!

In der False Bay am Indischen Ozean finden wir ein einfaches Café. Ich bemerke, dass sich Yazir zunächst nicht wohl fühlt an diesem Ort, sich einen Stuhl mit dem Rücken zur Wand sucht, von wo aus er den Raum überschauen kann. Die Kellnerin bringt uns einen Imbiss und in eine Serviette gewickeltes Besteck. Sie hält es so, dass die Spitzen von Messer und Gabel auf Yazir gerichtet sind. Sie nimmt seinen Verweis, «nicht mit

Gegenständen» auf ihn zu zeigen, mit Gleichmut. Mir erklärt er: «Ich kann es nicht aushalten, wenn etwas so auf mich gerichtet ist ...» Später werden wir in der Lage sein, über «**Posttraumatische Stress-Störungen»** (PTSD) zu sprechen. Für den Moment beginnen wir, so gut es geht. Wir reden darüber, wie nötig Veränderungen sind und inwieweit die TRC Impulse in diese Richtung gegeben hat.

Yazir: Ich denke, in vieler Hinsicht ist die TRC bereits gescheitert. Viele, die als Zeugen kamen, erwarteten Entschädigung, hofften auf schnelle materielle Erleichterungen. Im Großen und Ganzen ist dies nicht geschehen. Vereinzelte Entscheidungen sind unzureichend und enttäuschend. Es gibt einige positive Aspekte der TRC. Aber auf der materiellen Ebene scheinen Versprechungen gemacht worden zu sein, die sie nicht halten konnte.

Aber was ist mit der wichtigen Anerkennung des Leidens, der Wiederherstellung von Würde und Identität?

Das hat bei einigen funktioniert, aber es hat so gut wie nichts für Gemeinschaften bewirkt.

War es positiv für dich, dass du durch den TRC-Prozess gegangen bist?

In mancher Hinsicht – ja. Es gab mir den Raum für einen verzweifelten Überlebensversuch. Ich wollte nicht wirklich zur TRC gehen und habe es dann auch erst ziemlich spät getan. Aber für mich war es so: Entweder ich gehe dahin und sage alles – oder ich sterbe. Und jetzt – nur ein paar Jahre später – kann ich hier sitzen und mit dir reden. In diesem Sinne kamen für mich einige positive Dinge dabei heraus, einfach dadurch, dass ich diesen Raum für mich nutzen konnte. Ich stand psychisch kurz vor dem Zusammenbruch; das ging so weit, dass ich kaum noch existierte, plötzlich in Ohnmacht fiel und so weiter. Es war mir einfach alles zu viel geworden, und ich erkannte, dass ich sterben würde. Es war eine persönliche Entscheidung, diesen Absturz aufzuhalten. Davor glaubte ich, dass ich sterben müsste. Ich hasste mich so sehr, dass ich sterben wollte. Ich lebte in der Spannung zwischen sterben wollen und nicht wollen.

Was macht es einem Menschen möglich, lieber mit Schmerzen weiterzuleben als an diesen Schmerzen zu sterben?

Das ist genau der Punkt, weshalb ich Probleme mit Leuten habe, die sagen: Ach, lass es einfach hinter dir! Und es sind ja nicht nur weiße Leute; gegenwärtig ist es beliebt zu sagen: Lasst uns die Vergangenheit vergessen! Aber du selbst kannst das ja gar nicht ... Letzte Nacht wachte ich um 2 Uhr auf und tastete übers Kissen, um meine Pistole zu packen.

Wie viele Jahre deines Lebens hast du mit einer Pistole auf deinem Kissen verbracht?

Seit ich knapp 15 war.

Im Bonteheuwel Military Wing?

Nein, ich war nicht im BMW. Ich hatte Kontakt mit ihm im MK, war aber nicht einer von ihnen. Im Western Cape, besonders in Brennpunkten wie Mitchell's Plain, Manenberg, Bonteheuwel, operierten verschiedene Zellen. Sie wurden später zusammengefasst im MK.

(Wir sprechen darüber, wie wichtig es ist, die Geschichte dieser Zeit aufzuschreiben, und dass dies jene tun sollten, die beteiligt waren. Yazir ist besorgt, wenn Geschichte von Unbeteiligten geschrieben wird: Sie eigneten sich die Geschichte an, um den möglichen Preis der Enteignung derer, die beteiligt waren. In diesem Zusammenhang findet er auch, dass die TRC einen Prozess begonnen hat, über den es letztlich keine Kontrolle gibt, und dass dies entfremdend sei für diejenigen, die ausgesagt hätten. Er hält es für eine Schwäche, vielleicht sogar einen Fehler, der eingestanden werden sollte.)

Jemand, den ich kenne, brach zusammen wegen eines Zeitungsartikels. Er las, dass jene Leute, die ihn gefoltert hatten, Amnestie erhielten. Warum musste er dies aus der Zeitung erfahren? Ich verbrachte einen ganzen Morgen damit, den Mann zu trösten.

Auch wenn wir wissen, dass einige Dinge schlecht gelaufen sind – wie können wir weitermachen? Wie können wir fortsetzen, was gut gelaufen ist in der TRC?

Für mich besteht die historische Lektion für die Menschheit nicht nur in den Erfolgen der TRC, sondern auch in ihren Fehlern. Das Wichtigste ist, aus Fehlern zu lernen. Sie sollten gemeinsam mit den positiven Erfahrungen benannt werden.

Auf der persönlichen Ebene – bekommst du da Unterstützung?

Ja, es kann sogar problematisch sein, wenn sich Leute zu viel kümmern. Wahrheit ist: Das Leben der Menschen geht weiter, es wartet nicht, bis du wieder erholt bist. In vielem, das Menschen für dich tun, ist die Botschaft enthalten: Lass die Vergangenheit ruhen – mach weiter mit deinem Leben! Meine Erfahrungen sind den meisten Menschen fremd. Ich muss anerkennen, dass Leute nicht in meine Haut schlüpfen können und nicht fühlen können, was ich fühle ...

Dann lebst du anscheinend ganz normal und lebst doch auch innerlich ganz woanders, wie an zwei verschiedenen Orten zugleich ...

Manchmal an fünf verschiedenen Orten zugleich! Aber das bringt mich zu meinen positiven Erfahrungen mit der TRC: Bis dahin hatte ich niemandem erzählt, was ich fühlte. Nicht einmal meine Mutter oder meine Familie wussten es. Sie wussten, dass ich völlig kaputt war, aber sie wussten nicht warum. Ich hatte mich von ihnen abgewandt. Ich hasste mich und ich erwartete zu sterben. Und ich wollte allein sterben ...

Ich lud meine Mutter zu dem Hearing ein. Und das Hearing eröffnete uns einen Raum. Es war das erste Mal, dass meine Mutter hörte, was mit mir geschehen war. Meine Familie war auch durch ein Trauma gegangen wegen dem, was mir geschehen war, weil ich so jung war, als ich sie verließ, und wegen dem, was die Polizei ihnen später antat. Meine Mutter starb sechs Monate nach dem TRC-Hearing. Für einige Monate stellte sie sich all diesen Erfahrungen. Ich glaube, deswegen starb sie, es war zu viel. Ich war psychisch am Ende, und der TRC-Prozess half ihnen nicht viel in dieser Zeit. Aber wenn sie nicht gewesen wäre, wäre ich jetzt nicht hier. Ich überlebte durch sie. Ich bin hier – und sie ist es nicht. Und dafür fühle ich mich mitverantwortlich. Sie sollte hier sein ...

Könnte es sein, dass du dich für all die Dinge, die jetzt nach oben kommen, auf eine bestimmte Weise verantwortlich fühlst, obwohl es letztlich doch die Verantwortung von anderen ist? Dass du Verantwortung übernimmst für die Verbrechen eines ganzen Systems?

Viele Leute, die mit den Hearings zu tun hatten, sind gestorben. Die Kommission hat ihre Arbeit abgeschlossen und ihren Bericht abgegeben. Aber was ist mit den Leuten, die den Preis bezahlten? Den Preis für das ganze Land? Ich möchte nicht zu negativ sein. Es gibt vieles, das man als positiv anerkennen muss. Ich bin aus einem Krieg gekommen. Ich bin sehr geschädigt worden und trage tiefe Narben – und ich möchte nicht wieder einen Krieg erleben. Ich möchte Dinge anders sehen können.

Wie können wir das schaffen? Du selbst scheinst auf einer guten Spur zu sein mit dem Projekt, mit dem du begonnen hast.

Ja, ich frage mich das auch. Andere fragen mich. Für mich gibt es deutliche Momente, in denen ich NEIN sage.

Und welche sind das?

Krieg. Das ist ein NEIN. Und wir sollen niemanden ausbeuten. Wichtig ist das Prinzip: Der Verfolgte darf nicht zum Verfolger werden!

Ja, da gibt es erschreckende Beispiele.

Schau dir Palästina und Israel an.

Kann man denn überhaupt sagen, dass Menschen, die viel gelitten haben, Unterdrückung, Verfolgung, deshalb besser sein sollten als andere? Deine Geschichte der Unterdrückung hat dich nicht notwendigerweise zu einem besseren Menschen gemacht. Menschen sind prinzipiell Menschen, wo auch immer.

Das ist die Geschichte vom Anderssein: andere erhöhen oder heruntermachen, weil sie schwul sind oder Sozialisten oder was auch immer. Manche Leute fragen mich, wie ich in unserem Projekt Geschäfte machen könne, wo ich mich doch als Sozialist bezeichne. Das ist typisch für eine sehr aggressive liberale Debatte.

Sicher. Ich versuchte zu sagen, dass es nicht fair ist, Gruppen einzuteilen und dann zu erwarten, dass sie anders seien, Schwule sensibler, Juden liberaler und so weiter. Es geht niemals so.

Ich stimme dir zu. Es geht darum, einander zuzuhören. Wir müssen das tun, um nicht selbst Verfolger zu werden. Auch das versuche ich in unserem Projekt. Ob ich Recht habe oder mich irre, wird die Zeit zeigen. In unserem Projekt geht es nicht nur um die

Schaffung von Arbeitsplätzen. Das Kollektiv, in dem ich arbeite, ermöglicht Leuten, selber in die Gänge zu kommen. Es geht um etwas, das ich niemals zuvor kannte. Ich kann zu mir sagen: Ich erkenne mich an. Ich bin stolz darauf, wer ich bin. Ich habe etwas erreicht, und ich kann noch mehr erreichen.

Und du – und die anderen – ihr seid Vorbilder in eurer Gemeinschaft. Es ist wichtig, dass junge Leute so etwas sehen. Was mich wütender als alles andere in diesem Land macht ist, wenn Leute von der «verlorenen Generation» sprechen. Ich denke, dass niemand jemals völlig verloren ist – nur wenn man sich entscheidet, ihn verloren gehen zu lassen.

Das ärgert mich auch, weil diese Leute über mich sprechen. Ich bin dieser Mensch!

Und die Leute, die das sagen, sind meinesgleichen. Heißt das nicht, dass wir Pädogogen dort versagt hätten, wo unsere größte Verantwortung liegt? Es muss eine Zukunft geben für die kommende Generation.

Ja, genau! Aber die Leute, die das sagen: das sind wir nicht, nicht du und ich. Es sind Wissenschaftler, die nichts wissen von uns, von dem was wir tun und was uns geschehen ist. Ich lasse mich von denen nicht mehr als Objekt behandeln. Wir werden uns nicht mehr zum Schweigen bringen lassen!

Gut – weil es deine Stimme ist, die wichtig ist für die kommende Generation.

Dieser Widerstand gegen die Dominanz der Wissenschaftler war auch ein Grund dafür, warum ich mein Schweigen brechen wollte. Die Polizei hat mich gegen mich selbst gewendet. Ich zerstörte mich selbst. Als sie mich allein ließen, vollendete ich den Job, den sie begonnen hatten. Ich weiß nicht, warum sie mich nicht umbrachten. Aber ich werde mich nicht mehr selbst töten. Was immer die Konsequenzen sein mögen, ich werde aufrecht bleiben, und man wird mit mir rechnen müssen. Vielleicht gelingt es mir, noch mehr Leute dazu zu bringen, aufzustehen und zu sagen: Genug! Wir können etwas bewegen. Und das ist es, was mich morgens aufwachen lässt. Ich habe eine klare Vision. Ich sehe, wohin ich kommem möchte, warum und mit wem.

Ich bin missbraucht und ausgenutzt worden. Mit all diesen Dingen, die man mir angetan hat ... Ich werde nicht mehr demoralisiert werden können oder depressiv werden.

Du hast eine große Kraft. Ich bewundere das.

Ich freue mich, dass du das sagst. Weißt du, solche Kommentare hätten mich in der Vergangenheit verletzt. Ich dachte nicht, dass ich Komplimente verdient hätte. Ich dachte, dass ich nur schlimme Dinge verdient hätte. Aber das denke ich nicht mehr.

Immer haben mich Gesichter von Toten verfolgt, so viele. Es gibt so viele in meinem Kopf, und ich konnte niemals diese Erfahrung des Todes überwinden. Eines Tages, während einer Autofahrt, sah ich wieder das Gesicht eines Kameraden vor mir, der gestorben war. Und ich sah, wie sich sein Gesicht veränderte, lebendig wurde, so wie es war, bevor er starb. Und dieser Prozess geht weiter. Immer öfter habe ich Kameraden sehen können, die wieder lebendig wurden. Ich weiß, dass sie tot sind, aber ich sehe sie lebendig vor mir, Dinge unternehmend, die sie gewöhnlich taten. Und das gibt mir Kraft, es ist wie eine Flamme in mir. Ich kann diese Flamme spüren. Sie lässt mich aufwachen am Morgen. Ich erkenne, was ich tun möchte. Es ist schon alles da, in der Zukunft. Alles ist schon da ...

(Wir verlassen das kleine Café und machen einen Spaziergang an der Küste, beobachten, wie sich die Wellen brechen.)

Zwanzigtausend Leute, die vor der TRC ausgesagt haben, können nicht die Verantwortung tragen für die Heilung von 45 Millionen Menschen. Wir alle müssen das tun. Die TRC hat einen Raum geschaffen für Leute, in dem sie ihr Leid mitteilen konnten. Aber zur Heilung muss jetzt jeder von uns beitragen.

Apartheid hat einen Einfluss auf jeden gehabt. Wenn wir einen neuen Krieg vermeiden wollen, ein Bosnien, dann müssen wir alle Verantwortung mittragen. Das Problem ist: Die Weißen insgesamt sehen keine Notwendigkeit dafür. Für sie ist alles in Ordnung. Sie beklagen sich am meisten, und sie kommen am besten weg im Prozess der Versöhnung. Sie haben alles, ökonomisch, sozial, politisch, und sie sehen es nicht. Sie haben Macht und Fähigkeiten – aber sie huldigen weiter jener Kultur der umfassenden

Ansprüche. Und sie beschuldigen uns darob. Meine Botschaft ist: Wenn wir das nicht ändern, werden wir in einen neuen Krieg gehen. Weiße müssen mit allen anderen zusammen Verantwortung tragen für das, was geschah. Die Summe meiner Erfahrung ist, dass es nur dann keine Reibung gibt, wenn ich mich verändere und anpasse. Das muss gegenseitig werden, es muss von der anderen Seite ein ähnliches Bemühen geben. Wenn wir das nicht schaffen, wird es einen neuen Krieg geben.

Die Bucht ist ein guter Ort für den Abschluss unseres Gesprächs. In ein paar Tagen wollen wir uns erneut treffen, um Fotos von seinem Projekt zu machen. ***KC***

Sandra Adonis: «Nichts wird sich verbessern, solange wir es gar nicht erst benennen ...»

Sandra Adonis, April 1999

Ich läute an der Tür eines Apartments im UCT-Studentenwohnheim, einem alten Block an der Rosebank Main Road in Kapstadt. Die Tür öffnet Mary, eine Freundin Sandras, die beauftragt wurde, mich zu empfangen, da Sandra etwas später kommen wird. Mary zeigt mir Sandras Zimmer: Es lässt auf eine gut organisierte und disziplinierte Bewohnerin schließen, die offensichtlich drei Bereiche ihres Lebens hier untergebracht hat: ein intensives Studium, die Geschichte des politischen Widerstands mit Postern von Chris Hani und Winnie Mandela und schließlich Kinder: Zu sehen sind Fotos ihrer eigenen drei Kinder im Alter von zwei, drei und zehn Jahren sowie eine Ecke mit Spielzeug.

Dann stürmt Sandra herein, eine zarte, lebendige Person, energiegeladen wie ein Dynamo, und entschuldigt sich für die Verspätung: Sie musste einen Aufsatz an der Uni abgeben. Sie mustert mich und begrüßt mich dann mit einem breiten Lächeln. Mein Kontakt zu ihr ist von Yazir Henry, ihrem Gefährten aus dem Widerstand, vorbereitet worden. Ich merke, dass er ausführlich von mir berichtet hat. Auf meine Frage, ob ich sie fotografieren dürfe, entgegnet sie: «Was? So wie ich jetzt aussehe?»

Sandra: Ich kann es selbst kaum glauben, dass ich nun – nach all den Schwierigkeiten, die ich hatte – die Uni besuche! Ich habe so ein Glück, dass ich studieren kann ... Es war Yazir, der mich ermutigt hat. Er war bereits Student an der **UCT**, als er zu mir sagte: «Warum versuchst du nicht auch zu studieren?»

Ich hatte keine Ahnung, wie ich es anfangen sollte. Weil ich die

Schule mit 15 hatte verlassen müssen, war ich nur bis zur 9. Klasse (Standard 7) gegangen. Deshalb musste ich erst meine Hochschulreife nachholen, was sehr schwierig war, weil ich alles im Selbststudium mit ein paar Büchern machte – und nicht einmal genau wusste, was man von mir erwarten würde. Ich konnte mir keinen Lehrer leisten. Außerdem musste ich mich um meine kleinen Kinder kümmern. 1997 machte ich dann die Prüfungen. Ich schaffte es, aber mit ziemlich schlechten Noten.

Im ersten Anlauf lehnte die UCT meine Bewerbung wegen der schlechten Zensuren ab. Und das machte mich wild! Wenn ich nur daran dachte, was ich alles hatte durchmachen müssen, um überhaupt so weit zu kommen … Die Leute, die über all die Jahre von der Apartheid profitiert haben, sind noch immer besser dran. Sie haben alle Vorteile einer guten Ausbildung und keinerlei Schwierigkeiten, einen Platz an den besten Universitäten zu bekommen. Schließlich habe ich einen Brief an die Uni geschrieben, in dem ich meinen Zorn erklärte – und daraufhin haben sie mich aufgenommen! Am Tag, als ich diese Nachricht erhielt, habe ich weinen müssen. Ich konnte es einfach nicht glauben.

So geht es mir heute: Ich studiere Soziologie und Politik, denke sogar an ein Aufbaustudium in Übersee. Und das alles, obwohl ich vor zwei Jahren so gut wie keine Chancen zu haben schien.

(Im weiteren Gespräch wird deutlich, dass dies indessen der Beginn eines neuen Überlebenskampfes für Sandra ist – ein andauerndes Ringen um Stipendien und Unterstützungen, um sich und ihre Kinder über Wasser zu halten.)

Manchmal ist das Essen schon etwas knapp. Aber insgesamt ist mein Leben besser geworden. Ich habe hier diese kleine Studentenwohnung gefunden und kann meine Kinder jeden Abend warm baden. Wenn wir einmal kein Essen haben, dann frage ich Freunde. Es geht wirklich.

Ich habe auch noch einen kleinen Forschungsauftrag im Groote-Schuur-Krankenhaus: Ich interviewe dort Aids-Patienten, um herauszubekommen, wie sie es finanziell schaffen. Viele Leute haben überhaupt keine Ahnung von Aids, die denken, dass mein

Job gefährlich ist! Aber ernsthaft: Jeder von uns kennt wahrscheinlich inzwischen Leute, die Aids haben. Wegen der Geheimnistuerei wissen wir es nur nicht. In Südafrika infizieren sich täglich rund 1500 Menschen neu, die meisten sind Jugendliche oder junge Erwachsene – das ist gegenwärtig die höchste Zunahme weltweit! Daran, dass Leute denken, ich habe einen gefährlichen Job, kannst du sehen, wie wenig die meisten noch immer über Aids wissen.

Nein, im Kern läuft mein Leben endlich gut. Aber es dauerte lange, bis ich die Kraft und das Vertrauen hatte, es selbst in die Hand zu nehmen. Mein Leiden begann erst richtig, nachdem mein Mann aus der Haft zurückkehrte. Er wurde schrecklich gewalttätig. Ich ging daran beinahe kaputt, litt an Gedächtnisschwund und konnte mich auf nichts konzentrieren.

(Sandra spricht darüber, wie sehr Minderwertigkeitsgefühle und Unsicherheit es ihr erschwert haben, sich für ihre Rechte einzusetzen. Wir diskutieren, ob Frauen durch ihre Sozialisation besonders dazu neigen.)

Die meisten von uns werden so erzogen, als sei vieles unsere eigene Schuld – obwohl ich im Innersten glaube, dass Frauen sehr stark sind, stärker als die Männer. Rassismus funktioniert sehr ähnlich. Ich bin gerade dabei, historische Aspekte der Sklaverei zu studieren: Da wird so getan, als seien Sklaven vererbungsbedingt minderwertig. So läuft es im Prinzip bis heute in Südafrika, wo viele Weiße nach wie vor glauben, dass sie prinzipiell höherwertig und besser als andere seien.

Es ist interessant, dass du jetzt wissenschaftlich jene Einflüsse erforschst, die dich geformt haben. Das ist bestimmt eine große Motivation.

Das ist es sicher! Wenn ich daran denke, wo ich herkomme und was ich jetzt studiere, dann verstehe ich die Lebenswege anderer viel besser. Dabei wird mir auch klar, dass viele noch stärker unterdrückt waren als ich, manche sogar so sehr, dass ihnen gar nicht mehr vorstellbar war, überhaupt Widerstand zu leisten. Und das wird dann auch oft noch an die nächste Generation weitergegeben.

Kannst du mir mehr über die verschiedenen Generationen deiner Familie erzählen? Du hast während deines TRC-Statements Andeutungen gemacht …

Mein Vater war weiß, ein Deutscher, der mich niemals anerkannt hat. Meine Mutter war ein schwarzes Hausmädchen. Ich wusste immer, wer mein Vater ist, und auch, wo er wohnt. Ich kann an den Fingern einer Hand abzählen, wie oft ich ihn in meinem Leben gesehen und gesprochen habe. Er wird niemals mehr ein Teil meines Lebens sein und nicht *nur* deshalb, weil er ein Weißer ist. Als ich noch jünger war, dachte ich, dass er mich nicht treffen wollte wegen der Gesetze damals; das Gesetz gegen Immoralität (**«Immorality Act»**) und andere. Später wurde mir klar, dass er mich durchaus hätte sehen können, wenn er es nur gewollt hätte.

Lange Zeit hasste ich alle Weißen für solche Gesetze. Niemals traf ich mich mit Weißen. Anfangs war es selbst ein Problem für mich hier an der Uni, wo heute Leute aller Hautfarben zusammen studieren. Davor kannte ich nur ganz wenige Weiße, die mit uns im Widerstand gearbeitet hatten. Nun habe ich täglich Kontakt zu Weißen und eine gute Freundin ist weiß! Ich lache mit meinen schwarzen Freunden darüber, wenn wir unsere Erfahrungen über unsere Begegnungen mit Weißen austauschen. Wir waren früher geradezu anti-weiß und wollten uns nirgends mit Weißen auch nur sehen lassen. Heute teilen einige von uns sogar die Wohnung mit ihnen! Unsere Kulturen sind verschieden und wir sind verschieden aufgewachsen, aber wir können zusammensitzen und uns normal unterhalten. Ich akzeptiere heute, dass es Schwarze und Weiße in diesem Land gibt.

Ich habe es immer so verstanden, dass der Kampf gegen die Apartheid gerichtet war und nicht gegen Weiße an sich.

Ja, das ist wahr. Es ist deshalb auch schrecklich, dass der Mord an Amy Biehl (*siehe Kapitel III.3.*) geschah. Der Kampf richtete sich gegen die weiße Vorherrschaft, niemals gegen einzelne Weiße. Ich war gegen den Staat und seine Strukturen, gegen die Behörden, die Polizei, den Geheimdienst. Ich erinnere mich, dass ich im Bus nicht unten sitzen durfte, als ich fünf Jahre alt war. Oder dass mich später weiße Schülerinnen beschimpften, weil ich im Dritte-Klasse-Abteil des Zuges auf einem Platz saß, den sie haben wollten.

Für mich ist es auch beleidigend, als «Farbige» bezeichnet zu werden. Leute, die auf mich herabsehen, nennen mich «Schwarze». Ich hasse diese Klassifizierungen, weil sie mir durch die Apartheid aufgezwungen wurden. Wenn es nach mir geht, sollte in unserer Verfassung stehen, dass es nur zwei Rassen in diesem Land gibt: Weiße und Schwarze.

Ich bin froh, dass unsere Verfassung davon spricht, dass wir alle Südafrikaner sind. Aber es bleibt das Problem, dass noch Wiedergutmachung geleistet werden und dies auf Basis unterschiedlicher Ungerechtigkeiten geschehen muss.

Ich denke viel über Wiedergutmachung nach. Jetzt wird es also vermutlich eine generelle Auszahlung – anstatt einer individuell bemessenen – an diejenigen geben, die berechtigte Ansprüche haben. Dem steht gegenüber, dass die meisten Leute, die uns gefoltert haben, nach wie vor in ihren hohen Positionen sind, geschützt durch das Gesetz, selbst durch die Verfassung. Und diejenigen, die tatsächlich gehen, erhalten noch goldene Abfindungen. Ihre damaligen Opfer haben dagegen nichts erreicht. Manche sind heute sogar noch schrecklicher dran als damals.

Was sollte deiner Meinung nach geschehen?

Am wichtigsten finde ich, dafür Vorsorge zu treffen, dass diejenigen, die damals nicht mehr zur Schule gehen konnten, jetzt ihre Ausbildung nachholen können. Wir nahmen den Slogan «Befreiung vor Erziehung!» sehr ernst. Jetzt müssen Wege gefunden werden, die verlorenen Chancen wieder aufzunehmen.

Das sollte Vorrang haben?

Ja, weil mir klar geworden ist, dass du ohne eine gute Schulbildung gar nichts erreichen kannst. Aber das ist eben schwer ohne finanzielle Unterstützung.

Was hat dich bewogen, zur TRC zu gehen?

Das hat sehr lange gedauert. Als die Hearings 1996 begannen, wollte ich nichts davon wissen. Ich dachte, das ist nur ein netter Trick, um die Buren aus der Scheiße herauszuretten, in der sie sich befanden. Mein Gefühl war, dass sie uns, vor allem die Jugend, nur ein zweites Mal missbrauchen würden. Mir reichte das erste Mal: Bis heute denke ich, dass wir Jugendlichen einfach missbraucht wurden. Trotzdem bleibe ich stolz auf das, was wir Jugendlichen daraus gemacht haben, dass wir – auch ich ganz persönlich – einen Beitrag zur Demokratie in diesem Land geleistet haben. Immerhin haben wir das erreicht.

Ich war also ziemlich Anti-TRC eingestellt; gleichzeitig wusste ich nicht, wie man sie überhaupt kontaktieren könnte. Dann hörte ich eines Tages im Radio, wie mein Kamerad Donovan Ferhelst seine Aussage machte. Ich musste weinen; alles war wieder da, was wir damals erlitten hatten. Ich suchte Donovan daraufhin auf. Er schlug mir vor, selbst zur TRC zu gehen. Es dauerte dann noch einmal eine ganze Weile, bis ich es wirklich tat.

Du hast viele positive Reaktionen auf dein Plädoyer für die Jugend erhalten. Hattest du auf konkrete Resultate gehofft?

Nun, ich habe von niemandem Dank erwartet, das werden sie niemals tun: Darum tat ich es auch nicht. Ich dachte mehr an meine eigenen Kinder, und dass sie es einmal besser haben sollten.

Wen meinst du mit «sie»?

Ich meine die ANC-Hierarchie. Sie haben niemals zurückgeschaut und gesagt: Es waren wirklich die Jugendlichen, die uns so weit gebracht haben!

Du meinst, es gibt nicht genügend Anerkennung durch sie, die jetzt die Macht haben?

Ja. Wenn sie mehr Möglichkeiten schaffen würden, damit Leute sich selbst helfen können – das wäre ein konkreter Weg, Anerkennung zu zeigen. Ich verstehe, dass nicht jeder alles bekommen kann, worauf sie oder er gehofft hat, aber es wäre gut, wenn es zumindest diese Möglichkeiten gäbe. Es geht mir nicht um andere Formen der Anerkennung durch den ANC. Höchstens ein Denkmal für die Jugend könnte vielleicht noch so ein Beitrag zur Anerkennung sein.

Wenn du heute zurückdenkst: Hat es sich für dich gelohnt, bei der TRC gewesen zu sein?

Ja, auch wenn es bisher nicht jene Wiedergutmachungen gegeben hat. Es lastete ein Druck auf mir. Und der hat allein dadurch abgenommen, dass ich durch die TRC die Chance bekam, meine Geschichte mit anderen zu teilen. Es ist mir auch wichtig, weil für heutige Jugendliche Apartheid nicht mehr existiert. Viele wissen kaum etwas davon, wofür und wie wir gekämpft haben.

Du meinst heutige Jugendliche, die etwa 14 oder 15 sind?

Selbst jene, die schon 18 oder 20 sind. Sogar an der Uni treffe ich Studenten, die nichts mehr wissen wollen oder kein Interesse an Apartheid haben. Viele Leute an der Uni sind ziemlich egoistisch. So möchte ich nicht werden. Ich möchte bescheiden bleiben und Teil einer Gemeinschaft. Das Studium sollte nicht deine Persönlichkeit verändern.

Wie ist es mit Frauen vor der TRC? Es scheint, als seien sie, auch durch das Mandat der TRC, ein weiteres Mal marginalisiert worden.

Unsere Gesellschaft ist einfach patriarchalisch aufgebaut. Ich hätte noch mehr über die Gewalt sprechen können, die ich durch meinen Mann erlitten habe, nachdem er von den Folterungen zurückgekommen war. Damals habe ich oft versucht, ihn zum Sprechen darüber zu bewegen. Aber er wollte das nie, er wurde nur wütend und gewalttätig …

(An dieser Stelle läutet das Telefon, und Sandra spricht mit einem Freund in Afrikaans. Danach reden auch wir weiter in Afrikaans und gehen kurz auf die Sprache ein.)

Ich halte es für ziemlich dumm, wenn Leute sich heute weigern, Afrikaans zu sprechen. Außerdem – ist Englisch nicht die erste Sprache des Kolonialismus weltweit?

Genau. Und Afrikaans ist die Muttersprache von viel mehr Schwarzen als Weißen. Es ist eine wunderbare, nuancenreiche Sprache mit einer sehr lebendigen Literatur …

Sicher hier in der Kapprovinz. Du kannst dich so vielfältig ausdrücken in Afrikaans.

Noch einmal zur Situation von Frauen: Durch deine TRC-Aussage hast du vielen Menschen den Zugang zu einem Thema ermöglicht, das bis dahin weitgehend verschwiegen worden war – der Gewalt gegen Frauen auf verschiedenen Ebenen. Obwohl es Hearings für Frauen gegeben hat, versäumte die TRC es, Unterdrückung konsequent auch aus der Perspek-

tive der Geschlechter zu betrachten. Das ist durchaus eine berechtigte Kritik. Relativ gesehen, bekamen auch die Jugendlichen nicht genug Aufmerksamkeit. Andererseits ist die TRC auch nur der Anfang eines Prozesses, den wir jetzt fortsetzen müssen.

Ich interessiere mich sehr für Geschlechterfragen. Ich möchte gern anderen Frauen helfen. Es ist Zeit, dass wir Frauen uns gegenseitig unterstützen. Wir sollten offen über Gewalt reden. In unserer Gesellschaft wurden wir sehr zur Diskretion erzogen: nichts Privates darf nach außen dringen, auch nichts über Gewalt daheim. Es war sehr schwer, die Gewalt in meiner Ehe überhaupt zu erwähnen – die indirekt sicher auch ein Resultat der Apartheid war.

Es hätte leicht geschehen können, dass er mich damals getötet hätte; es war einfach schrecklich. Heute will ich diese Erfahrung nicht noch dadurch verlängern, indem ich sie verschweige. Ich möchte auch andere Frauen ermutigen, den Mund aufzumachen. Konkret planen wir, ein Forum aufzubauen, wo Frauen sich austauschen können, die in ihren Beziehungen missbraucht werden. Nichts wird sich verbessern, solange wir es gar nicht erst benennen.

Wir beenden unser Gespräch in dem sicheren Glauben, dass wir uns bald wieder treffen. Für den Augenblick muss Sandra zurück zur Uni, um ihre Vorlesung nicht zu versäumen. Ich nehme sie im Auto bis zum Campus mit und schaue ihr nach, wie sie in das Gebäude der sozialwissenschaftlichen Fakultät eilt. Es ist deutlich, wie sehr sie alles nachholen möchte, alle damals versäumten Möglichkeiten – trotz dreier Kinder, Geldsorgen, einem Teilzeitjob. Es scheint keine Hindernisse zu geben, wenn jemand so viel klaren Willen und Mut hat.

KC

Laurie Nathan: «Als Jude in Nazi-Deutschland wäre ich gestorben ...»

Laurie Nathan, Januar 1999

Damals war er gerade Anfang zwanzig: Ein attraktiver, dunkelgelockter Student, der trotz seiner Jugend bereits die Funktion des Kapstädter Vorsitzenden der «Kampagne zur Abschaffung der Wehrpflicht» (ECC) innehatte. In einem denkwürdigen Ausspruch hatte Bischof Tutu damals gesagt: «Das schnelle Wachstum der ECC und ihre steigende Popularität sind Zeichen der Hoffnung in diesem verrückten, aber wunderbaren Land.» Während ich mich auf das Gespräch mit Laurie im Büro seines «Zentrums für Konfliktlösung» vorbereite, tauchen jene Jahre in aller Klarheit vor meinem inneren Auge wieder auf: die Regionaltreffen des Black Sash mit ECC-Leuten, die von aktuellen Aktionen berichteten; die Hilfe beim Organisieren von konspirativen Treffen; das Malen von verbotenen Slogans wie «Truppen raus aus den Townships!» auf Tücher und Schilder; das Verstecken von verfolgten ECC-Aktivisten bei uns daheim; das Tragen verbotener ECC-T-Shirts unter gerade so weit aufgeknöpften Blusen, dass das ECC-Logo als geheimes Erkennungszeichen noch zu sehen war.

Und da gab es auch die Nervosität von uns Älteren, die wir uns bewusst waren, dass wir den mächtigen Staatssicherheitsdienst herausforderten: Unser beinahe hysterisches Lachen angesichts jener martialisch uniformierten Soldaten, die am heißen Clifton-Strand alle Energie aufboten, um die von den jungen weißen Leuten gebauten «Protest-Sandburgen» zusammenzutreten ... Unser Zorn angesichts der Schmutzkampagnen gegen den homosexuellen jungen Arzt Dr. Ivan Thoms, dessen persönliche Integrität und mutige Opposition gegen die Wehrpflicht in widerlichster Weise verunglimpft wurden, indem seine sexuelle Orientierung öffentlich denunziert wurde; und unsere Aktionen in der Morgendämmerung, als wir die ihn beleidigenden Plakate abrissen, bevor die Leute zur Arbeit gingen ... Unsere Bewunderung für jene, die wie David Bruce in der Tat sechs Jahre ins Gefängnis gingen ... Unsere zermürbende Angst um ECC-Aktivistinnen wie Janet Cherry, die ohne Gerichtsbeschluss festgenommen worden war und in Einzelhaft in Port Elizabeth saß ...

Aber da gab es auch die Freude bei verschiedenen ECC-Treffen, das reine Vergnügen an Respektlosigkeit und Spiel als subversiven Mitteln! Nirgends wurde der militärische Irrsinn des Geistes der Apartheid deutlicher als in seinem Kampf gegen Lieder, T-Shirts, gelbe Bänder, Luftballons oder Sandburgen!

Und schließlich immer wieder die ganz persönliche und private Sorge um die eigenen Söhne, die konfrontiert waren mit den Alternativen von Gefängnis, Exil oder Armee. Die Militärpolizei kam auch schon mal vorbei, um sich zu erkundigen, wann der älteste Sohn endlich mit dem Studium fertig sei. Nur um einzuschüchtern, nur um dich wissen zu lassen, dass du beobachtet wirst.

Meine Wut auf den feigen Schulleiter meines Sohnes, der einem Vertreter der ECC nicht die Möglichkeit gab, vor den Schülern zu sprechen, während Armeevertreter uneingeschränkt jedes Jahr ihre Propaganda verbreiten konnten ...

All dies geht mir durch den Kopf bei meinem Weg zu Laurie. Als ich ihm schließlich gegenübersitze nach all den Jahren, beginne ich jedoch mit einer Frage, die ich damals nie gestellt habe, die mir aber heute wichtiger denn je ist, um jene Zeit besser zu begreifen und auch besser gewappnet zu sein für die Zukunft: Was verwandelte einen privilegierten jüdischen Mittelschichtsjungen aus einem behüteten und unpolitischen Elternhaus in einen feurigen, jungen Aktivisten, der bereit war, es mit dem Apartheidstaat aufzunehmen und dafür auch die Konsequenzen zu tragen? Was brachte einen überdurchschnittlich begabten jungen Intellektuellen dazu, alle Top-Privilegien eines Klasse-Studiums an der renommierten Kapstädter Universität aufzugeben und sich dafür zu entscheiden, seine Examensarbeit schließlich im Versteck abzuschließen: immer auf der Flucht, immer in Erwartung jenes Klopfens an der Tür?

Laurie Nathan: Früher hatte ich kein Bewusstsein von dem, was

Apartheid anrichtete. Ich stellte auch nichts in Frage, während ich aufwuchs. Gelegentlich kam es mir wohl irgendwie widersprüchlich vor, wenn ich als Kind während des Pesach am Tisch der Befreiungsgeschichte der Juden von der Sklaverei lauschte – während gleichzeitig schwarze Bedienstete umherhuschten. Aber ich blieb unbeteiligt, bis ich zur Uni kam.

Erst dort hörte ich zum ersten Mal schwarze Gewerkschaftsvertreter sprechen. Schwarze, die nicht unterwürfig waren, sondern aufrecht für ihre Sache eintraten. Zum ersten Mal war ich hier auch mit Informationen über die verheerenden Auswirkungen von Apartheid durch Statistiken auf **NUSAS-Flugblättern** über Kindersterblichkeit oder unterschiedliche Aufgaben für Bildung konfrontiert – Zahlen, die schockierten. Ich konnte kaum glauben, dass es so schlimm war.

Das eigentliche Schlüsselerlebnis für Laurie aber war in seinem ersten Jahr als Student ein Besuch im Konzentrationslager Dachau. Er machte die überwältigende Erfahrung des Irrealen und der völligen Entfremdung. Wie war es möglich, dass hier an diesem in schönster Natur gelegenen, ruhigen Ort – zur Zeit des Besuchs alles sanft bedeckt von sauberem Schnee – die organisierte Ermordung von Menschen stattgefunden hatte? Einige österreichische Geschäftsleute gingen vor ihm, während sie ihre Brote verzehrten und sich angeregt unterhielten; amerikanische Jugendliche «spielten» am Todeszaun Flucht und taten dabei so, als würden sie sich als Erschossene in den Draht werfen ... Was hatte dies alles mit seinem Leben als junger südafrikanischer Jude zu tun?

Ich ging dort völlig verstört weg. Dabei musste ich daran denken, dass ich in meiner gesamten Kindheit immer wieder darauf aufmerksam gemacht worden war, dass wir den Holocaust niemals vergessen dürften, dass es niemals wieder geschehen dürfe. Ich frage mich: Was ist dieses «Es»? Das «Es» kann nicht nur die versuchte Auslöschung der Juden bedeuten. Das «Es» ist auch, was in meinem eigenen Land geschieht.

Das «Es» ist jene Ebene von Barbarei, auf der es nicht zählt, wer du bist, was du denkst, was deine Werte sind: Wenn sie auf Leute von deiner Art zielen, dann stirbst du. Als Jude in Nazi-Deutschland wäre ich gestorben. Apartheid basiert auf derselben Logik: Es zählt nicht, was sonst deine Persönlichkeit ausmacht – wenn du schwarz bist, stirbst du.

Es ist ein schwieriges Problem innerhalb der jüdischen Gemeinschaft, dass wir mehr besorgt sind um uns selbst als um andere. Als Jude bin ich in einer günstigen Position, das zu kritisieren. Wenn du dir nur Sorgen machst über Ungerechtigkeiten, die dir selbst angetan werden, und nicht über Ungerechtigkeiten gegen andere, dann mangelt es dir an Integrität. Und das nimmt nichts weg von der Tatsache, dass der Holocaust einmalig war, so wie der Holocaust in Ruanda einmalig ist. Platte Vergleiche, um herauszustreichen, welcher der schlimmste war, sind extrem oberflächlich und unmenschlich. Differenzierte Vergleiche jedoch, um die jeweiligen Ursachen und Bedingungen besser zu begreifen, verleugnen in keiner Weise die Einmaligkeit.

Zurück aus Dachau hatten wir intensive Gespräche am Abendbrottisch: Warum taten die Deutschen nichts dagegen? Wie können sie heute behaupten, nichts gewusst zu haben? Ich dachte bei mir nur: Diese Fragen werden uns auch eines Tages gestellt werden – als der weißen Gemeinschaft Südafrikas. Und von diesem Punkt an war mein Engagement in Anti-Apartheid-Aktivitäten deutlich und absolut. Für mich gab es keinen Zweifel mehr, was ich mit meinem Leben tun wollte, in welcher Art und Weise auch immer – bis die Apartheid vorbei sein würde.

Ab nun lag die Entscheidung, nicht zur Armee zu gehen, auf der Hand: Ich würde niemals eine Waffe für die Apartheid tragen, egal was die Konsequenzen sein mochten! Ich fühlte mich verwurzelt bei NUSAS und der UDF, 1983 wurde ich einer der Mitbegründer von ECC. Ich bekleidete mehrere Positionen innerhalb der ECC in den folgenden Jahren. Während der Notstandsgesetze 1986/87 war ich gezwungen, mich zu verstecken. In dieser Zeit beendete ich meine Examensarbeit über die Wehrdienstverweigerung in Südafrika ...

Wenn ich heute zurückschaue, hatte die ECC wohl einen höheren politischen Stellenwert, als uns damals bewusst war. Die weiße Gesellschaft insgesamt trug ja sehr wenig zum Freiheitskampf bei. Die ECC beschädigte das System der Apartheid vor allem durch ihr Infragestellen der Legitimität des Staates. Wir wurden nicht als Feinde, sondern als Verräter angesehen. Wir zielten auf jene Institution, die Apartheid aufrechterhielt – das Militär. Es war die Armee, die die weiße Macht über die Mehrheit der Bevölkerung durchsetzte. Indem wir die Wehrpflicht in Frage stellten, wurde auch die Legitimität des Staates hinterfragt. Darum zogen wir uns auch den vollen Zorn des Staates zu. ECC basierte auf der Position des «gerechten Krieges». Wir waren keine pazifistische Bewegung, aber eindeutig in der Verweigerung gegenüber dieser Armee in diesem Staat. ECC war weit mehr Repressionen ausgesetzt als andere oppositionelle weiße Gruppen.*

Wir stellten auch eine Art Heimat für all jene nicht Wehrpflichtigen dar – junge Frauen, engagierte Bürgerinnen und Bürger sowie natürlich Eltern –, die ebenfalls gegen den Militärdienst in einer Apartheidarmee waren. Bei der ECC konnte jeder mitmachen, ungeachtet seiner oder ihrer sonstigen weltanschaulichen Überzeugung, der oder die gegen die Wehrpflicht war. Und dadurch setzten wir auch ein deutliches Zeichen des Antirassismus gegenüber der schwarzen Gemeinschaft …

Wenn ich vor diesem Hintergrund die heutige Situation betrachte, dann muss ich sagen, dass viele Weiße, die sich selbst als Liberale sehen, einen der wichtigsten Aspekte von Freiheit nicht verstanden haben. Für sie ist Freiheit vor allem ein Recht: das Recht zur freien Vereinigung, auf Eigentum, auf freie Rede ohne Zensur. Das sind alles zentrale Werte in einer Demokratie. Aber mit unserer Geschichte und in unserem Kontext ist die Freiheit von Armut die Voraussetzung für alles andere. So viele sind sich dessen nicht bewusst.

Du kannst es so sehen: Ich habe dein Fahrrad gestohlen. Nach

* Vgl. auch den Brief des damals 19jährigen Tim Ledgerwood, S. 48.

fünf Jahren komme ich zu dir und sage: Es tut mir Leid, dass ich dein Fahrrad gestohlen habe. Wenn du Erzbischof Tutu bist, sagst du vielleicht: Ich vergebe dir. Die normalere Antwort wäre: Okay, aber wo ist mein Fahrrad? Wenn das, was ich dir gestohlen habe, nicht dein Fahrrad ist, sondern dein Land, deine Träume, deine Hoffnung – was dann? Wie viel zählt dann meine Entschuldigung?

Ich habe Leute in ländlichen Gebieten darüber befragt, wie sie über Versöhnung denken, ohne die TRC zu nennen. Die Weißen sagten so gut wie ohne Ausnahme: «Genug mit der TRC! Lass Vergangenes ruhen!» Farbige und afrikanische Leute sagten ebenfalls so gut wie ohne Ausnahme: «Was meinst du mit Versöhnung? Schau mal, wie wir leben: Guck dir unsere Hütten an – und schau, wie die Weißen leben: Sieh ihre Autos und Swimmingpools!» Worum es geht, sind die gegenwärtigen Ungleichheiten ...

Ich möchte noch etwas wiederholen, was ich so ähnlich auch vor der TRC gesagt habe in Bezug auf drei Haltungen, die mir immer wieder in der weißen Gemeinschaft begegnen:

Erstens wird gesagt, wie geschockt man sei von den Enthüllungen der TRC. Wenn man das damals alles gewusst hätte, hätte man auch etwas dagegen unternommen. Das ist einfach ein Mythos: Es ist schlicht unehrlich zu behaupten, dass niemand von uns etwas von Zwangsumsiedlungen, von Passgesetzen, von Toten in den Gefängnissen und ermordeten Kindern auf den Straßen wusste.

Zweitens wird behauptet, dass dort, wo man etwas gewusst habe, man auch dagegen aufgetreten sei. Auch dies ist leider ein Mythos: Es war nur eine kleine Minderheit unter uns Weißen, die eine Stimme der Opposition erhob und selbst dies noch aus relativer Sicherheit. Und in dieser Minderheit war es eine noch winzigere Minderheit, die selbst tatsächlich im täglichen Kampf und in unmittelbaren Aktionen gegen Apartheid an der Seite der schwarzen Gemeinschaft mittat.

Drittens – und wohl am häufigsten – ist zu hören: «Lasst das Vergangene endlich vorbei sein! Immer darin herumzurühren verschärft nur die Fronten und verhindert Versöhnung. Lasst uns lieber an einer neuen Zukunft bauen!» In meiner Überzeugung fügt diese Position dem Unrecht noch die Beleidigung hinzu. Was immer die individuellen Talente und Anstrengungen der Weißen in der Vergangenheit gewesen sein mögen: Unser privilegiertes Leben heute ist das Resultat eines gigantischen historischen Diebstahls. Die Mehrheit der schwarzen Bevölkerung lebt nach wie vor mit den Konsequenzen für die Bestohlenen. Die Vergangenheit ist sehr gegenwärtig.

Denn weißer Rassismus ist ja nicht verschwunden, auch wenn er nicht mehr die Form von Gesetzen hat. Er manifestiert sich täglich in wesentlich subtileren Formen. Eine der verräterischsten ist die Behauptung, dass weiße Werte universell seien und auf selbstverständliche Weise besser und «höher» als jene anderer Gruppen. Die meist beleidigende Form ist das endlose Klagen über Korruption, Ineffektivität und sinkende Standards. Das ist einer der schlechtesten Scherze im neuen Südafrika. Die frühere Regierung hat bislang unübertroffene Standards für Korruption, Inkompetenz und Ignoranz gesetzt.

Es gibt schließlich noch eine vierte Position, die jedoch selten gehört wird und von der ich glaube, dass es die einzig sinnvolle ist: Die weiße Gemeinschaft sollte ihren tiefsitzenden Rassismus angehen und unserer schrecklichen Geschichte und unserem abgeschirmten Leben ins Gesicht sehen. Die Herausforderung lautet, selbstkritisch zu werden anstelle von unkritisch, bescheidener zu werden, ohne anbiedernd zu sein, einfühlsamer zu werden, aber nicht paternalistisch. Es hat nichts zu tun mit Selbstbestrafung oder sich in Schuld zu wälzen, sondern einfach damit, Verantwortung zu tragen für unsere Handlungen oder unsere unterlassenen Handlungen. Wenn ECC heute noch existierte, würde ich Aufkleber für die weiße Gemeinschaft vorschlagen, die lauten: Hört auf zu klagen, fangt an aufzubauen!

Was Kinder und Jugendliche heute betrifft, so ist dies wohl der Bereich, in dem eine aufbauende Gerechtigkeit am dringendsten nötig ist. Die gewalttätigen Gangs und die eskalierende Kriminalität sind Ausdruck von Armut und zerstörter Hoffnung. Du brauchst kein Soziologe zu sein, um zu begreifen, dass du keine

Zukunft hast, wenn du im Stadtteil Manenberg aufwächst. Kinder haben Hunger hier, Kinder haben Angst. Angst zur Schule zu gehen und Angst auf dem Weg zurück nach Hause. Ich möchte jenen, die sagen, Kinder sollen um Himmels willen nicht Mitglieder solcher Gangs werden, gern eine Frage stellen, die die Kinder selbst an mich gerichtet haben, manche nicht älter als zehn: «Was hast du mir anzubieten? Welche Hoffnung kannst du mir geben? Warum soll ich nicht bei einer Bande mitmachen, wenn das bedeutet, dass ich nicht mehr auf meinem Schulweg verprügelt werde – und es vielleicht sogar bedeutet, dass ich für meine arbeitslosen Eltern ab und zu etwas Brot organisieren kann?»

Wenn ich Laurie zuhöre, sehe ich deutlich jenen charismatischen Studenten vor mir, dessen Überzeugung und Energie half, die ECC voranzubringen. Es ist inzwischen ein reiferes Gesicht, aber der Idealismus, das Engagement und die Fähigkeit, das Wesentliche zu erkennen, das getan werden muss – all dies blitzt aus seinen Augen auch heute. Besonders, als er mir später noch Beispiele zeigt von Konflikt- und Friedenserziehungsprojekten seines Zentrums an Schulen in einigen Stadtteilen Kapstadts, in denen jene Gangs die Straßen beherrschten, von denen er vorher berichtete. Zum Abschied gibt er mir ein Video über eines dieser Projekte mit, das ich mir anschaue, als ich wieder zu Hause bin. Ich bin tief berührt, was engagierte Leute hier mit den bescheidensten Mitteln und gegen größte Widerstände erreichen. Einfach aufgrund der tiefen Überzeugung, nicht aufzugeben und nicht jenen zuzustimmen, die bereits heute von der «verlorenen Generation» sprechen (vgl. die Vorstellung des Zentrums für Konfliktlösung in Kapitel III.3.) Der Film trägt den Titel: «Hope in Hell». Wo kann Hoffnung nötiger sein als in der Hölle?

KC

3. Besuche bei Initiativen des Erinnerns für die Zukunft

Robben-Island-Museum: «Jugendprojekte zu unserer Geschichte»

Wer heute als Tourist die ehemalige Gefängnisinsel Robben Island besucht, ist sich vielleicht nicht bewusst, dass die Insel eine wesentliche Rolle als pädagogische Begegnungsstätte spielt. Schulkinder aus allen Teilen des Landes machen hier Inselferien besonderer Art, ob für einen Tag, ein Wochenende oder länger.

Vor der Wahrheitskommission ist immer wieder die Bedeutung des Geschichtenerzählens thematisiert worden. Der Dichter Njabulo Ndebele hat es einmal so formuliert: «Die Geschichte der Apartheid, die jetzt erzählt werden kann, ist an dem Punkt angelangt, wo wichtige Informationen ans Licht kommen und erstes Verständnis ermöglicht wird. (...) Nur in wenigen Ländern der modernen Welt gibt es lebende Beispiele dafür, dass die Menschen sich aufs Neue durch das Erzählen konstituieren. Es ist eine Herausforderung an unsere Gesellschaft, die Fähigkeit zu entwickeln, Stimmen zu finden, die über Berichte und Aussagen hinauszugehen vermögen und neue Welten erschaffen.»*

Doch ehe Geschichten wirklich erzählt und gehört werden können, muss Begegnung stattfinden. Erst dann können Erfahrungen und Lebenswirklichkeiten von Jugendlichen für andere Jugendliche sichtbar und zugänglich gemacht werden. Auf diesem Gebiet leistet die pädagogische Arbeitsstelle auf Robben Island kreative Arbeit in Seminaren für Lehrer und Workshops für Schüler. Hier wird unter anderem eine Begegnung mit verschiedenen Lebenswirklichkeiten herbeigeführt, durch die, stärker als durch Fakten und Statistiken, Lernerfahrungen ermöglicht werden.

* Ndebele, Njabulo: Memory, Metaphor and the Triumph of Narrative. In: Nuttall, S. / Coetzee, C: Negotiating the Past. The making of memory in South Africa. Oxford University Press, Kapstadt 1998, S. 19–28.

Ein Beispiel dafür war eine Veranstaltung anlässlich des Soweto-Tages am 16. Juni. Eine Gruppe von etwa hundert afrikaans- und englischsprachigen weißen und farbigen Schülerinnen und Schülern fuhr zur Insel. Die meisten von ihnen kannten die Geschichte des Schüleraufstands gegen Afrikaans als Unterrichtssprache in groben Zügen, erwarteten wenig Neues und freuten sich einfach auf einen Ausflug. Keiner erwartete, in eine fremde Realität gestoßen zu werden. Umso größer der Schock, als von der Überfahrt an bis zur Ankunft im Hafen und im Bus zum Gefängnis keine bekannte Sprache zu hören war, weil die Leiter und Begleiter nur Xhosa sprachen. Die Reaktionen der Schüler reichten von Unsicherheit und Befremdung bis zu Ärger, Angst und offener Aggression. Diese Emotionen wurden dann besprochen, als die Leiter endlich, zur großen Erleichterung der Schüler, Englisch und Afrikaans sprachen. Damit war ein Identifikationsprozess in Gang gesetzt und ein Perspektivenwechsel erreicht, durch den leichter zu verstehen war, warum die Schüler von Soweto 1976 auf die Barrikaden gegangen waren.

Robben Island ist ein lebendes Museum, keine tote Erinnerungs- oder Wallfahrtsstätte. Hier begegnen sich Jugendliche aus allen sozialen Gruppen und experimentieren mit verschiedenen Medien, um mit Theaterspielen, Gedichten, Tanz und Bildern Geschichten und Geschichte zu gestalten. Alles wird eingesetzt, um die bisher marginalisierte eigene Geschichte für andere erfahrbar zu machen. Was hier geschieht, ist mehr als die Summe verschiedener Unterrichtseinheiten. Jugendliche werden nicht nur mit historischen Erfahrungen unmenschlicher Härte konfrontiert. Sie hören auch von direkt Betroffenen*, dass es möglich war, Gewalt zu überwinden. «Sie lernen etwas über den Triumph des menschlichen Geistes in unserer Geschichte», wie ein ehemaliger Häftling es ausdrückte.

* Verschiedene ehemalige politische Gefangene arbeiten jetzt auf dieser Insel, um besonders für Jugendliche, aber auch für Touristen generell als Zeitzeugen zur Verfügung zu stehen.

Wie Kreativität in diesem Prozess der Aneignung von Geschichte freigesetzt werden kann und inwieweit in diesem Transformationsvorgang Menschenrechte konkret erfahrbar werden, beobachte ich an einem kleinen Jungen, Themba, aus Khayelitsha, einer riesigen, wild wuchernden Siedlung außerhalb von Kapstadt. Ich treffe Themba auf dem Boden sitzend an. Er nimmt mich nicht wahr, weil all seine Aufmerksamkeit einer Apfelkiste gilt. Ich habe ihn nicht nach seinem Namen gefragt, nicht weil ich nicht isiXhosa spreche, sondern weil es nicht geholfen hätte. Denn Themba ist taub und stumm, und ich beherrsche die Gebärdensprache nicht. Sein Alter kann ich nicht schätzen, da er in seinem Wachstum zurückgeblieben und so schwer behindert ist, dass er sich nicht gut bewegen kann. Er sitzt auf dem Boden, versunken in seine eigene Welt; neben ihm eine ganz alltägliche Apfelkiste.

Ganz alltäglich? Nein: In Südafrika, besonders in Kapstadt und auf Robben Island, sind Apfelkisten keine alltäglichen Gegenstände. Wenn ein Inhaftierter nach Ablauf seiner Strafe aus dem Inselgefängnis befreit wurde, wurde ihm sein ganzes Hab und Gut in einer Apfelkiste übergeben. Begegnete man jemandem in einem Aufnahmehaus wie Cowley House, der sich verloren an eine Apfelkiste klammerte, dann wusste man, ohne dass es einem erzählt werden musste, dass diese Person viele Jahre in einem der unmenschlichsten Gefängnisse verbracht hatte und dass sie orientierungslos war, weil ihr dort die Grundlagen normalen Lebens und zwischenmenschlicher Kontakte vorenthalten worden waren. Menschen mit Apfelkisten bevölkerten unser kollektives Bewusstsein in diesen Jahren, und dieser normale Haushaltsgegenstand wurde so zum Symbol für die Missachtung von Menschenwürde.

Wie kann Themba, der ein Kleinkind gewesen sein muss, als Mandela 1990 endlich entlassen wurde, so versunken in seine Apfelkiste sein? Er ist einer von 50 Jugendlichen aus dem Kapgebiet, die ihre einwöchigen Schulferien auf der Insel verbringen, um an einem Workshop zur Geschichte der Insel teilzunehmen. In dieser Woche schaffen sie eine Ausstellung, die sie später als Wanderausstellung begleiten und in ihren eigenen sowie an anderen Schulen vorstellen sollen. Apfelkisten bilden das Basiselement dieser Ausstellung, mit dem eine riesige Gefängnismauer gebaut wird. Die Kinder kleben von ihnen selbst geschriebene und gemalte Bilder, die die Geschichte der Insel illustrieren, auf die Kisten. Berichte aus der Frühgeschichte sind ebenso vertreten wie Porträts bekannter Gefangener aus dem 19. Jahrhundert, Schilderungen des Schicksals von Leprakranken, von Gefangenen früherer Zeiten und ihren kühnen Fluchtversuchen, und immer wieder von politischen Gefangenen, die seit dem Rivonia-Prozess auf der Insel inhaftiert waren. In die Böden einiger Kisten werden mit einem scharfen Messer kunstvoll Gitterfenster geschnitten. Während dieser Beschäftigung bin ich auf Themba aufmerksam geworden. Der Glanz seiner Augen zeigt mir deutlich, wie glücklich ihn die Ausführung dieser Aufgabe macht; sie erfüllt ihn. Immer wieder kommen Schulkameraden zu ihm hin und teilen ihm etwas in Gebärdensprache mit, wodurch er sich aber nicht von seiner Arbeit abhalten lässt. Erst als er mit seinen Gittern zufrieden ist, steht er umständlich und bedacht auf, um einen in Pappmaché eingewickelten Ballon von draußen zu holen, der dort in der Sonne getrocknet ist. Vorsichtig klebt er ein Gesicht darauf, das er auf weißes Papier gemalt hat. Dann platziert er den Ballon hinter das Gitter seiner Apfelkiste und lächelt zufrieden. Andere Kinder kommen und äußern ihren Gefallen an Thembas kunstvoller Darbietung von Nelson Mandela in seiner Gefängniszelle. Diese so wichtige Apfelkiste wird in die Apfelkistenwand eingefügt, und alle sind sich einig: Das ist eine Ausstellung, die sie zu Recht ihr Eigen nennen und darum mit Stolz ihrer Schule zeigen können. Und es ist eine Geschichte, die sie mit Autorität, sogar mit Leidenschaft erzählen werden.

In dieser kleinen Geschichte befinden sich Hinweise auf die Erfolge, aber auch auf die Probleme des Robben Island Museums. Die Initiativen für Schulkinder sind, soweit ich das habe beobachten können, höchst kreativ und erfolgreich. Sie sind allerdings begrenzt durch knappe Finanzen, Personalengpässe und manchmal durch Schwierigkeiten im Personalmanagement. Dennoch zeigen alle Angestellten, von denen die meisten selbst Gefangene oder Aktivisten zur Zeit der Apartheid waren, ein enormes Engagement. Ihre Erzählungen über die Geschichte des Widerstands im Allgemeinen und die der Insel im Besonderen besitzen eine unvergleichliche Unmittelbarkeit und Authentizität. Der Rundgang durch das Gefängnis mit Erläuterungen eines ehemaligen Gefangenen ist immer wieder der Höhepunkt einer Inselrundfahrt. Es ist auch dieser Rundgang, der die Vorstellungskraft von Kindern anregt und sie spontan und interessiert viele Fragen stellen lässt.

Die Kommunikation zwischen den Generationen ist hier so dicht, dass die besorgte Frage aufkommt: Was wird einmal sein, wenn der letzte Zeitzeuge verstorben ist? Ihre unmittelbaren Berichte sind für die gegenwärtige Arbeit der Gedenkstätte unersetzlich. Es ist ergreifend zu erleben, wie ein ehemaliger Gefangener, der früher hier in der abscheulichsten Weise behandelt wurde, heute mit viel Großzügigkeit, ja Liebenswürdigkeit gegenüber den unterschiedlichsten Besuchergruppen reagiert, die neben viel echtem Interesse zuweilen auch zur Schau gestellte Gleichgültigkeit oder gar offene Feindseligkeit zeigen. Auf die Frage, wie er mit diesem Eindringen in seine zutiefst privaten und schmerzvollen Erinnerungen fertig wird, gesteht er, dass es manchmal schwer sei, fügt jedoch umgehend hinzu: «Unsere Aufgabe ist es, dafür zu sorgen, dass die Leute sehen und verstehen.» Nur – wer wird es nach ihm tun? Im Moment leben Südafrikaner in einer Gnadenfrist, in der der Nation noch Heilung angeboten wird von denen, die gelitten haben. Nelson Mandela ist bei weitem nicht der einzige, sondern nur der bekannteste. *KC*

Sobald Museen gegründet werden, um Geschichte zu bewahren, stellen sich zwei Probleme: dass die Vergangenheit möglicherweise selektiv bewahrt und festgeschrieben wird und dass sie am Ende erstarrt, als ob sie in Stein gehauen wäre.

Es ist unvermeidbar, dass Geschichte von den Siegern geschrieben oder neu geschrieben wird. Bis zu einem gewissen Grade ist das auch in Robben Island der Fall. Der Schwerpunkt der Erinnerung liegt sehr deutlich, wenn auch nicht ausschließlich, auf den dort damals inhaftierten Helden des African National Congress (ANC), die jetzt die Regierung des Landes bilden. Sie stehen im Rampenlicht – nicht immer zur Zufriedenheit derer, die andere Positionen, oft weiter links, im politischen Spektrum einnahmen.

Robben Island als Gedenkstätte und pädagogische Arbeitsstelle versteht sich als Symbol der Wandlung von der Apartheid zur demokratischen Moderne. Jedoch ist dies eine Wandlung, die gerade erst begonnen hat und die sich ebenso aus Quellen der Hoffnung,

Rhetorik und Symbolik speist, wie sie eben auch in der Realität wurzelt. Und doch ist dieses Ideal ein kraftvoller Antrieb ebenjener Veränderungsprozesse: Das vereinigende, versöhnende und visionäre Ziel der «Regenbogennation» ist gerade deswegen nötig, weil die Realität noch so weit entfernt ist von diesem Ziel. Die Ausrichtung auf ein übergeordnetes Ideal der Versöhnung kann aber dazu führen, dass Widersprüche, Gegenströmungen und persönliche Geschichten dem Gemeinwohl zuliebe eingeebnet oder marginalisiert werden.

Es gibt neben der Ignorierung der Rolle der Täter, ihrer Hintergründe und Motivstrukturen noch eine weitere problematische Form der Selektivität, die tief in der Geschichte und der Strukur von Robben Island verankert ist: die des Geschlechts. Es gab keine weiblichen politischen Häftlinge auf Robben Island. Keine Frau hat jemals eine Apfelkiste von der Insel an Land getragen. In diesem Sinne fehlen Frauen ganz in der Reihe der Helden, die dort gefeiert werden.

Es liegt viel Ironie in dem Widerspruch zwischen Geschichte und Struktur der Gefangeneninsel. Einerseits wird aus den persönlichen Geschichten der prominenten politischen Häftlinge deutlich, dass sie gerade jene Seiten ihrer Natur entwickeln mussten, die traditionell nicht als typisch männlich gelten: Fürsorge und Sensibilität, selbst Sanftheit im Umgang miteinander waren zum Überleben nötig. Es gab keinen «Rattenkönig» (King Rat) auf Robben Island. Und doch verfestigt das befreite Robben Island als das vielleicht wichtigste Symbol des Sieges über die Apartheid eine rein männliche Hierarchie von Helden und Widerstandskämpfern. Das bedeutet, dass die Geschichte der Frauen im Widerstand gegen die Wucht und Gewichtigkeit dieser Hierarchie erst noch etabliert werden muss.

Mit das Wichtigste, was man heute über Robben Island sagen kann, ist, dass die Geschichtsschreibung sich noch im Fluss befindet, dass man noch Spuren sucht und um Interpretation bemüht ist. Grundlegend für das Selbstverständnis der Gedenkstätte ist der Triumph des menschlichen Geistes über die Tyrannei. Davon ausgehend entwickelt sich die Zielvorstellung einer harmonischen und friedlichen Gesellschaftsordnung, die der pädagogischen Arbeit zugrunde liegt. Daraus gewinnt diese Arbeit ihren Antrieb, ihre Kreativität und Vitalität. Man wird in Zukunft sehr bewusst darum ringen müssen, dass diese Offenheit und Flexibilität weiter bestehen bleibt. Jetzt schon zeigen sich gegenläufige Tendenzen, nach denen die Gedenkstätte die Vergangenheit so rein wie möglich bewahren sollte, als Schrein und Mahnmal. Das würde im Laufe der Zeit eine gegenwarts- und zukunftsgerichtete pädagogische Arbeit zunehmend erschweren.

Die Bemühungen um Ausgleich in diesem Bereich werden erschwert durch die steigenden Ansprüche des Tourismus. Die Leiter der Gedenkstätte haben sich bisher gegen den Druck übermäßiger Kommerzialisierung erfolgreich wehren können. Schwieriger aber ist mit jenen Aspekten des Tourismus umzugehen, die an sich eine wahrnehmungsbeschränkende Wirkung ausüben. Im Allgemeinen kommen Touristen nicht, um zu lernen, sondern um zu erkennen oder wiederzufinden, was sie schon wissen oder zu wissen glauben. Wenn eine Gedenkstätte als Touristenziel Erfolg haben will, muss sie sich an diesen Umstand anpassen. Da es nicht möglich ist, die Komplexität der südafrikanischen Geschichte auch nur einigermaßen nuanciert in einer dreistündigen Rundfahrt wiederzugeben, sind Vereinfachungen und Verkürzungen unvermeidlich – und setzen sich in dem Rahmen weiter fort.

Vielleicht zeigt die Schattenseite des Tourismus noch etwas anderes: die Schwierigkeit, Geschichte in überschaubarer und schließlich konsumierbarer Form unter Erwartungsdruck anzubieten, wenn genau diese Geschichte erst noch im Entstehen ist.

Anschrift: Robben Island Museum
Coordinator: Education
7400 Robben Island / Cape
South Africa
E-Mail: educate@robben-island.org.za

Western Cape Action Tours: «Fenster zum Verstehen»

Dieses Projekt wurde von einer Gruppe ehemaliger Umkhonto weSizwe-Kämpfer um Yazir Henry (siehe auch Kapitel II.3. und III.1.) aufgebaut. Vier Ziele wurden dabei formuliert:

- eine alternative Form von Tourismus mit Fahrten in Townships anzubieten und dabei Südafrikaner ebenso wie ausländische Besucher über die Geschichte von Unterdrückung und Widerstand in Südafrika zu informieren;
- an jene zu erinnern, die für die Befreiung kämpften;
- Begegnungen über ethnische und räumliche Grenzen hinweg zu ermöglichen, die in der Vergangenheit mit Gewalt durchgesetzt worden waren;
- Arbeitsplätze für ehemalige Befreiungskämpfer und andere Leute in den Townships von Kapstadt zu schaffen.

Ein sonniger Samstagmorgen in der City von Kapstadt. In einer Gruppe von zwölf Studenten unterschiedlicher Hautfarbe mit ihren Lehrern von der Western Cape Universität sowie ein paar amerikanischen Touristen verlassen wir die Innenstadt in einem etwas klapprigen VW-Bus. Es besteht jedoch kein Grund zur Sorge – hinter dem Steuer sitzt ein stämmiger Ex-MK-Soldat, neben ihm zwei ehemalige Gefährten. Sie summen leise ihre Befreiungssongs, die ich zuletzt laut und aggressiv gesungen auf verbotenen Treffen der **«Jungen Löwen»** während der 80er Jahre gehört habe. Jetzt bilden sie den sanften Hintergrund zur Einführung von Yazir Henry, in der er uns darauf vorbereitet, nicht nur zu schauen, sondern auch ein neues Verstehen dessen zuzulassen, was uns in den kommenden Stunden erwartet.

Um dieses Hinter-die-Fassade-Sehen geht es, um das Ablegen von Scheuklappen, mit denen wir alle in diesem Land so lange lebten. Während wir durch die Vorstadt Athlone fahren, weist uns Yazir auf sichtbare Straßen und Bahnschienen hin, die die unsichtbare Grenze der rassistisch definierten Ghettos markierten.

Der erste Halt wird im Geschäftszentrum von Athlone gemacht, wo Yazir die Politik der Rassentrennung am Beispiel dieses Stadtteils erläutert. Er berichtet von einer Südafrikanerin, die sich noch in der fünften Generation als Inderin gemäß der Apartheid-Definition versteht. In dieser Gegend gab es eine breite Unterstützung für die Schüleraufstände in den 80er Jahren. Wir besuchen dann jenen Ort, in dem die jungen Umkhonto-Kämpfer Colleen Williams und Robert Waterwitch ermordet aufgefunden wurden: ein Toilettenhaus, in dem die Morde ungeschickt als sogenannte «Granatenunfälle» getarnt worden waren. Noch gibt es hier keinerlei sichtbare Erinnerung an die beiden.

Yazir und seine Gefährten Nkhululeko, Thabo und Otto geben uns einen Eindruck von der Vielfalt der Unterdrückung und des Widerstands während weiterer Stopps: In der Straße, in der die Polizei aus einem Lastwagen heraus das Feuer auf Schulkinder eröffnet hatte und die später als der «Trojanische Pferd»-Vorfall (siehe auch S. 97) in die Geschichte eingingen, machen sie uns auf eine Gartenmauer aufmerksam, an die die Namen der erschossenen Kinder gesprayt wurden. Eine individuelle Geste, die nicht nur Trauer verrät, sondern auch Wut darüber, dass mehr als ein Jahrzehnt später noch immer kein offizielles Gedenken stattfindet; kein Straßenname, keine noch so kleine Tafel – nichts.

Wir steuern den nächsten Haltepunkt an: Die Passbüros in Langa, jetzt stillgelegt, damals Räume, in denen sich Dramen abspielten, Familien und Ehen aufgrund der drakonischen «Passgesetze» auseinander gerissen wurden. Das Erbe dieser Politik zerrissener Gemeinschaften wird uns noch Jahre beschäftigen.

Auf der dicht befahrenen Straße in Gugulethu halten wir an jener Stelle, wo am 3. März 1986 sieben Männer von der Sicherheitspolizei erschossen wurden; die Ermordung der als «Gugulethu-Seven» bekannt gewordenen Männer ging als besonders grausam in die Geschichte des Westkaps ein. Ich lese hier ein Zitat von Cynthia Ngewu vor, deren Sohn eines der Opfer war und die gleichwohl eine außergewöhnliche Geste der Versöhnung gegenüber den Mördern formulierte:

«Wenn wir von Versöhnung sprechen, dann in der Hoffnung, Menschlichkeit bei jenen wieder wachzurufen, die die Täter waren. Wir möchten keine Menschen so leiden sehen, wie wir litten. Alle Südafrikaner sollten sich der Aufgabe stellen, diese Menschen wieder in unsere Gemeinschaft zu integrieren. Wir möchten ihnen Menschlichkeit entgegenbringen, damit sie ihre Menschlichkeit wiederfinden können.»

Verdient eine Frau wie sie nicht wenigstens irgendeine Form der Erinnerung an dieser Stelle, eine Anerkennung der Gemeinschaft für den Verlust ihres Sohnes?

Die Bewahrung der Topographie dieser Geschichte jedoch, die Erinnerungsarbeit gegen das Vergessen, wird beinah ausschließlich von jenen geleistet, die damals am meisten durchmachen mussten. Yazir und seine Gefährten haben all ihre Kräfte gegen das allgemeine Verdrängen gebündelt, gegen die Tendenz, «einfach im Leben weiterzumachen». Ich spüre bei den meisten der Studenten, alle ungefähr Anfang zwanzig und ebenfalls in Townships aufgewachsen, dass sie dies alles zum ersten Mal hören und diese Orte zuvor noch nie bewusst besucht haben.

Fünf Jahre gibt es das «neue Südafrika» jetzt, und zwei demokratische Wahlen hat es bereits hinter sich. Aber noch immer gibt es keine sichtbaren offiziellen Zeichen im Stadtbild – hier oder anderswo im Land –, die dazu anregen, über unsere jüngste Geschichte nachzudenken, und an jene erinnern, die sich opferten. An der Western Cape Universität wurden gerade mal zwei Studentenunterkünfte nach den ermordeten Studentenaktivisten Colleen Williams und Ashley Kriel benannt. Mir fallen beim besten Willen keine weiteren Formen des Gedenkens an einer Jugend ein, die so viel für die Befreiung getan hat. Dieses Ungleichgewicht zwischen offiziellem und alltäglichem Gedenken ist in der westlichen Kapprovinz besonders eindringlich: Einerseits gibt es hier die Robben Island Gedenkstätte, anerkannt als Erbe der Menschheit, um allzeit an die brutale Vergangenheit und auch die Kraft der Menschlichkeit, die schließlich stärker war, zu erinnern (siehe das besondere Kapitel hierzu im folgenden), andererseits die vielen Townships, in denen

Menschen in vielfältiger und alltäglicher Weise litten, aber auch widerstanden und wo sich – was die täglichen Lebensbedingungen betrifft – bisher nur wenig geändert hat. Auch hier hat sich in tausend Formen die Kraft der Menschlichkeit gezeigt, deren Anerkennung jedoch noch aussteht. Wird das nun Idealisten wie Yazir und seinen Gefährten überlassen, die dies zu einem Hungerlohn und unter größtem persönlichen Einsatz organisieren und bekannt zu machen versuchen? Oder wird doch noch die nötige Unterstützung und Anerkennung als Folge solch pionierhaften Engagements kommen?

Die Tour geht weiter. Yazir erklärt in seinen knappen, aber informativen Erläuterungen Zusammenhänge zwischen Geschichte, Stadtplanung, politischer Geographie und Anthropologie. Noch in Langa besuchen wir ein weiteres Projekt, das ebenfalls von ihm und seinen Freunden angestoßen wurde: Eine Polsterwerkstatt, in der beschädigte Möbel repariert und aufgebessert werden. Es geht auch hier nicht allein darum, dringend benötigte Arbeitsplätze zu schaffen. Darüber hinaus soll den Menschen der Nachbarschaft die Möglichkeit gegeben werden, gute Einrichtungen billig zu kaufen, damit sie nicht jenen Kredithaien auf den Leim gehen, für deren Versprechen besonders arme Leute anfällig sind, was nicht selten zu weiterer Verarmung führt.

Dann der Besuch bei einem afrikanischen Medizinmann, eine Premiere für uns alle: eine Myriade der vielfältigsten Zutaten von getrockneter Pythonhaut über Baumrinden bis hin zu für uns undefinierbaren Substanzen in hunderten von Flaschen. Zeugnisse einer blühenden Praxis, die ganz offensichtlich einem wichtigen Bedürfnis dient, körperlich wie spirituell, auf das westliche Medizin keine Antwort gibt. Mitten durch ein Meer von Hütten und Buden aller Variationen gehen wir zu einer kleinen Shebeen, einer jener typischen Township-Kneipen, in denen selbst gebrautes Bier verkauft wird und die hier von einer Frauengruppe betrieben wird. Etwas unsicher nehmen wir auf zerbrechlich wirkenden Bänken Platz und lassen eine große Blechdose voll schäumenden Biers herumgehen: der leicht säuerliche Geschmack wirkt fremd, aber nicht unangenehm. Unsere Pfeife rauchende Wirtin ist sichtlich amüsiert zu sehen, wie wir unsere leichte Nervosität hinter demonstrativer Weltläufigkeit zu verbergen versuchen.

Im Bonteheuwel-Stadtteil werden wir im kleinen Haus von «Auntie Miena» (Tante Miena) willkommen geheißen, der Mutter des Aktivisten Farid Ferhelst, der auch unter dem Decknamen «Donovan» bekannt war. Sie entschuldigt sich für die Enge, während wir uns für unsere Verspätung schämen. Wir haben sie lange auf uns warten lassen. Sie ist bereit, ihre besonderen Erfahrungen mit uns zu teilen: Anschaulich berichtet sie von den Jahren der Verfolgung durch die Polizei, der Ächtung durch Nachbarn, der Angst um ihren Sohn, der unter Sektion 29 im Gefängnis saß. Sie wusste, dass er gefoltert wurde, als sie blutgetränkte Kleidung zum Waschen erhielt. Eines Tages wurde er dann – ohne einen Prozess – freigelassen und kehrte heim, völlig verändert, ein tief verstörter junger Mann, dessen Jugend zu Ende war. Wir sind tief berührt von ihrer Geschichte, auch davon, wie sie sie erzählt: schlicht und ernst, ohne einen Schimmer von Pathos oder Selbstmitleid.

Wir begreifen, warum Nkhululeko, einer unserer Begleiter, sie zärtlich «die Mutter» nennt, «zu der ich gehe, wenn ich Probleme habe». Wie vielen jungen Aktivisten mag «Auntie Miena» in all den Jahren schon zur Seite gestanden haben, ohne jemals nach dem Preis zu fragen, den sie selbst für all das bezahlt hat? Und ihr Geben und Teilen hat nicht aufgehört: Sie hilft nun anderen, die eigene Geschichte besser zu verstehen. Und das wird auf lange Sicht uns allen helfen, als eine Nation zusammenzuleben.

«Wahre Versöhnung ist nicht leicht, nicht billig zu haben», sagt Bischof Tutu an anderer Stelle in diesem Buch. Aber das wirkliche Wunder besteht in den vielen Angeboten von Menschen, die selbst so sehr gelitten haben. Das ist die besondere Leistung der «Western Cape Action Tours»: dass sie Fenster zum Verstehen öffnen. Yazir und seine Gefährten sind Zeitzeugen, und sie stellen Kommunikation zu jenen her, die Geschichte gemacht haben.

Als wir an den Siedlungen von Philippi und Crossroads vorbeifahren, spricht Yazir über die gewaltigen Zwangsumsiedlungen in diese künstlichen Wohngebiete – und wie Menschen versuchten, sich dem zu widersetzen. Immerhin wurden so erste Aufenthalts- und Bürgerrechte erkämpft. Der Preis dafür war hoch, denn die vielen Formen des «divide et impera», des Teilens und Herrschens, gehörten zum Kern der Apartheid. Hier fällt unser Blick auf ein paar neue Häuser, frisch gestrichen, die strahlend von dem staubigen Müll um sie herum abstechen – die ersten Zeichen von Veränderung, die wir auf unserer Fünf-Stunden-Tour zu sehen bekommen.

Jeder von uns spürt am Ende der Fahrt, dass wir nach diesem Vormittag unsere Heimatstadt mit anderen Augen wahrnehmen werden. Während wir noch still und nachdenklich im Bus sitzen, einige von Yazirs Freunden leise ihre alten Lieder summen, nennt Yazir die Namen seiner gefallenen Umkhonto-Gefährten. Er bittet uns, ihrer zu gedenken. Es ist nur eine Handvoll Namen, die er vorträgt, stellvertretend für Tausende, die ungenannt bleiben.

KC

Anschrift: Western Cape Action Tours (WCAT)
707 Diamond House
29 Parliament Street
8000 Cape Town
South Africa
E-Mail: wcat@iafrica.com

Zentrum für Konfliktlösung: «Hoffnung in der Hölle»

Auch das neue Südafrika, auch die friedlich verlaufene zweite demokratische Wahl hat am Schulweg von Gadiedja, 8, und Rafik*, 9, nichts geändert: Sie rennen, oft ohne Frühstück, so schnell sie können von ihrem Wohnblock über den staubigen Vorhof, die steinige Straße entlang zur Schule. Es ist nicht Eifer, der sie treibt, sondern der nackte Terror. Es ist die Angst, von Schülerbanden überfallen zu werden, wobei sie dann noch von Glück reden können, wenn sie buchstäblich mit einem blauen Auge davonkommen. Oft sind es Stichwunden, denn die Klappmesser sind überall stets griffbereit.

Rafik hat sich darum entschlossen, in Zukunft auch so ein Messer zu tragen. «Es ist doch besser», meint er, «wenn ich mich gleich wehre und nicht warte, bis sie mich abstechen.» So wie es der Frau geschah, deren Ermordung er vor kurzem mit ansehen musste. Gadiedja erinnert sich: «Ja, das Messer war in ihrem Rücken abgebrochen und dann sind sie auf ihren Kopf gesprungen, und dann kam so ein rosa Ballon aus ihrem Rücken heraus. Ich hatte solche Angst …» Sie träumt schlecht, wacht nachts oft schreiend auf. Rafik hat Angst, nachts zur Toilette zu gehen, die außerhalb der Wohnung liegt. «Lieber mach ich in die Hose», sagt er.

Es wäre auch sicher nicht leicht für ihn, nachts aufzustehen, ohne die ganze Familie zu wecken. Achtzehn Menschen schlafen in einem kleinen Raum, da gibt es nur ein ganz kleines Eckchen für Rafik. Später, wenn er in der Oberschule ist, wird er abends keine Hausaufgaben machen oder für Prüfungen lernen können, denn überall schlafen Angehörige. Seine Tante schläft mit ihren Kindern in der kleinen Küche – und mehr Platz gibt es nicht. Und besser wird es nicht werden, denn Arbeit haben die meisten nicht und Rafiks Vater ist für lange Zeit im Gefängnis. Er erinnert sich noch an den letzten Besuch dort, wie kalt und unheimlich alles war, der Vater hinter einer dicken Glasscheibe. Hoffentlich muss er dort nicht wieder hin …

Schon jetzt haben die Kinder große Schwierigkeiten mit den

* Namen geändert

Hausaufgaben, denn den ganzen Tag lang ist Geschrei und Streit in der kleinen Wohnung. Und geprügelt und geschlagen wird auch, wenn Wut und Frustration keinen anderen Ausweg finden, wenn Lautstärke und Flüche nicht ausreichen. So ist es normal, anders haben die Kinder es nie gekannt.

Und wenn sie dann atemlos, aber dankbar, für dieses Mal den Banden entronnen zu sein, in der Schule ankommen, sollen sie sich auf Kopfrechnen und Rechtschreibung konzentrieren und wissen, wer Marco Polo war. Das ist schwer. Eigentlich hören sie nicht recht, was die Lehrerin sagt, denn oft denken sie noch an die schrecklichen, bedrohlichen Geräusche der Nacht oder daran, dass die Mutter wieder verzweifelt geweint hat heute Morgen ... Oder an die vielen Gefahren auf dem Weg nach Hause, der ihnen am Nachmittag bevorsteht.

Rafik denkt über Dringenderes nach als über die Frage, wie die Hauptstadt von Großbritannien heißt oder worin nun der Unterschied zwischen Fischen und Reptilien besteht. Er muss sich nämlich bald entscheiden, welcher Bande er beitreten wird, das heißt, bei welcher seine besten Überlebenschancen liegen. Immerhin könnte er dann vielleicht auch einmal ein wenig Geld heimbringen, dann wäre die Mutter vielleicht nicht mehr so verzweifelt ... Den Nachbarn geht es ja ein bisschen besser jetzt, sie haben mehr zu essen, seit ihr Sohn Henry Mitglied der *Hard Livings* geworden ist. Henry hat immer so eine tolle Lederjacke an – und viele Freunde hat er jetzt ... «Angst hat der sicher nicht, und er geht bestimmt auch nachts zum Klo», denkt Rafik.

Zum Glück hat Rafik eine Lehrerin, die ihn nicht dafür bestrafen wird, wenn er nichts über Marco Polo sagen kann. Mariman Hendricks weiß, was bei ihm zu Hause los ist. Es ist wie bei den anderen vierzig Kindern, die in der Klasse herumschreien. Die Lautstärke ist normal, denn so haben sie bisher gelernt, sich Gehör zu verschaffen. Normal ist auch die Prügelei in einer Ecke. Andere Formen der Konfliktlösung kennen die Kinder nicht.

Und doch hat sich etwas geändert, denn Mariman und ihr Kollege Michael Davids haben am *Centre for Conflict Resolution* an der

Universität Kapstadt einen Kurs über Konfliktlösung in der Schule absolviert (siehe auch Kapitel III.3: Laurie Nathan). Sie waren beide fest entschlossen, angesichts der überwältigenden Probleme an ihrer Schule nicht einfach die Flinte ins Korn zu werfen:

«Bevor ich diesen Kurs belegen konnte, war ich so wie die anderen Lehrer: Ich habe meinen Unterricht in Geschichte oder Erdkunde oder Biologie gegeben, und dann bin ich so schnell wie möglich nach Hause gegangen.

Natürlich wusste ich auch früher schon, wo die Probleme liegen. Die Kinder sind von klein auf Zeugen der brutalsten Gewalt, und sie lernen ganz früh, dass Macht durch Gewalt erlangt wird, ob in der Familie oder auf der Straße. Die Kinder haben nie erfahren, wie sie friedlich miteinander umgehen könnten und dass sozialer Umgang auch bedeutet, einander zuzuhören. Wer hört ihnen denn schon zu, bei den Verhältnissen zu Hause? Fluchen, Schreien und Schlagen, Konflikt und Gewalt sind einfach die soziale Norm. Die Kinder haben auch keine anderen Vorbilder in ihrem Leben. Kein Wunder, dass die Banden für sie der logische nächste Schritt sind – und dann ist es nicht mehr weit bis ins Gefängnis. Wie ich da etwas ändern könnte, wie da eine Intervention möglich wäre – ja, darüber habe ich mir oft den Kopf zerbrochen, aber keine Antwort gefunden.

Konflikte und Gewalttätigkeit werden im Übrigen auch im weiteren Leben der Kinder eine große Rolle spielen. Das können wir Lehrer nicht ändern. Aber durch die Schulung beim Zentrum für Konfliktlösung haben wir gelernt, wie wir sie befähigen können, auf gewaltlose Art mit Konflikten umzugehen. Konflikte sind eigentlich etwas Normales, nicht etwas Bedrohliches. Wenn man mit ihnen umgehen kann, werden sogar Energien freigesetzt, die sich sehr konstruktiv auswirken können. Es ist sehr befreiend, das zu erleben – an sich selbst und auch in der Klasse.

Wir haben begonnen, ganz bewusst Konfliktlösung mit Kindern zu üben. Es ist wichtig, das im Grundschulalter zu tun, denn danach ist es oft schon zu spät. Die Kinder erfahren, dass man durch Konflikte viel lernen kann, dass man einander zuhören muss und kann, dass man nicht immer zu schreien braucht, um gehört zu werden. Sie denken jetzt ganz bewusst über Konflikte nach und sie sprechen darüber. Sie lernen zu benennen, was sie stört oder kränkt – anstatt gleich loszuschlagen. Sie merken, dass es oft mehrere Alternativen gibt. Das ist eine ganz neue und sehr befreiende Erfahrung für sie …»

«Aber es ist nicht genug, das nur innerhalb der Klassengemeinschaft zu tun», fährt Miriam fort. «Die Familien müssen mit einbezogen werden in dieses Training. Sonst nützt es nicht viel. Wir müssen die ganze Gemeinschaft erreichen. Das tun wir jetzt auch, wir veranstalten am Wochenende Workshops für die Erwachsenen. Erst waren sie ziemlich misstrauisch, aber inzwischen kommen viele Eltern zu den Workshops hier in der Schule, und sie machen sehr aktiv mit! Endlich erreichen wir die ganze Gemeinschaft. Dann haben diese Kinder vielleicht doch eine Chance, aus dem Kreislauf der Gewalt auszubrechen …»

Das Zentrum für Konfliktlösung an der Universität von Kapstadt hat sich zum Ziel gesetzt, tragfähige Alternativen zu einer «Kultur der Gewalt» zu entwickeln, in der die Mehrheit der Kinder in den Townships aufwächst. Es werden verschiedene Kurse angeboten, die ein Intensivtraining in wenigen Tagen ermöglichen. Fachkräfte des Zentrums besuchen auch Schulen, um vor Ort Kurse abzuhalten und Hilfe und Rat anzubieten.

Durch Training und Aufklärung der Lehrkräfte soll eine friedliche Schulgemeinschaft entwickelt werden, von der aus auf das soziale Umfeld eingewirkt werden kann. Jugendarbeit kann nur Erfolg haben, wenn das Erbe der Apartheid nicht nur punktuell angegangen wird, sondern das ganze Ausmaß seiner strukturellen Gewaltförmigkeit in den Blick genommen wird.

Ein Beispiel ist die Jugendarbeit im Umkreis der Aids-Bekämpfung. Kondome und Vorträge über «Safe Sex» allein richten nichts aus in einem sozialen Umfeld, in dem die Wohnverhältnisse Inzest und Kinderschändung begünstigen und Sex oft ein Ausweg aus Armut und Misere zu sein scheint. Die Angst vor Aids, sofern sie überhaupt vorhanden ist, beeinflusst das Verhalten nicht, wenn Sex die einzig verfügbare Überlebensstrategie ist, und ganz besonders dann nicht, wenn die Erwachsenen diese Krankheit und ihre Ansteckungsformen nach wie vor tabuisieren.

Diese und andere Formen der Gewalt, der Entrechtung und Machtlosigkeit auf verantwortungsvolle und realistische Weise anzugehen, ist Ziel der Jugendarbeit des Zentrums. Es geht darum, nicht mit erhobenem Zeigefinger zu predigen, sondern gemeinsam einen Weg zu finden, der aus einer Umgebung führt, die oft als Hölle erfahren wird.

Anschrift: Centre for Conflict Resolution
University of Cape Town, Private Bag
7700 Rondebosch
South Africa
E-Mail: mailbox@ccr.uct.ac.za

Amy-Biehl-Stiftung: «Schutzschilde gegen die Gewalt»

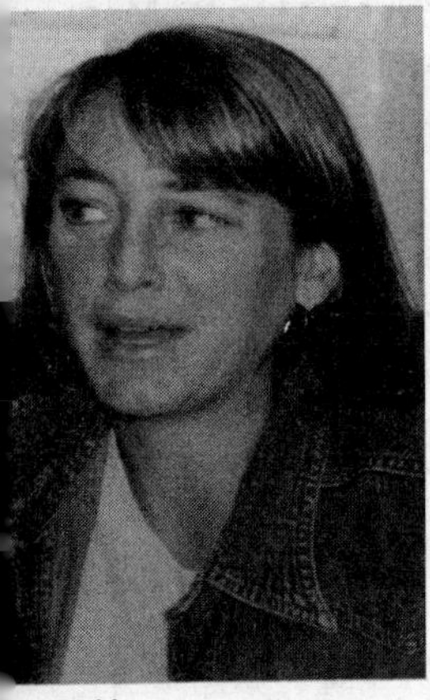

my Biehl

Die Gründung der Amy-Biehl-Stiftung hat eine besondere Vorgeschichte: Am 25. August 1993 gab die junge US-amerikanische Studentin Amy Biehl drei schwarzen Kommilitonen mit ihrem Auto eine Mitfahrgelegenheit zum Township Gugulethu bei Kapstadt. Gegen fünf Uhr nachmittags wurde das Auto von einer Gruppe Demonstranten mit Steinen beworfen und zum Stehen gebracht. Amy wurde am Kopf verletzt und versuchte, zu einer nahen Tankstelle zu laufen. Auf dem Weg dorthin wurde sie von weiteren Steinen getroffen; schließlich wurde sie von vier jungen Männern mit mehreren Messerstichen getötet. Die vier Männer waren zwischen 18 und 20 Jahre alt und gehörten einer dem PAC nahe stehenden Jugendorganisation an. Wenig später wurden sie ergriffen und zu 18 Jahren Gefängnis verurteilt. Der Mord an der 26-jährigen Amy Biehl, die sich seit Anfang der 90er Jahre mit einem Stipendium in Südafrika aufhielt und von Beginn an gegen Apartheid und für Menschenrechte engagiert hatte, wurde als schwerer Rückschlag auf dem Weg zur Versöhnung empfunden. Viele Südafrikaner aller Hautfarben schrieben den Eltern, Linda und Peter Biehl, persönliche Briefe nach Kalifornien.

Erinnerungen an Amy Biehl: Das erste Mal traf ich sie auf einer Konferenz im Januar 1992, die sie für Expräsident Jimmy Carters Institut für internationale Beziehungen (NDI) organisieren half. Delegierte aus neun afrikanischen Ländern sowie von der UNO, die meisten aus Regierungsbehörden und politischen Parteien, waren in der luxuriösen Game Lodge am Fuße des Etjo-Berges in Namibia zusammengekommen, um über Strategien für demokratische Wahlen zu beraten, vor allem für das südliche Afrika. Ich war in die Konferenz entsandt worden, um das Bildungs- und Wahlbeobachtungsprogramm des Black Sash vorzustellen – was mir den besonderen und gleichzeitig höchst irritierenden Status der einzigen Frau unter 50 männlichen Delegierten einbrachte. Nur ein kleiner Mosaikstein in Bezug auf die Sensibilität gegenüber Geschlechterfragen unter damaligen afrikanischen Politikern. Ich freute mich, wenigstens unter den Organisatoren eine junge Feministin aus den USA zu treffen.

Diese erste Begegnung blieb nicht der einzige Anlass, uns über die Unsichtbarkeit von Frauen in der Politik auszutauschen. Ihre folgende Abordnung an die University of the Western Cape, meinen Arbeitsplatz, gab uns Gelegenheit zu intensiven Gesprächen, manchmal auch einfach Zeit, gemeinsam zu lachen und Spaß zu haben. Mehr als einmal wurde eine der kaum auszuhaltenden, trockenen Ansprachen von ihr durch ein bloßes Augenzwinkern kommentiert, mit dem wir uns stillschweigend durch den Raum signalisierten: Nicht so ernst nehmen!

Wenige Tage bevor sie in die USA zurückkehren wollte, kam sie bei uns daheim vorbei – in ihren Reebok-Turnschuhen und Shorts, um sich mit meiner Tochter Kathy zu einem Drink zu treffen – das Treffen zweier junger Frauen, die ihr Leben bereits im Geiste jenes Neuanfangs führten, der erst noch kommen sollte.

Nur einen oder zwei Tage später die von Tränen erstickte Stimme einer Freundin am Telefon: «Karin, ich kann es nicht fassen ... sie haben Amy umgebracht ...» Ich bin starr vor Entsetzen. Was werden die Eltern von Amy jetzt durchmachen? Wie konnten die jungen Täter dermaßen aufgehetzt werden? Wer ist am Ende wirklich für diesen Mord verantwortlich? Wenn so etwas einem jungen Menschen wie Amy geschehen kann, wo ist dann noch Hoffnung? Ich teile meine Verzweiflung wenige Tage später in meinem Statement für den Black Sash mit, als wir auf dem Campus der Universität einen Trauergottesdienst abhalten:

«Die brutale und sinnlose Ermordung von Amy Biehl bringt uns einen weiteren Schritt näher an den Abgrund der Verzweiflung und Anarchie. Es ist so schwer, die Hoffnung aufrechtzuerhalten, wenn kein Ende des tödlichen Teufelskreises in Sicht zu sein scheint ... Jene, die auf den Schlachtfeldern des Ostkap und in Natal starben, waren genau die Menschen, für die Amy nach Südafrika gekommen war und für deren

Zukunft sie hatte arbeiten wollen. Nur eine Bedeutung kann ihr Tod für uns haben – in dem bedingungslosen Einsatz für den Frieden.

Rassistische Slogans, von welcher Seite sie auch kommen mögen, sind deutliche Aufrufe zum Mord in unseren angespannten Zeiten. Ihnen muss mit aller Gesetzmäßigkeit des Staates und der Autorität aller politischen Parteien entgegengetreten werden. Wir glauben, dass Amy selbst uns daran erinnern würde, dass die Lösung angesichts des Leidens in unserem Land allein in einem kompromisslosen und unermüdlichen Einsatz für den Frieden liegt.»

Einige Wochen später erreicht mich ein Dankschreiben von Amys Eltern. Dann nehmen die unmittelbar bevorstehenden, ersten demokratischen Wahlen alle Energien in Anspruch.

Bis acht Monate nach Amys Tod erneut das Telefon läutet und uns eine entsetzliche Mitteilung erreicht, die alles überschattet: Unsere Tochter Kathy ist tot, umgekommen bei einem Frontalzusammenstoß mit einem anderen Auto in Windhoek, ganz in der Nähe des Township-Hospitals, in dem sie als «Doktor Kathy» so beliebt war und mit so viel Hingabe gearbeitet hat. In der Dunkelheit und Schwere, die nun folgt, vernehme ich kaum die euphorische Begeisterung über die erste wirkliche Demokratie. Erneuerung, Wiedergeburt, Renaissance – nur noch abstrakte Begriffe, unbedeutend. So bleibt es für eine lange Zeit.

Dann nimmt die Wahrheitskommission ihre Arbeit auf. Allmählich dringen deren Nachrichten zu mir durch: So viele Kinder, so viele Mütter, so viele Tode …

Allmählich entfaltet sich der Schmerz in Worten, die wir alle hören können. Der emotionale Raum der Hearings gehört nicht uns: Wir als Privilegierte hätten niemals das Recht, ihn zu vereinnahmen. Doch die Worte stellen erste Verbindungen her, sie erhellen, formen sich zu tentativen, vorsichtigen Erklärungen. Es ist noch ein langer Weg bis zum wirklichen Verstehen. Aber es ist ein Anfang.

Und die Eltern, die um ihre Kinder trauern? Was uns verbindet, reicht viel tiefer als alle Unterschiede, die uns trennen … *KC*

Die vier Mörder von Amy Biehl beantragten Amnestie vor der Wahrheitskommission. Bei ihrer Verurteilung hatten sie keine Schuld zugegeben. Die Beweislast reichte dennoch aus, um sie zu verurteilen. Jetzt legen sie Schuldbekenntnisse ab und bitten um Vergebung. Die Eltern, Linda und Peter Biehl, die bereits 1994 in den USA eine Stiftung zur Erinnerung an ihre Tochter ins Leben gerufen haben, nehmen an den Amnestie-Hearings im Juli 1997 in Kapstadt teil. Sie sitzen im Saal neben den Eltern und Familienangehörigen der Mörder ihrer Tochter.

Stellvertretend für die anderen Verurteilten hier das Statement von Mongesi C. Manqina, der zur Tatzeit zwanzig Jahre alt war:

«Unter Eid sage ich aus: Ich bin heute 24 Jahre alt und verbüße gegenwärtig eine 18-jährige Haftstrafe im Brandvlei Gefängnis wegen des Mordes an Amy Biehl ... Wir hatten an einer politischen Versammlung in der Langa Oberschule teilgenommen ... dort hatte es Reden gegeben, die uns anfeuerten, etwas zu tun ... Wir gingen danach in einer Gruppe von ungefähr 50–60 Leuten zum Langa Bahnhof ... Bei der Heideveld-Station kamen wir um kurz vor 17 Uhr an ... Dort traf ich eine Freundin, die wissen wollte, was los sei. Ich sagte ihr, dass wir ein Treffen gehabt hätten und jetzt unterwegs seien, um ‹Zielscheiben› zu finden, womit wir vor allem Regierungs- und Firmenautos meinten. Wir sangen zu dieser Zeit auch politische Lieder.

Während ich mit dem Mädchen sprach, sah ich, wie ein beigefarbener Mazda 323 mit Steinen beworfen wurde. Das Auto hielt an und die Fahrerin, Amy Biehl, stolperte heraus und begann, zur Caltex-Tankstelle zu laufen. Wir verfolgten sie, und ich schubste sie, sodass sie neben einer Caltex-Kiste stürzte. Ich rief, ob jemand in der Menge ein Messer habe. Ich erhielt ein Messer und ging auf Amy zu, die immer noch auf der Erde saß und uns anschaute. Ich war ganz dicht vor ihr und stieß das Messer einmal links in ihren Bauch. Ich habe nur einmal zugestochen. Sieben oder acht andere neben mir stießen dann ebenfalls mit Messern auf sie ein. Ich habe gehört, dass mein erstes Zustechen tödlich war, und erkenne an, dass ich dies getan habe. Während ich auf sie einstach, flogen noch immer Steine auf sie und einige der Steine trafen mich an der Schulter. Aber sie verletzten mich nur leicht, ohne dass eine medizinische Behandlung nötig war.

Kurz danach kam die Polizei, die Leute rannten weg, und ich entschied mich auch wegzulaufen. Ich erstach Amy, weil ich sie als ‹Zielscheibe› sah, als Siedler … Ich war politisch hoch motiviert durch alle Ereignisse dieser Tage und das Klima, das im Township herrschte. Der Slogan ‹Ein Siedler, eine Kugel› hatte mich überzeugt … Als unsere politischen Führer uns aufriefen, die Townships unregierbar zu machen, empfand ich das als direkte Aufforderung, auch Weiße zu verletzen oder zu töten. Als ich sah, dass die Fahrerin des Autos, das wir mit Steinen beworfen hatten, weiß war, wollte ich sofort ein Messer haben. Für mich war das ein Anlass, unseren Slogan ‹Ein Siedler, eine Kugel› in die Praxis umzusetzen …

Ich möchte mich bei meinen Anwälten und dem Gericht, das mich verurteilte, entschuldigen, weil ich damals nicht die Wahrheit gesagt habe. Vor diesem Komitee heute habe ich die volle Wahrheit gesagt. Ich möchte mich besonders entschuldigen bei Amy Biehls Eltern, ihrer Familie und Freunden und sie um Vergebung bitten.»

Am selben Tag sagt auch Peter Biehl vor dem Amnestie-Komitee aus:

«Wir kommen nach Südafrika, wie Amy kam – im Geist der Freundschaft. Wir erkennen, dass es in einem Land, das für Jahrzehnte polarisiert war, keine leichte Sache ist, die Hand in diesem Sinne auszustrecken. Aber Amy ging es immer um Freundschaft, um das Miteinander-Auskommen und Füreinander-Dasein von verantwortlichen Individuen, die gemeinsam etwas ändern können …

Während ihrer Oberschul-Abschlußfeier 1985 zitierte Amy den Biologen Lewis Thomas zur Bedeutung des gemeinsamen Denkens: ‹Das Bedürfnis, uns sinnvoll und verantwortlich zu verhalten, ist in unseren Genen kodiert. Wenn wir jedoch in Massen zusammenleben, scheinen wir zu Torheiten und Selbstzerstörungen in der Lage zu sein, die wir sonst nirgends in der Natur vorfinden. Aber wenn wir uns beschränken und lebendig bleiben, können wir eine Überraschung nach der anderen erleben. Wir können Strukturen einer menschlichen Gesellschaft aufbauen, wie sie noch nie gesehen wurden, denken, was niemals vorher gedacht wurde, und Musik erfinden, die noch niemand hörte.› Das war Amy im Alter von 18 Jahren. So war Amy, als sie starb. Sie wünschte sich, dass Südafrikaner sich die Hände reichen würden, um Musik zu hören wie nie zuvor – und sie wusste, dass dies eine schwierige Reise sein würde. Am 21. Juni 1993, nur zwei Monate vor ihrem Tod, schrieb sie in einem Brief an den Herausgeber der *Cape Times*: ‹Rassismus in Südafrika ist eine leidvolle Erfahrung für Schwarze und Weiße, und Versöhnung kann ähnlich schmerzhaft sein. Der wichtigste Motor für Versöhnung aber ist ein offener und ehrlicher Dialog.›

Amy würde den Wahrheits- und Versöhnungsprozess begrüßt haben. Wir sind deshalb heute Morgen hier, um diesen Prozess zu ehren und unsere ehrliche Freundschaft anzubieten. Wir sind hier versammelt, um an ein engagiertes Leben zu denken, das beendet wurde ohne die Möglichkeit des Dialogs. Wenn dieser Prozess beendet ist, müssen wir einander umarmen und gemeinsam weitergehen …

Gleichzeitig wollen wir betonen, dass dieser Prozess der Ihre ist, nicht unser. Wir sind darum nicht gegen eine Amnestie, wenn sie auf der Basis dieses Prozesses zugestanden wird. Im tiefsten Sinne muss die südafrikanische Gemeinschaft ihren Mitgliedern vergeben, und dafür gibt es Traditionen des Ubuntu und anderer Prinzipien der menschlichen Würde. Amnestie kann sicher nicht von Linda und Peter Biehl gewährt werden …

Ihren Brief an den *Cape-Times*-Herausgeber beendete Amy mit einem Zitat aus dem Gedicht eines Ihrer einheimischen Dichter: ‹Sie erzählten ihre Geschichte den Kindern. Sie lehrten ihre Kinder den Schwur, dass wir ihnen niemals antun würden, was sie uns angetan.›»

Linda Biehl berichtete später in einem Fernsehinterview von einem Besuch bei der Mutter eines der Mörder: «Ich kam in das Zimmer und sah ein Regenbogen-Poster an der Wand. Wir umarmten uns, und ich fühlte einen Frieden in mir, einen Frieden mit mir selbst.» Im Sommer 1998 wurde den vier Tätern Amnestie gewährt, und sie durften das Gefängnis verlassen.

Amys Eltern haben die amerikanische Amy-Biehl-Stiftung 1997 nach Südafrika gebracht. Sie gründet sich im Wesentlichen auf Spenden von Amerikanern, die von Amys Geschichte gehört und gefragt hatten, ob sie etwas im Sinne Amys tun könnten. Mit diesen Spenden und einem eigenen Geldanteil konnte die Stiftung mit einem Startkapital von 500 000 Dollar beginnen und ein Anti-Gewalt-Projekt unter dem Namen «Schutzschilde gegen Gewalt bauen» in jenem Township Gugulethu errichten, in dem Amy ermordet worden war. In einem Faltblatt werden die Ziele der Amy-Biehl-Stiftung so beschrieben:

«Die Zielgruppe unserer Initiative zur Gewaltprävention ist die Jugend im Alter zwischen 10 und 15 Jahren. Kinder und Jugendliche dieses Alters sind besonders verletzlich, weil es ein Alter ist, in dem wichtige Entscheidungen getroffen werden – bei einer Gang mitzumachen oder nicht, sich gewalttätig zu verhalten oder die Schule abzuschließen. Auf einer zweiten Ebene will sich die Initiative jenen widmen, die verantwortlich für diese Altersgruppe sind, denn wenn die Jugendlichen in gewalttätigen Familien aufwachsen, bleibt der Gewaltkreislauf bestehen, auch unabhängig von der Umgebung. Zusätzlich werden Initiativen unterstützt, die die Gemeinschaft insgesamt sicherer machen.»

Konkret haben Peter und Linda Biehl mit ihren Mitarbeitern bereits mehrere außerschulische Jugendzentren aufgebaut sowie Fortbildungsbetriebe, in denen gleichzeitig produziert und ausgebildet wird. Vorbildlich ist die Bäckerei der Amy-Biehl-Stiftung in Gugulethu, in der täglich 6000 Brote produziert werden und Jugendliche gleichzeitig in einem Jahr die Grundfertigkeiten eines Bäckers erlernen können. Danach können sie sich das verdiente Geld auszahlen lassen oder in weitere Ausbildungen investieren. Die Brote werden zu günstigen Preisen im Township verkauft.

Linda Biehl berichtet in dem bereits zitierten TV-Interview: «In einem unserer Jugendzentren sprach mich einmal ein kleines Mädchen an und fragte: ‹Bist du Amys Mutter?› Als ich sagte: ‹Ja, und wer bist du?›, antwortete sie: ‹Ich bin Mongesis Schwester.› Dabei lächelte sie mich schüchtern an. Mongesi hatte unserer Tochter den tödlichen Messerstich beigebracht. Als ich seine kleine Schwester hier so entspannt und zufrieden zwischen den anderen Kindern sah, fühlte ich, wie richtig diese ganze Arbeit bisher gewesen ist. Mein Mann und ich sind inzwischen auch in Südafrika zu Hause, weil wir hier spüren, wie nahe wir Amy sind.»

Anschrift: Amy Biehl Foundation Trust
#39 Porter House, Belmont Road
7700 Rondebosch
South Africa
E-Mail: abftrust@iafrica.com

Rainbow-Nation jenseits schöner Worte – ein Ausblick

Als Erzbischof Desmond Tutu am 29. Oktober 1998 der Öffentlichkeit den Abschlussbericht der Wahrheits- und Versöhnungskommission vorlegte, schloss er mit dem Appell an die weiße und schwarze Bevölkerung Südafrikas, sich «als das Regenbogen-Volk Gottes gemeinsam zu bemühen um dieses schöne und gesegnete Land» (vgl. den Wortlaut im Anhang dieses Buches). Tutus Traum vom Regenbogen – vielleicht das stärkste Symbol eines friedlichen Zusammenlebens bislang strikt voneinander getrennt lebender Bevölkerungsgruppen eines Landes.

Nachdem die Jugend-Hearings des TRC begonnen hatten, erschien auf der ersten Seite einer südafrikanischen Tageszeitung das Foto eines Kindes, das seine Hände schützend um die Flamme einer Kerze hält – im Hintergrund die Gesichter anderer Kinder unterschiedlichster Hautfarben und Haartrachten, deren Umrisse ebenfalls von Kerzen erleuchtet werden. Die Unterschrift informierte darüber, dasss es hier um ein Treffen von Kindern in der Kapstädter St.-George-Kathedrale ging, in der in den 80er Jahren Kerzen während zahlloser wütender und verzweifelter Protest- und Trauerversammlungen angezündet worden waren …

Die Symbolkraft vieler Bilder und Aktionen der ersten Phase des demokratischen Südafrika von 1994 bis 1999, der Präsidentschaft von Nelson Mandela, ist untrennbar verbunden mit der Idee der Versöhnung. Sie war stark genug, ein Blutbad zu verhindern. Sie war selbst stark genug, es nicht zu den von vielen prognostizierten politischen Unruhen vor den zweiten demokratischen Wahlen vom 2. Juni 1999 kommen zu lassen. Mehr noch – die Wahlbeteiligung von rund 85 Prozent, höher als in den meisten «alten Demokratien» Europas, steht für ein großes Vertrauen in die neue Staatsform selbst der Ärmsten der Armen auch noch nach fünf Jahren, in denen bisher nur eine Minderheit spürbare Verbesserungen erfuhr.

Es ist fraglos eine große Leistung der Mandela-Regierung, dass rund drei Millionen Menschen Zugang zu sauberem Wasser erhalten haben und rund zwei Millionen Haushalte ans Stromnetz angeschlossen wurden. Dazu gehören auch rund 700 neue Krankenhäuser, die schwangeren Frauen und Kindern unter sechs Jahren freie medizinische Versorgung im ganzen Land garantieren. Gleichwohl leben rund ein Viertel der annähernd 40 Millionen Südafrikaner noch immer in Hütten ohne Strom und Wasser. Und erst gegen Ende der ersten Regierungsperiode wurde der volle Umfang der Aids-Katastrophe zum öffentlichen Thema: Das Gesundheitsministerium geht für die kommenden drei Jahre von rund 250 000 Aids-Toten pro Jahr aus, die jeweils rund 600 000 Waisenkinder zurücklassen werden. Die Zahl der Neuinfizierungen, vor allem unter jungen Leuten, liegt mit 1500 pro Tag weltweit an der Spitze. Bleibt das Dauerthema der Gewaltkriminalität: Seit 1994 hat sich die Zahl schwerer Verbrechen wie Mord und Vergewaltigung verdoppelt, rund 20 000 Menschen, Schwarze wie Weiße, wurden ermordet, davon allein rund 1000 Polizisten in Ausübung ihres Dienstes. Wie lange wird die Idee der Versöhnung hier noch tragen?*

Es ist nur realistisch, wenn der neue Präsident Thabo Mbeki, der sich im Vorfeld durchaus auch Kritik einhandelte (unter anderem durch seinen Versuch, die Veröffentlichung des TRC-Reports wegen aus seiner Sicht allzu kritischer Aussagen gegenüber dem ANC zu behindern), seit seiner Amtsübernahme darauf besteht, dass mehr konkrete Verbesserungen für die arme Bevölkerung stattfinden müssen: Von der Versöhnung zur Veränderung. Mbeki setzt die Politik fort, für die sein Vorgänger die Weichen gestellt hat und die besonders darauf zielt, Armut zu beseitigen und Chancengleichheit zu erreichen. Mbeki war im Parlament anwesend, als Mandela in einer öffentlichen Debatte am 25. Februar 1999 sagte: «Der kriti-

* Alle Daten stammen aus folgenden Quellen: «Die Tageszeitung» vom 10. 3. 1999 (Südafrika nach Mandela); «Mail & Guardian» vom 16.4.1999 (Why the youth won't vote); «Time»-Magazine vom 24. 5. 1999 (Special-Report: Transition in South Africa); «Mail & Guardian» vom 4. 6. 1999 (Teachers fail Curriculum 2005); «The Sunday Independent» vom 13. 6. 1999 (Focus on youth).

sche Moment, wenn die Empfehlungen der TRC in praktische Programme umgesetzt werden müssen, wird auf dem nationalen TRC-Gipfel sein, den die Kommission selbst vorgeschlagen hat. Ich glaube, dass es eine der ersten Aufgaben der neuen Regierung sein muss, so einen Gipfel zustande zu bringen. Aber das muss ein Gipfeltreffen mit größtmöglicher Beteiligung sein, damit wirklich konkrete Aktionen statt nur frommer Erklärungen herauskommen.»

Schöne Worte und fromme Erklärungen – davon gab es genug. Wenn wir uns anschauen, wie es für die meisten der jungen Leute, die in unserem Buch vorgestellt wurden, weitergegangen ist, so müssen wir konstatieren, dass die wenigsten bisher auch nur einen Bruchteil jener Hilfe bekommen haben, um die sie nicht nur gebeten haben, sondern die zu definieren sie ausdrücklich aufgefordert worden waren. Es ist bedrückend, dass selbst jemand wie Ismail Rantsieng, in dessen Körper noch immer Kugeln stecken, die für einen vergleichsweise geringen Betrag längst hätten herausoperiert werden können, bislang offensichtlich vor allem an der bürokratischen Folge-Administration der TRC gescheitert ist. Auch wenn wir hier nur Ismails Geschichte dokumentieren: unsere Recherchen haben ergeben, dass sie kein Einzelfall ist. Hinzu kommt, dass diejenigen, die überhaupt zur TRC gingen, ohnehin nur einen kleinen Teil derjenigen ausmachen, die mit ähnlichen oder teils noch schlimmeren Lebensumständen zurechtkommen müssen.

Obwohl die sehr bescheiden ausfallenden ersten Auszahlungen an Opfer seit etwa Mai 1999 zügiger abgewickelt werden, sieht es gegenwärtig so aus, als würde der Empfehlung der TRC, größere Beträge über einige Jahre auszuzahlen, nicht Folge geleistet werden. Stattdessen überlegt man, generelle Kompensation für besonders betroffene Gemeinschaften zu leisten: in Form von Schulen, Krankenhäusern und anderen öffentlichen Einrichtungen. Das würde zwar auch denen nützen, die nicht vor der TRC ausgesagt haben, aber auch zur Enttäuschung von individuellen Erwartungen beitragen, die gerade durch die Hearings geweckt wurden.

Aber die materielle Entschädigung ist ja nur die eine Seite der Medaille: Mindestens so wichtig ist die inhaltliche Berichterstattung, was nun eigentlich mit den unter oft großen psychischen Belastungen zur Verfügung gestellten Aussagen getan worden ist. Sind Täter ermittelt und verfolgt worden? Haben sie Amnestie beantragt und erhalten? Haben andere den eigenen Aussagen widersprochen? Wie ist die Einschätzung der Kommission? Die übergroße Zahl aller Zeuginnen und Zeugen vor der TRC ist nach der Abgabe der Statements in ihre Familien und Gemeinschaften zurückgekehrt und hat seitdem nichts mehr gehört.

Das heißt nicht, dass dieser Schritt des öffentlichen Aussagens ohne Bedeutung gewesen wäre. Problematisch ist eher, dass viele über die einmalige Anerkennung hinausgehende Hoffnungen geweckt und bislang nicht erfüllt worden sind. Ein Hoffnungsschimmer ist zumindest, dass gegenwärtig an einem sechsten Band des Abschlussberichts gearbeitet wird, dessen Veröffentlichung Ende 1999 geplant ist und in dem nicht nur die Namen aller rund 20 000 Zeuginnen und Zeugen aufgeführt sind, sondern auch – zusammengefasst nach den jeweiligen Vorfällen, zu denen berichtet wurde – die Ergebnisse der Untersuchungen der Kommission dargestellt werden. Es ist noch undeutlich, ob es ausreichend Mittel geben wird, um diese Ergebnisse auch persönlich in jenen Städten, Dörfern und Gemeinschaften vorzustellen, in denen seinerzeit Hearings stattgefunden haben. Die Bedeutung einer solch persönlichen Kommunikation als weitere vertrauensbildende Maßnahme in einem Land, in dem englischsprachige Bücher nur einen Bruchteil der Bevölkerung erreichen, kann nicht hoch genug eingeschätzt werden.

Zwei weitere Aspekte dürfen darüber hinaus nicht vergessen werden: Einer der wunden Punkte der TRC-Arbeit waren von Anfang an die Amnestieverfahren. Sicher hat die Kommission in keinem Fall leichtfertig entschieden. Im Gegenteil – die Sorgfalt, mit der das Amnestie-Komitee auch noch nach Abschluss der offiziellen TRC-Tätigkeit weitergearbeitet hat, verdient hohe Anerkennung. Inzwischen ist abzusehen, dass die Amnestieverhöre bis Ende 1999 abgeschlossen sein werden und dass bis Mitte des darauffolgenden Jahres der Bericht des Amnestie-Komitees vorliegen wird.

Viel brisanter ist auf Dauer jedoch die Frage: Was geschieht mit jenen, die keine Amnestieanträge gestellt haben, jedoch im Rahmen der Zeugenaussagen als Täter beschuldigt wurden? Zwar hat das Amnestie-Komitee hier alle Namen, soweit bekannt, der zuständigen Staatsanwaltschaft zur Verfolgung übergeben. Es herrschen jedoch schon jetzt Zweifel daran, ob diese Folgeverfahren realistischerweise jemals durchgeführt werden können. Wie fatal wäre es für jene, die sich den Amnestieverfahren gestellt haben und möglicherweise abgelehnt wurden, von jenen anderen zu erfahren, die sich dem «ganzen TRC-Zirkus», wie es der ehemalige Präsident P. W. Botha formulierte, von Anfang an verweigerten und gut dabei wegkommen? Bis zur Drucklegung dieses Buches blieb undeutlich, inwiefern ein neu geplantes Gesetz die Erweiterung der Amnestiebedingungen ermöglichen wird. Damit stünde in Aussicht, dass auch bisher nicht berechtigten Personen unter geänderten Bedingungen doch noch Amnestie gewährt werden könnte. Im Hinblick auf die Opfer würde eine solche aus pragmatischen und politischen Gründen gefällte Entscheidung die Glaubwürdigkeit des gesamten TRC-Prozesses empfindlich beeinträchtigen.

Damit ist auch der zweite Aspekt angesprochen: der Widerwillen der Mehrheit der weißen Bevölkerung von Südafrika, sich ebenfalls konstruktiv an der Aufarbeitung der eigenen Geschichte zu beteiligen. Es muss hier betont werden, dass diese mangelnde Bereitschaft, sich der Apartheid-Vergangenheit zu stellen, nicht auf eine Sprachgruppe beschränkt werden kann: Weder linientreue nationalistische Gesinnung noch Opposition gegen Apartheid sind für englischsprachige oder afrikaanssprachige Weiße generell typisch gewesen. Auch hier gab es Differenzierungen, wie zum Beispiel in den Aussagen von Laurie Nathan in diesem Buch deutlich wird. Die Stellungnahme von Jannie du Plessis, einem der jungen Männer der Afrikaaner-Organisation der «Junior Rapportryers», die auch in unserem Buch zu Wort kommen, ist hier im Kern positiver zu bewerten als das Desinteresse der meisten anderen Weißen, denn er hat zumindest durch seine ehrliche Aussage zum Dialog beigetragen. Doch auch er meint, dass «die TRC eine Hexenjagd veranstaltet hat», und er wolle nicht, dass seine inzwischen vierjährige Tochter «liest oder in der Schule lernt, dass wir Weißen alle Monster waren».

Vielleicht ist das die Schattenseite des übergroßen Glücksfalls, einen Übergang ohne offenen Bürgerkrieg gehabt zu haben. Für jemanden, der während der Apartheid zur privilegierten Schicht gehörte, ist es im Prinzip möglich weiterzuleben, als ob sich kaum etwas verändert hätte. Vor diesem Hintergrund wird zumindest psychologisch nachvollziehbar, wieso die steigende Gewaltkriminalität vielen weißen, aber auch «farbigen» Südafrikanern mehr Sorgen bereitet als die schweren Menschenrechtsverletzungen während der Apartheid. Die vorherrschende Weltsicht verstellt weitgehend den Einblick in die Ursachen genau dieser Formen von Kriminalität. Der Ansatz der TRC-Arbeit selbst, in ihrer Konzentration auf «grobe Verbrechen gegen die Menschlichkeit» und der weitgehenden Ausklammerung des Problems der Verantwortung aller weißen Bürgerinnen und Bürger für ein prinzipielles Unrechtssystem, hat nicht unerheblich dazu beigetragen, dass heutige Gewaltverbrechen als «noch schlimmer» von jenen etikettiert werden, die durch ihre Wahlstimme über Jahrzehnte ein System unterstützten, das in sich auf Raub und Unterdrückung basiert war.

Dabei ist mit einer gegenseitigen Schuldzuweisung sicherlich am wenigsten getan. Es wird in der nahen Zukunft von existentieller Bedeutung sein, ob es gelingt, auch jenen Raum und Gehör zu verschaffen, die damals – in gutem Glauben oder auch vollem Wissen – zum Erhalt des Apartheidstaates beitrugen. Weder kann es ein Ausweg sein, ein paar Extremfälle als «schlechte Äpfel» abzutun, wie es der ehemalige Präsident F. W. de Klerk gern tut, noch sich mehrheitlich hinter dem berüchtigten «Das habe ich nicht gewusst!» zu verschanzen. Es geht inzwischen viel weniger um Anklage als um Dialogbedingungen, die allen Teilen der Bevölkerung, auch jenen, die zwar zahlenmäßig gering, aber von ihrer wirtschaftlichen Kraft doch ungleich einflussreicher sind, positive Wege des Engagements in einem demokratischen Südafrika ermöglichen. Noch immer bestehen durch Privilegien geschaffene Grenzen, die wie «Mauern im Kopf» echte und partnerschaftliche Begegnungen zwischen Jugendlichen auf breiterer Basis erschweren. So heißt es in einer Beilage des *Sunday Independent* anlässlich des Soweto-Tages: «Wir leben noch immer in zwei verschiedenen Ländern.»

Ein Erziehungssystem, in dem die meisten Lehrer unterqualifiziert sind und wo in den zumeist überfüllten Schulen oft die elementarste Ausrüstung fehlt, ist schwerlich in der Lage, den Bildungshunger junger Menschen in Südafrika zu stillen. Das sowohl umstrittene als auch gepriesene neue Curriculum wird sich nicht implementieren lassen, wenn nicht deutlich mehr Ressourcen in Lehrerausbildung und Schuleinrichtungen fließen. In Südafrika ist heute rund die Hälfte aller 18–25-jährigen arbeitslos, in ländlichen Regionen liegt die Rate noch wesentlich höher. Unter Jugendlichen in ländlichen Gebieten ist das Gefühl der Entfremdung und die Enttäuschung darüber, dass sich so wenig zu ihren Gunsten verändert hat, besonders stark. Eine Hauptaufgabe der neuen Regierung muss sein, gerade diese Jugendlichen zu befähigen, ihre Zukunft selbst zu gestalten.

Auch wenn inzwischen rund zehn Prozent der Unternehmen, die an der Börse von Johannesburg notieren, schwarzen Chefs gehören, wird die Überwindung der fundamentalen ökonomischen Probleme, von denen die hohe Arbeitslosigkeit ein Ausdruck ist, nur gemeinsam mit weißen Chefs gelingen. Gemeinsam teilt man die Abhängigkeit vom Weltmarkt: Der südafrikanische Rand hat allein 1998 wieder 16 Prozent an Wert verloren (bei einer jährlichen Inflationsrate von acht Prozent). Die Benzinpreise steigen beinahe alle drei Monate. Seit 1994 sind unter großen Anstrengungen rund 500 000 Arbeitsplätze geschaffen worden – im gleichen Zeitraum ist die Bevölkerung über 18 Jahre um rund drei Millionen gestiegen. Hier sind schöne Worte und hohe Forderungen am wenigsten gefragt, sondern vielmehr neue Ideen. Dass sich von den Erstwählern im Alter von 18–20 Jahren vor der Juni-Wahl 1999 nur rund 50 Prozent registrieren ließen (und damit rund 35 Prozent weniger als im Bevölkerungsdurchschnitt), ist ein deutliches Warnsignal.

Immer mehr Wirtschaftsexperten weisen auf beispielhafte Modelle kleinerer und mittlerer Unternehmen hin, die von engagierten

Leuten mit Detailkenntnissen des Marktes und seiner Bedürfnisse vor Ort erfolgreich gestartet wurden. Nichts ist schlimmer, als auf Wunder von oben zu warten. Yazir Henrys in diesem Buch beschriebenes Kleinunternehmen «Western Cape Action Tours» geht von solcher Kenntnis seiner Freunde und Nachbarn vor Ort aus – und er weiß, dass sich die Touristenzahlen allen Unkenrufen zum Trotz seit 1994 auf rund vier Millionen Besucher pro Jahr verdoppelt haben. Was jenen Anfängern häufig fehlt, ist minimales Startkapital. Die südafrikanische Regierung hat inzwischen die Gründung des Unternehmens «Khula» (Xhosa: Wachstum) lanciert, dessen Auftrag es ist, Gelder zu sammeln und faire Kredite an startende Kleinunternehmen zu vergeben. Noch befindet sich «Khula» selbst in der Startphase, aber die Idee kann Anregung auch für andere sein. Die deutsche Lehrergewerkschaft GEW zum Beispiel ließ sich anstecken und hat bereits einen Beitrag als Starthilfe für «Western Cape Action Tours» zur Verfügung gestellt.

Die Überwindung der «sozialen Apartheid», des nach wie vor harten Kontrastes zwischen den vielen Armen und den wenigen Reichen oder doch Wohlhabenden, wird die Basis einer friedlichen und demokratischen Zukunft Südafrikas sein. Der Jugend dieses «schönen und gesegneten Landes» wird dabei erneut eine Schlüsselrolle zukommen.

Anhang

Im Wortlaut: Auszüge aus dem TRC-Abschlussbericht vom 29. 10. 1998*

Desmond Tutu: «Wahre Versöhnung ist nicht billig zu haben ...»

Desmond Mpilo Tutu, geboren 1931 in Klerksdorp, West-Transvaal in Südafrika, 1955 Heirat mit seiner Frau Leah, zunächst Lehrerstudium und dann Lehrer bis 1958, 1958–60 Priesterausbildung, 1960–62 Diakon und Priester in verschiedenen Townships, 1962–66 und 1972–75 zuerst Studium, später als Direktor des Erziehungsfonds des Weltkirchenrats in England, 1976 zum Bischof von Lesotho ernannt, ab 1978 Generalsekretär des südafrikanischen Kirchenrats in Johannesburg, mehrere Ehrendoktortitel aus den USA, England und Deutschland, 1984 Friedensnobelpreis, 1986–96 Erzbischof der Anglikanischen Kirche Südafrikas in Kapstadt, 1995–98 Vorsitzender der Versöhnungs- und Wahrheitskommission Südafrikas.

Unsere jüngste Geschichte

Alle Südafrikaner wissen, dass unsere jüngste Geschichte durch einige schreckliche Ereignisse besudelt ist (...). Unser Land ist voll gesogen vom Blut der Kinder aller Rassen und aller politischen Überzeugungen. Diesem Abschnitt unserer Geschichte – der 1960 mit dem **Sharpeville Massaker** begann und mit der Einführung Nelson Mandelas in das Amt des ersten demokratisch gewählten Präsidenten von Südafrika endete – müssen wir uns stellen. Wir können nicht so tun, als hätte es ihn nicht gegeben. Jeder stimmt zu, dass Südafrikaner mit dieser Geschichte und ihrem Erbe umgehen müssen. Die Frage, wie dies zu tun sei, war ein Zankapfel während der Zeit der Kommissions-

* Da bei der Drucklegung unseres Buches noch keine autorisierte deutsche Übersetzung erschienen war, wurden die folgenden beiden Auszüge aus dem «Final Report», die einen besonderen Wert auf das Verständnis der Arbeit der TRC sowie der Rolle von Kindern und Jugendlichen dabei legen, von Lutz van Dijk ins Deutsche übertragen. Auch die Zwischenüberschriften sind zur Erhöhung der Lesbarkeit nachträglich eingefügt worden. Die Auszüge stammen aus dem TRC-Report, Bd. 1, Kap. 1, S. 1–23; Bd. 4, Kap. 8, S. 248–277.

arbeit und blieb es bis zur Niederschrift dieses Berichts. Und ich vermute, dieser Punkt wird auch für die kommende Zeit kontrovers bleiben.

Die Vorbereitung dieses Reports

Eines der besonderen Merkmale der südafrikanischen Kommission war ihr offener und transparenter Charakter. Ähnliche Kommissionen in anderen Teilen der Welt hatten hinter geschlossenen Türen getagt. Unsere handelte im grellen Licht der Öffentlichkeit. Das bedeutet, dass einige der Informationen in diesem Bericht bereits öffentliches Eigentum sind. Dennoch enthalten die folgenden Seiten einige hervorstechende und neue Einsichten.

Die Arbeit der südafrikanischen Kommission war umfangreicher als die anderer Kommissionen. Die Menge des Materials, das durch unsere Hände ging, wird viele Regale im «Nationalen Archiv» füllen. Dieses Material wird von großem Wert sein für Wissenschaftler, Journalisten und andere, die unsere Geschichte während der kommenden Generationen erforschen möchten. Vom wissenschaftlichen Standpunkt aus dürfte dies die größte Hinterlassenschaft der Kommission sein. (...)

Der nun vorliegende Bericht versucht ein Fenster zu diesen unglaublichen Quellen zu sein, ähnlich einer Landkarte für diejenigen, die in unsere Vergangenheit reisen möchten. Er ist und kann nicht die volle Wahrheit sein; aber er vermittelt eine Perspektive, die umfangreicher und komplexer ist, als jede Kommission hoffen konnte, in zweieinhalb Jahren zusammenzutragen. Andere werden diese Perspektive unvermeidlich kritisieren – und das müssen sie. Wir hoffen, dass sich viele Südafrikaner und Freunde Südafrikas an dem Prozess beteiligen werden, unserer Nation zu helfen, mit der Vergangenheit ins Reine zu kommen und dadurch eine neue Zukunft zu ermöglichen.

Zwänge und Schwierigkeiten

Dieser Report musste mit einer Anzahl von Zwängen umgehen – nicht zuletzt durch das Ausmaß des Mandats der Kommission und eine Zahl von gesetzlichen Bedingungen. Gleichzeitig wurde die Kommission angetrieben durch eine doppelte Verantwortung: Sie musste einen Rahmen schaffen, in dem die Opfer ihre traumatischen Erlebnisse mit der Nation würden teilen können; und sie musste die Wichtigkeit möglicher Folgeprozesse anerkennen, die auch die Rechte vermeintlicher Täter zu wahren haben ...

Trotz dieser Schwierigkeiten können wir behaupten, ohne Angst haben zu müssen, widerlegt zu werden, dass wir mehr zur Aufdeckung der Wahrheit beigetragen haben als alle Gerichtsverfahren zu Zeiten der Apartheid.

Schließlich ist dieser Bericht nicht mehr, als er vorgibt zu sein. Es ist der Bericht einer vom Parlament eingesetzten Kommission, die eine enorme Aufgabe in begrenzter Zeit bewältigen musste. Jeder, der an der Erstellung des Reports beteiligt war, hätte liebend gern die Zeit gehabt, die vielen Nuancen und unausgesprochenen Wahrheiten während der Zeugenaussagen darzustellen. Dies ist eine Aufgabe, die andere aufgreifen und fortsetzen müssen.

Gleichwohl hat es die Kommission der gegenwärtigen Generation von Südafrikanern nicht gestattet, sanft in die harten Realitäten der Vergangenheit eingeführt zu werden. Und, in der Tat, selbst viele von uns weinten, als wir unmittelbar mit ihren hässlichen Wahrheiten konfrontiert wurden. Wie schmerzlich diese Erfahrungen auch waren, wir blieben doch überzeugt, dass es keine Heilung ohne Wahrheit geben kann. Mein Appell an alle südafrikanischen Leserinnen und Leser dieses Berichts ist deshalb, ihn nicht zu benutzen, um einander anzugreifen, sondern ihn zu ergänzen, zu korrigieren und letztendlich gemeinsam teilzunehmen an jenem Prozess, der uns zu nationaler Einheit durch Wahrheit und Versöhnung führt. (...)

Wege des Übergangs

Wir konnten die Reise aus der Vergangenheit, die gekennzeichnet war von Konflikten, Ungerechtigkeiten, Unterdrückung und Ausbeutung, zu einer neuen und demokratischen Kultur der Achtung von Menschenrechten nicht unternehmen, ohne uns unserer jüngsten Geschichte zu stellen. Das hat niemand bestritten. Meinungsverschiedenheiten bestanden darüber, wie wir mit der Vergangenheit umgehen sollten. (...) Da gab es jene, die glaubten, dass wir dem Beispiel nach dem II. Weltkrieg folgen sollten, als die Alliierten die Schuldigen grober Menschenrechtsverletzungen in Nürnberg vor Gericht stellten. In Südafrika, wo wir eine militärische Pattstellung hatten, war das ein unmöglicher Weg. Keine Seite – weder der Staat noch die Befreiungsbewegung – hatte die jeweils andere geschlagen, und damit war keine in der Lage, eine so genannte Sieger-Justiz auszuüben.

Aber es gab noch zwingendere Gründe, den Nürnberger Weg auszuschließen. Es gibt keine Zweifel, dass die Mitglieder des Geheimdienstes jedes Verhandlungsergebnis, das sie zum Spießrutenlaufen wegen ihrer früheren Verbrechen gezwungen hätte, mit aller Macht verhindert hätten. Es ist sicher, dass wir unter solchen Umständen nicht einen verhältnismäßig friedlichen Übergang von der Unterdrückung zur Demokratie erlebt hätten. Wir müssen das im Hinterkopf behalten, wenn wir Kritik an den Amnestie-Bestimmungen im Gründungsgesetz der Kommission üben. Wir genießen den Luxus, uns beschweren zu können, weil wir jetzt die Vorteile einer stabilen und demokratischen Befreiung genießen. Wäre das Wunder dieser Verhandlungsergebnisse nicht geschehen, wären wir von einem Blutbad überschwemmt worden, das praktisch jeder als das unvermeidliche Ende Südafrikas vorhergesagt hatte.

Wunden und Wahrheiten

«Die sich des Vergangenen nicht erinnern, sind dazu verurteilt, es noch einmal zu erleben» – diese Worte sind zu lesen am Eingang der Gedenkstätte des ehemaligen Konzentrationslagers Dachau. Es sind Worte, die wir uns gut merken sollten. Wie schmerzlich eine Erinnerung auch ist, die Wunden der Vergangenheit dürfen nicht vor sich hin faulen. Sie müssen geöffnet werden. Sie müssen gereinigt werden. Und mit Balsam müssen sie eingerieben werden, damit sie heilen können. Das bedeutet nicht, besessen zu sein von der Vergangenheit. Es bedeutet, sorgfältig mit der Vergangenheit umzugehen für eine bessere Zukunft.

In unserem Fall bedeutet dies zu wissen, was geschah. Wer gab den Befehl, diesen Menschen umzubringen? Warum konnte jene grobe Menschenrechtsverletzung geschehen? Wir müssen auch darum über die Vergangenheit Bescheid wissen, damit wir unseren Beschluss und unseren Willen bekräftigen können, dass solche Gewalttätigkeiten niemals wieder geschehen.

Amnestie für Wahrheit

Aus all diesen Gründen hat unsere Nation durch jene, die den Übergang von der Apartheid zur Demokratie aushandelten, den Weg der persönlichen gegenüber einer Generalamnestie gewählt. Und wir glauben, dass diese persönliche Amnestie ihren Wert bewiesen hat.

Eine der Bedingungen für Amnestie besteht darin, vollständig die Wahrheit zu sagen. Freiheit wurde gewährt für Wahrheit. Hierdurch waren wir in der Lage, vieles aufzudecken. Wir wissen heute, was Steve Biko geschah, den **PEBCO-Drei** oder den **Cradock-Vier** … Wir waren in der Lage, die sterblichen Überreste von etwa 50 Aktivisten zu bergen, die entführt, ermordet und heimlich verscharrt worden waren …

Die Lügen und Täuschungen, die den Kern der Apartheid ausmachten, konnten wiederholt aufgeklärt werden. Wir wissen jetzt, wer das Khotso-Haus in die Luft jagte: Wir erinnern uns, wie Mr. Adriaan Vlok, ein früherer Justizminister, öffentlich und kaltschnäuzig darüber log; wie er auf unverschämte Weise dafür sorgte, dass Shirley Gunn mit ihrem Baby als dafür Verantwortliche eingesperrt wurde. Es muss zu seinen Gunsten gesagt werden, dass Mr. Vlok sich höflichst bei Frau Gunn während seines Amnestie-Verfahrens entschuldigte.

Wir haben also den Weg eingeschlagen, der unserem Volk durch die Gründungsstatuten unserer Kommission empfohlen wird, nämlich «die Notwendigkeit des Verstehens anstatt der Rache, die Notwendigkeit der Entschädigung anstatt der Vergeltung, die Notwendigkeit von ‹ubuntu› anstatt neuer Opfer».

Kritik an der Kommission

Es wäre äußerst eigenartig, wenn etwas so Radikales wie diese Kommission nur auf Zustimmung und Akzeptanz gestoßen wäre. Es wäre noch eigenartiger gewesen, wenn wir unfehlbar gewesen wären und keine Fehler bei dem sensiblen Versuch gemacht hätten, die Wunden eines zutiefst zerrissenen Volkes zu heilen.

Einiges der an die Kommission gerichteten Kritik war legitim. Gleichwohl gab es auch viel, bei dem es nur darum ging, Punkte in der Tagespolitik zu machen, wobei alle Fakten ignoriert wurden, die zu unseren Gunsten sprachen. Von Beginn an gab es solche, die, lange bevor die Kommission auch nur ihre Arbeit aufgenommen hatte, uns in Misskredit bringen wollten, indem sie uns als Hexenjäger – besonders gegenüber den Afrikaanern – brandmarkten; indem sie behaupteten, dass wir einseitig für den ANC seien und am Ende mit jeder Versöhnung scheitern würden.

Es gab auch diejenigen, die sich Sorgen um die Zukunft unseres Landes machten, weil Amnestie unter anderem Straflosigkeit begünstige, da sie scheinbar die Gerechtigkeit opfern würde. Wir glauben, dass diese Sichtweise nicht stimmt.

Ein Amnestie-Bewerber muss Verantwortung übernehmen für die Tat, für die er Amnestie beantragt. Außerdem wird die Bewerbung öffentlich verhandelt. Bitte stellen Sie sich vor, was das bedeutet. Oftmals ist dies das erst Mal, dass so die Familie und Nachbarschaft des Bewerbers erfährt, dass ein bislang unbescholtener Mann zum Beispiel ein brutaler Folterer oder Mitglied eines skrupellosen Todeskommandos war, das viele Gegner des früheren Regimes auf dem Gewissen hat.

Es muss also ein Preis bezahlt werden. Öffentliches Auftreten hat öffentliche Schande zur Folge.

Wir glauben, dass es noch eine andere Form von Gerechtigkeit gibt – eine aufbauende Gerechtigkeit, die sich weniger um Bestrafung dreht als um Heilung, Harmonie und Versöhnung. So eine Gerechtigkeit konzentriert sich auf die Erfahrungen der Opfer, also auch auf die Bedeutung von Entschädigungen.

Gewährung von Amnestie

Andere gingen mit uns ins Gericht, weil sie unglücklich darüber waren, als das Amnestie-Komitee bestimmten Tätern Amnestie gewährte – so zum Beispiel jenen, die für das Massaker in der St.-James-Kirche oder die Ermordung von Amy Biehl verantwortlich waren. Offensichtlich haben diese Leute die Grundidee von Amnestie vergessen. Amnestie ist nicht gedacht für nette Menschen. Sie ist bestimmt für Täter. Es gibt strenge Kriterien, und wir glauben, dass das Komitee diese Kriterien angewandt hat, um zu entscheiden, ob Amnestie gewährt werden soll oder nicht.

Amnestie ist auch ein hoher Preis. Es ist der Preis, von dem die Unterhändler glaubten, dass unser Land ihn würde bezahlen müssen, um jene Alternative zu vermeiden, «die zu grauenhaft ist, um sie sich auszumalen»*. Bedauerlicherweise kam es zu einem Aufschrei fast immer nur dann, wenn das Opfer weiß war und der Täter schwarz. Faktisch hat das Amnestie-Komitee bei den bisher rund 7000 Anträgen weniger als 150-mal Amnestie gewährt, wobei rund 2000 Fälle noch ausstehen. Dies kann kaum als Lawine unbekümmerter Entscheidungen gewertet werden.

Urteile und Vorurteile

Manche haben uns kritisiert, weil sie meinten, wir würden einige Taten als moralisch gerechtfertigt ansehen und andere nicht. Lassen Sie uns umgehend mit Hinweis auf das TRC-Gründungsgesetz klarstellen, dass jene Handlungen, die als grobe Menschenrechtsverletzungen gekennzeichnet sind, nichts mit Moral, sondern mit Recht zu tun haben. Eine

* Desmond Tutu nimmt hier Bezug auf seinen Gottesdienst für den in Polizeihaft ermordeten Steve Biko (1946–1977) vom September 1977, in dem er gegenüber den aufgebrachten Trauernden sagte: «Lasst uns die Alternative vermeiden, die zu grauenhaft ist, um sie sich auszumalen.» Hier zitiert nach: Tutu, Desmond: «Gott segne Afrika», Texte und Predigten des Friedensnobelpreisträgers, Reinbeck 1984, S. 87.

grobe Menschenrechtsverletzung ist eine grobe Menschenrechtsverletzung, wer auch immer sie begeht. Es gibt also juristische Gleichwertigkeit zwischen allen Tätern. Ihre politische Zugehörigkeit ist unwichtig. Wenn ein ANC-Mitglied jemanden foltert, dann ist das eine grobe Verletzung der Rechte des Opfers. Wenn ein Mitglied der Nationalen Partei oder ein Polizeioffizier einen Gefangenen foltert, dann ist auch das eine grobe Verletzung der Rechte des Gefangenen. (...)

Wir haben unser Bestes getan, unsere Arbeit ohne Vorurteile zu leisten. Dennoch kann niemand von mir fordern, neutral gegenüber der Apartheid zu sein. Es ist ein in sich schlechtes System. Aber ich kann mich um Neutralität bemühen, wenn mir ein Anhänger der Apartheid erzählt, was ihn oder sie innerlich bewegt hat und was seine oder ihre Einsichten und Perspektiven waren; und ich werde dies ernsthaft in meine Entscheidungen einfließen lassen.

Ich meine, dass es solche gab, die die Apartheid unterstützten und aufrichtig glaubten, sie böte die besten Lösungen für die Komplexität eines multiethnischen Landes mit Bürgern auf höchst verschiedenen wirtschaftlichen und sozialen Ebenen und mit unterschiedlicher Bildung. Ich glaube, diese Leute waren nicht getrieben von finsteren Motiven. Nein, ich stelle ihre Motive nicht in Frage. Ich verdamme allerdings die politischen Mittel, die sie anwendeten.

Wahre Versöhnung

Das Schwierige ist, dass es irrige Vorstellungen davon gibt, worum es bei der Versöhnung geht. Es geht nicht darum, nett zu sein; es geht nicht darum, so zu tun, als ob Dinge anders gewesen wären, als sie tatsächlich waren. Versöhnung, die auf Verfälschung basiert, auf einer Nichtanerkennung der Realität, ist keine wahre Versöhnung und wird nicht von Dauer sein.

Wir glauben, dass wir genug Wahrheit ans Licht brachten, um darüber einen Konsens haben zu können. Da ist der Konsens, dass grausame Dinge auf allen Seiten geschahen. Wir wissen, dass der Staat seine beträchtlichen Mittel benutzte, um Krieg gegen einen Teil seiner Bürger zu führen. Wir wissen, dass Folter und Betrug und Mord und Todeskommandos an der Tagesordnung waren. Wir wissen, dass die Befreiungsbewegungen keine Vorbilder an Tugend waren und häufig Menschen anstachelten, sich in einer Weise zu verhalten, die unkontrollierbar war. Wir wissen, dass wir angesichts der heutigen Kriminalitätsraten die Früchte jener Kampagnen ernten, die damals das Land unregierbar machten. Wir wissen, dass die zutiefst unmoralische Apartheid half, ein Klima zu schaffen, in dem moralische Standards furchtbar gesunken sind.

Die Wahrheit kann – und oft ist sie das auch – trennend sein. Gleichwohl kann allein auf der Basis von Wahrheit auch wahre Versöhnung geschehen. Wahre Versöhnung ist nicht leicht, nicht billig zu haben. Wir waren beeindruckt von beinahe unglaublichen Beispielen der Versöhnung, die durch die Kommission ermöglicht wurden.

Appell an weiße Südafrikaner

Ich möchte gern einen von Herzen kommenden Appell an meine weißen südafrikanischen Mitbürger richten. Im Ganzen waren wir beglückt über die Großmut jener, die ein Recht gehabt hätten, voll von Bitterkeit und Rachegelüsten zu sein; die – im Gegenteil – mehr als einmal eine erstaunliche Großmut und eine Bereitschaft zum Vergeben zeigten. Es ist nicht leicht, zu vergeben, aber wir sahen es geschehen. Und einige, die dies taten, waren weiße Opfer. Gleichwohl war die Masse der Opfer schwarz, und ich bin betrübt über die kleinliche Haltung einiger innerhalb der weißen Führungsschicht. Sie sollten sagen: «Wie gut geht es uns, dass diese Leute uns nicht so behandeln wollen, wie wir sie behandelten. Wie gut, dass viele Dinge für uns beinahe unverändert geblieben sind, abgesehen vom Verlust einer gewissen politischen Macht.»

Können wir uns vorstellen, welchen Zorn die Enthüllungen verursachten, dass die frühere Regierung ein chemisches und biologisches Kriegsführungsprogramm hatte, das erklärtermaßen allein gegen schwarze Menschen gerichtet war und auch beinhaltete, Präsident Mandela zu vergiften und die Fruchtbarkeit von schwarzen Frauen zu verringern? Wie leicht hätte unser Land überrollt werden können von schwarzen Wutausbrüchen, von Racheorgien, die uns verwandelt hätten in ein Bosnien, ein Nordirland oder ein Sri Lanka.

Liebe südafrikanische Mitbürger, bitte versuchen auch Sie zu einer Position ähnlicher Großzügigkeit und Großmütigkeit zu finden. Wenn jemand seine Schuld bekennt, dann steht er nur zu seinen eigenen Sünden, nicht zu denen anderer ... Darum hoffe ich immer noch auf eine weiße Persönlichkeit, die sagt: «Wir hatten ein böses System mit schrecklichen Konsequenzen. Bitte vergebt uns.» Ohne Einschränkung. Wenn dies geschehen würde, wären wir beeindruckt von der Reaktion.

Danksagung

Es ist mir eine Ehre, unseren Dank all jenen über 20 000 Menschen auszusprechen, die aufgetreten sind, um ihre Geschichten zu erzählen – entweder während der öffentlichen Hearings oder bei unserem Menschenrechts-Komitee oder in Statements, die von uns auf Band aufgenommen wurden. Sie waren großzügig in ihrer Bereitschaft, sich selbst verletzbar zu machen; zu riskieren, dass Wunden geöffnet wurden, die vielleicht gerade im Heilungsprozess waren, dadurch, dass sie ihre eigenen traumatischen Erfahrungen grober Menschenrechtsverletzungen oder die ihrer Nächsten mit uns teilten. Wir sind tief in ihrer Schuld und hoffen, dass ihr Erscheinen vor der Kommission zur Wiederherstellung ihrer menschlichen und bürgerlichen Würde beigetragen hat, die in der Vergangenheit so schändlich mit Füßen getreten wurde …

Mein Appell richtet sich letztlich an uns alle, Schwarze und Weiße gemeinsam, das Kapitel der Vergangenheit zu schließen und uns als das Regenbogen-Volk Gottes gemeinsam zu bemühen um dieses schöne und gesegnete Land.

Die Kommission hat ihren Teil zur Förderung nationaler Einheit und Versöhnung beigetragen. Ihre Ergebnisse gehören jedem von uns.

Jugend unter der Apartheid: «Den Schrecken doppelt und dreifach ausgesetzt»

Aufwachsen unter der Apartheid

Die südafrikanische Sozialstruktur war geprägt durch Apartheidsgesetze, die die Mehrheit südafrikanischer Kinder der Unterdrückung, Ausbeutung, Benachteiligung und Erniedrigung aussetzten. Apartheid ging einher mit subtilen wie offenen Formen physischer wie psychischer Gewalt. Strukturelle Gewalt beinhaltete grobe Ungleichheiten in der Bildung, zusammen mit tiefer Armut, Arbeits- und Obdachlosigkeit, weit verbreiteter Kriminalität und zerbrochenen Familien. Die Kombination all dieser Probleme schaffte unerhörte soziale Erschütterungen, die sowohl in Unterdrückung als auch Widerstand mündeten.

Demgegenüber wurden viele weiße Kinder in einer Umgebung erzogen, die Rassenvorurteile und die Angst vor dem «Anderen» rechtfertigte und gleichzeitig unhinterfragte Unterordnung gegenüber den Autoritäten von Staat und Familie forderte. Die strukturelle und gesetzliche Trennung durch die Apartheid sicherte ab, dass weiße Jugendliche isoliert und getrennt in fast jedem Aspekt ihres Lebens von ihren Altersgenossen aus anderen ethnischen Gruppen aufwuchsen.

Diese Bedingungen führten dazu, dass viele südafrikanische Kinder erkannten, in welchem Maße ihnen Möglichkeiten vorenthalten wurden, gleichberechtigte Bürger Südafrikas zu werden. Viele südafrikanische Kinder blieben nicht Zuschauer, sondern stellten die Rechtmäßigkeit des Staates aktiv in Frage. Kinder und Jugendliche spielten die wesentliche Rolle beim Widerstand gegen die Apartheid …

Die Geschichte der Jugendproteste

Die Rolle der Jugend im Widerstand gegen die Apartheid geht zurück bis zur Gründung der militanten Jugend-Liga des ANC von 1943. Die Militanz der Jugend ermöglichte die **Defiance Campaign** von 1952 und den Entwurf der **Freedom Charter** von 1955. In den 60er Jahren waren die Jugendlichen unter denen, die sich zu Tausenden gegen die Pass-Gesetze erhoben. Die Antwort des Staates auf diese friedlichen Proteste war gewaltsame Unterdrückung. Viele Jugendliche sahen keine andere Möglichkeit, als das Land zu verlassen und von dort den bewaffneten Befreiungskampf aufzunehmen. Umkhonto weSizwe, 1961 gegründet, fand viele Rekruten unter der Jugend.

Kinder und Jugendliche wurden mit dem vollen Ausmaß staatlicher Unterdrückung konfrontiert, wenn sie als «militärisches Fußvolk» antraten – auch die «jungen Löwen» genannt. Die Jugend forderte den Staat mit Mobilisierungen ihrer Schulen und Nachbarschaften gegen unrechtmäßige Bedingungen heraus.

Die Schülerrevolte, die im Juni 1976 in Soweto begann, veränderte das politische Klima. 104 Kinder unter 16 Jahren wurden während des Aufstands ermordet, und der Widerstand breitete sich auch in anderen Landesteilen aus. Klassenzimmer wurden Treffpunkte für Organisationen wie den «Congress of South African Students» (COSAS), der 1979 gegründet wurde und schließlich mehr als eine Million Mitglieder aufweisen konnte. Die erzwungene Auflösung von COSAS durch die Sicherheitspolizei führte zur Verhaftung von mehr als 500 seiner Mitglieder zur Zeit der Erklärung des öffentlichen Notstands durch die Regierung im Juli 1985.

Besonders in den 80er Jahren wurden viele Schüler-, Studenten- und Jugendorganisationen verboten. Dieses Verbot galt auch für den Besitz und die Verbreitung ihrer Publikationen. Zwischen 1976 und 1990 waren alle politischen Versammlungen im Freien verboten. Ab 1986 gab es ein Generalverbot für alle Versammlungen in geschlossenen Räumen, die Arbeitsverweigerungen oder Schulboykott zum Ziel hatten.

Einschleusen von Verrätern

Die Sicherheitskräfte ergriffen gefährdete junge Leute und bauten mit ihnen ein Netzwerk von Informanten auf. Dies hatte schlimme Folgen für Jugendorganisationen. Es wird berichtet von Jugendlichen, die aus politischen Gründen inhaftiert waren und dann in Besserungslager gebracht und dort zu Informanten für die Sicherheitskräfte gemacht wurden.

Bis 1985 gingen gewalttätige Vorfälle vor allem auf das Konto der Sicherheitskräfte. Ab 1987 tauchten mehr und mehr **Vigilanten** auf. Vigilanten wurden aus den Reihen der Homeland-Autoritäten, der schwarzen Polizeioffiziere und jener, die bestehende soziale Strukturen erhalten wollten, rekrutiert. Der Staat arbeitete heimlich mit diesen Organisationen zusammen, um die Widerstandsorganisationen zu destabilisieren. Als Bewohner von Migranten-**Hostels** in die Konflikte einbezogen wurden, brachen durch die Angriffe der Vigilanten auch ethnische, geographische und Klassenunterschiede auf.

Viele Attacken der Vigilanten wurzelten in Konflikten zwischen den Generationen. Einige Männer sahen die aufkommende Welle der Übernahme prominenter politischer Positionen durch Frauen und Jugendliche als Bedrohung der hierarchischen Alters- und Geschlechtsstrukturen an. Junge Leute wurden als diejenigen angesehen, die die Vorrechte traditioneller Anführer in Frage stellten. Diese sahen es wiederum als ihre Pflicht an, die Jugendlichen und Frauen in ihre Schranken zu weisen. Vigilanten organisierten sich unter Slogans wie «Diszipliniert die Kinder!» und beschrieben sich häufig selbst als «Väter».

Sehr viele Jugendliche, unabhängig, ob politisch aktiv oder nicht, spürten die Folgen der Gewalt, besonders jene, die nahe den Hostels wohnten. In vielen Fällen empfanden sie Verantwortung, ihre Familien und Straßen zu schützen. Einige junge Leute richteten ihre Aufmerksamkeit auf die Verteidigung ihrer Nachbarschaften und leiteten ihre Energien in den Aufbau von Selbstverteidigungseinheiten (SDUs) um, die aus ihrer Sicht gerechtfertigt waren durch die Angriffe der Vigilanten.

In den 90er Jahren nahmen die Konflikte zwischen dem ANC und der Inkatha Freiheitspartei (IFP) zu, ebenso wie die Zahl der Anschläge von Vigilanten. Vor allem in KwaZulu-Natal waren junge Leute aus Angst um ihr Leben gezwungen, in die Städte zu fliehen.

Einige junge Leute wurden für Vigilanten-Aktivitäten zum Beispiel dadurch gewonnen, dass ihnen Geld angeboten wurde, um Häuser von Freiheitskämpfern anzugreifen. Jugendliche wurden auch manipuliert durch staatliche Projekte wie jenes der «Adler», das, Anfang der 80er Jahre gegründet, in Konflikt geriet mit Organisationen wie dem «South African Youth Congress» **(SAYCO)**. Gruppen wie die «Adler» waren beteiligt an Aktivitäten, um der Polizei zu helfen beim Identifizieren von Freiheitskämpfern, bei Brandanschlägen und dem Stören politischer Treffen. 1991 wurden die «Adler» als offizielles staatliches Projekt bekannt.

Junge weiße Soldaten

Durch staatliche Kontrollen aller nationalen Medien und Strategien wie durch Schulbesuche von Militärs an weißen Schulen wurden weiße Jugendliche der Propaganda ausgesetzt. Angst vor dem «Anderen» wurde den Kindern eingetrichtert unter dem Vorwand einer beständig drohenden «kommunistischen» Verschwörung, formuliert in Slogans vom drohenden «totalen Angriff». All dies trug zu einer Situation bei, in der weiße männliche Jugendliche es als ihre Pflicht ansehen mussten, in der Armee zu dienen.

Weißen Kindern wurden wenige Alternativen zum Dasein als Mitglieder der weißen Elite angeboten. Sie hatten praktisch keinen Kontakt mit schwarzen Kindern und wohnten zumeist in ihrer behüteten Umgebung von Schule, Familie und Kirche.

Einige weiße junge Leute, die für die Verteidigung eines weißen Südafrika kämpften, waren durch ihre militärischen und politischen Vorgesetzten davon überzeugt worden, dass sowohl ihr eigenes Leiden als auch die begangenen Gewalttaten einer gerechten Sache dienten. Andere waren mit dem Dilemma konfrontiert, zur Teilnahme an einem Krieg verpflichtet worden zu sein, an den sie nicht glaubten. Eine Minderheit wurde zu Kriegsdienstverweigerern, verdammt als Landesverräter und vor die Wahl gestellt, das Land zu verlassen oder sechs Jahre ins Gefängnis zu gehen.

Einige weiße Jugendliche nahmen am Kampf gegen die Apartheid teil durch ihre Mitgliedschaft in Widerstandsorganisationen wie der «Kampagne zur Beendigung der Einberufung» («End Conscription Campaign», ECC), den Studentenbewegungen wie der «National Union of South African Students» (NUSAS), oder durch Mitgliedschaft in politischen Organisationen. Wie andere Aktivisten wurden auch sie zur Zielscheibe staatlicher Gewalt.

Zahlen und Statistiken

Unsere Statistiken reflektieren nicht alle Gewalterfahrungen, sondern nur jene, die uns berichtet wurden. Viele Südafrikaner, die Menschenrechtsverletzungen erlitten hatten, erschienen nicht vor der Kommission und sind deshalb nicht repräsentiert. Einige Eltern machten Aussagen im Namen ihrer Kinder. Auffallend war auch, dass viele Frauen und Mädchen es vorzogen, nicht über Gewalttaten zu sprechen, die sie selbst erlitten hatten. Sie sprachen stattdessen über Gewalttaten, die an anderen begangen worden waren, besonders ihren Vätern, Söhnen und Brüdern.

Statistik 1: Tötungen von Kindern und Jugendlichen

Statistik 1 zeigt die Zahl von Tötungen, die der Kommission berichtet wurden. Die linke Seite weist weibliche Opfer aus, die rechte Seite männliche Opfer. Gemäß dieser Graphik wurden wenige Kinder unter 12 Jahren getötet. Die Mehrheit der Opfer waren männliche junge Leute im Alter zwischen 13 – 24 Jahren.

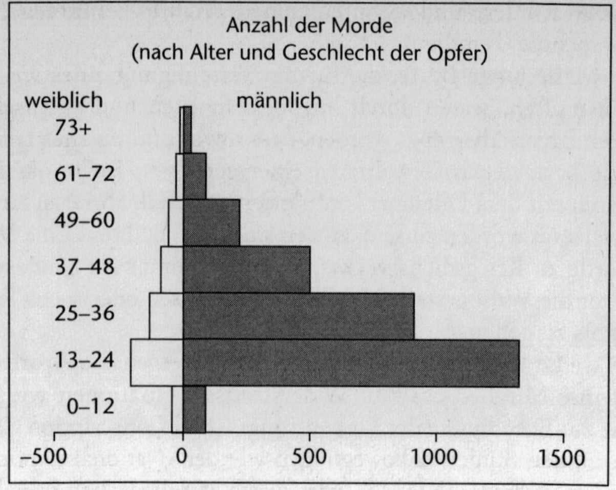

Haft und Gefängnisstrafen für Kinder und Jugendliche

In umfangreichen und oftmals willkürlichen Polizeiaktionen wurden Tausende von Kindern, einige gerade sieben Jahre alt, festgenommen und eingesperrt aus einem sich über alles hinwegsetzenden Sicherheitswahn sowie einer kriminellen Gesetzgebung. Zuweilen wurden ganze Schulen verhaftet.

Alle zur Verfügung stehenden Zahlen beweisen, dass die meisten Kinder und Jugendlichen in den Jahren 1985–1989 verhaftet wurden, in denen zweimal der Notstand von Staatsseite erklärt worden war. Von 80 000 Festgenommenen waren 48 000 unter 25 Jahren.

Nach ihrer Freilassung aus dem Gefängnis waren viele Jugendliche allen möglichen Verboten und Verfügungen ausgesetzt, wodurch sogar ihr Zuhause sich in eine Art Gefängnis verwandelte. Sie mussten sich einmal am Tag bei der Polizeistation melden und wurden so von jeder politischen oder sozialen Aktivität abgehalten.

Statistik 2: Folter an Kindern und Jugendlichen

Folter kam gewöhnlich in der Haft vor, ausgeübt von Sicherheitskräften. Die Kinder berichteten von Missbrauch in Form von Nahrungs- und Schlafentzug, Einzelhaft, Schlägen, Tritten, erzwungener Körperertüchtigung, nackt verhört werden, aufgehängt werden an einer Stange und Elektroschocks. Andere Arten der Folter waren verbale Beleidigungen, den Kopf eines Gefangenen gegen die Wand oder auf den Boden schlagen, Gebrauch von Tränengas in einem geschlossenen Raum, erzwungenes Stehen in unnatürlicher Haltung, Schläge auf die Ohren, drohende Erstickungen und Brandwunden durch Zigarettenausdrücken auf der Haut. Die Folterarten wurden begleitet von falschen Beschuldigungen, angedrohter Gewalt gegenüber dem Häftling, in die Irre führenden Informationen, unwahren Behauptungen über Verrat von Freunden, Druck, um unwahre Dokumente zu unterschreiben, Verhören mit vorgehaltener Waffe und anderen Gewalttaten.

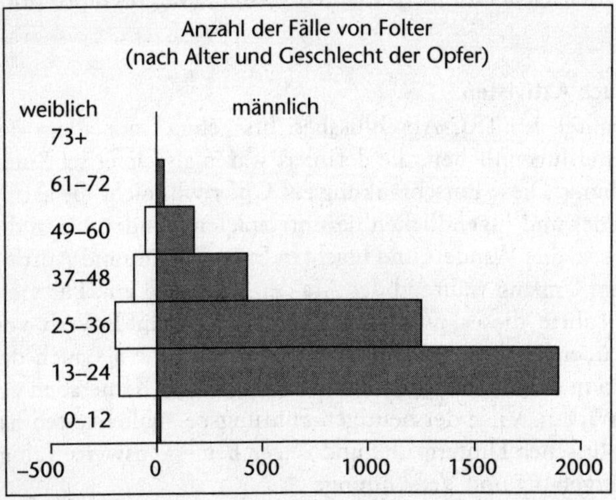

Kinder und Jugendliche im Exil

Angesichts zunehmender Unterdrückung verließen viele Jugendliche oder ihre Familienmitglieder das Land, um in einem anderen Land zu leben oder dort den Befreiungsbewegungen beizutreten.

Dieses Exil wurde oftmals als brutaler Bruch im persönlichen Leben erfahren, was wiederum in einem Mangel an Kontinuität resultiterte, der sich dem Aufbau einer positiven Identität entgegenstellte: Sie konnten nicht im Kontakt bleiben mit Familie und Freunden, weil dies zu hohe Risiken für die Zurückgebliebenen bedeutet hätte … hinzu kamen Krankheiten und Hunger.

Es ist unklar, wie viele Jugendliche und ihre Familienmitglieder im Exil starben, sei es als Kämpfer bei den Befreiungsbewegungen oder aus natürlichen oder anderen Gründen. Einige starben wegen der grenzüberschreitenden Überfälle in Nachbarländern.

Doppelt und dreifach ausgesetzt

Die Dokumentation der Kommission zeigt, dass Kinder und Jugendliche die meisten Opfer in allen Kategorien grober Menschenrechtsverletzungen brachten. Auf jedes erwachsene Opfer kamen in der Regel zwei oder mehr Kinder und Jugendliche. Oft war das Familienleben gefährdet, was es den Eltern erschwerte, für ihre Kinder zu sorgen und in der Lage zu sein, ihnen zuzuhören. Viele Kinder wurden ihren Eltern entfremdet, und das Vertrauen, der Glaube und die Kommunikation, die zwischen den Generationen bestehen sollten, waren empfindlich gestört.

Opfer, aber auch Aktivisten

In diesem Kapitel des TRC-Abschlussberichts geht es vor allem um jene Kinder und Jugendlichen, die definiert waren als Opfer im Sinne der Gesetzgebung. Diese Einschränkung auf Opfer will nicht die aktive Rolle der Kinder und Jugendlichen herunterspielen. Kinder waren die Vertreter des sozialen Wandels und brachten Energie, Mut und Antrieb in ungeheurem Umfang während der Ära der Apartheid ein. Für viele junge Leute führte dieses politische Engagement zum Erwerb von Kenntnissen über Analyse, Mobilisierung und Strategie als auch der Fähigkeit, sich in schweren Zeiten unter Freunden und Kameraden gegenseitig zu stärken. Viele der heutigen Führungspersönlichkeiten haben diesen politischen Hintergrund und zeigen bemerkenswerte Fähigkeiten von Vergebung und Versöhnung.

Zerstörung von Illusionen

Für viele hat sich das neue Südafrika nicht als das Land jener Möglichkeiten erwiesen, die sie sich erhofft hatten, was zu tiefen Gefühlen der Unzufriedenheit führte. Kinder, die verletzt wurden, insbesondere, wenn die Verwundung zu dauernder Behinderung führte, leiden an extremen Schwierigkeiten bei ihren Bemühungen, ihre Identität wieder aufzubauen und ein Verhältnis zu ihren Entstellungen und Behinderungen zu finden.

Kinder und Jugendliche waren damals bereit, Schule und Ausbildung zu opfern unter dem Slogan «Befreiung kommt vor Erziehung!». 75 Prozent derjenigen, die damals ihre Ausbildung unterbrachen, berichten heute, dass sie unter psychologischen Problemen leiden wie Ängsten, Depressionen und Schwierigkeiten, den Alltag zu bewältigen. 51 Prozent berichten außerdem als Folge dessen von Verlusten im Einkommen.

Zusammenfassung

Diejenigen, die in einer gewalttätigen Umwelt aufwuchsen, werden die Folgen hiervon auch als Erwachsene zu tragen haben. Viele haben ihre Nächsten verloren. Viele haben körperliche und psychische Narben davongetragen. Die Chancen im Leben wurden bei vielen aufgrund unterbrochener Ausbildung reduziert. Einige haben die zu Zeiten der Gewalt erworbenen Fähigkeiten in kriminelle Aktivitäten umgesetzt, um so die andauernde Armut zu lindern.

Der vielleicht gefährlichste Aspekt dieses Erbes für die Zukunft unserer Nation ist die Tatsache, dass diejenigen, die sich um den Wandel in diesem Land mühten und dabei so viel aufgaben, so wenig Veränderungen in ihrer unmittelbaren Umgebung heute sehen.

Die Zeit des Kampfes schaffte jedoch auch Kraft, Weisheit, Leistungsfähigkeiten und Toleranz. Viele junge Leute wuchsen über das Leiden, das sie erlitten hatten, hinaus. Einige waren so stark und herausfordernd, dass sie sich selbst durchweg als Freiheitskämpfer für ihr Volk begriffen – und dabei ihre Ausbildung und andere Möglichkeiten des persönlichen Vorankommens opferten und Freiheitsarmeen und Widerstandsbewegungen beitraten.

Viele dieser jungen Menschen sind Männer und Frauen von ganz ungewöhnlichem Kaliber geworden. Trotz allem Leiden haben sie besondere Großzügigkeit und Toleranz bewiesen und sind ihren ehemaligen Unterdrückern im Geiste der Versöhnung begegnet.

Glossar

Zusammengestellt von Karin Chubb, Dot Cleminshaw und Lutz van Dijk

Afrikaaner: Afrikaans sprechende weiße Bevölkerungsminderheit, die von den ehemals niederländischen Einwanderern abstammen und sich auch als Buren bezeichnen (vom niederländischen «boer» = Bauer).

Afrikaans: Eine der einheimischen südafrikanischen Sprachen, die zurückgeht auf frühe niederländische Kolonisatoren, aber auch Einflüsse anderer Sprachen dieses Teils Afrikas und des Fernen Ostens aufweist. Afrikaans ist nicht nur die Muttersprache eines Teils der weißen Bevölkerung, sondern auch einer großen Gruppe der «farbigen» (coloured) Bevölkerung. Nach Zulu und Xhosa kommt Afrikaans an dritter Stelle, Englisch dagegen erst an fünfter.

ANC: African National Congress, 1912 gegründet. Afrikas älteste Befreiungsbewegung; 1960–1990 verboten, was zu einer Verstärkung des militanten Kampfes führte. Nach der Verhaftung mehrerer ANC-Führer wie Mandela, Sisulu und Govan Mbeki (Vater von Thabo Mbeki) leitete Oliver Tambo den ANC vom Exil aus. Bei den ersten demokratischen Wahlen von 1994 wurde der ANC als stärkste politische Partei ins Parlament gewählt, dieser Wahlerfolg wiederholte sich mit nahezu Zweidrittelmehrheit 1999 (266 Sitze von insgesamt 400 im Parlament).

APLA: Azanian People's Liberation Army; militanter Zweig des (→) PAC.

Askari: Freiheitskämpfer oder (→) MK-Soldat, der von der Sicherheitspolizei «umgedreht» wurde und gegen seine ehemaligen Gefährten arbeitete, zuweilen auch allgemein für Verräter.

Azania: So wurde im antiken Rom der südöstliche Teil Afrikas bezeichnet; bevorzugt gebraucht von Gruppen, die sich der Idee von Black Power oder Black Consciousness verbunden fühlen. Der ANC benutzt diesen Begriff nicht.

AZAPO: Azanian People's Organisation, 1978 als Organisation des Black Consciousness (des schwarzen Bewusstseins) gegründet, um sich für die Idee einer sozialistischen Republik einzusetzen.

Black Sash: Frauenorganisation von Freiwilligen, gegründet 1955 aus Protest gegen den Ausschluss «Farbiger» von den Wahlen. Mitglied konnten anfangs nur weiße Frauen werden, später Öffnung für alle ethnischen Gruppen. Der Name kommt von jenen schwarzen Schärpen, die als Zeichen des Protests gegen staatliche Unterdrückung getragen wurden. Der Black Sash wurde bekannt als eine der führenden Gruppen im Kampf gegen Zwangsumsiedlungen und (→) Passgesetze. Durch ein landesweites Netz von Beratungsbüros war der Black Sash in der Lage, Menschenrechtsverletzungen anzuprangern, Gerichtsverhandlungen zu beobachten, Opfer zu unterstützen und Kampagnen z. B. gegen Haft ohne Prozesse und gegen die Todesstrafe durchzuführen. Ab 1990 wurde ein Schwerpunkt auf gesetzliche Reformen, Sozialunterstützungen, Geschlechtsdiskriminierung sowie Zugang zu Rechten für bislang Benachteiligte gelegt. Ab 1994 wurde der Black Sash von einer Freiwilligenorganisation zu einer Vereinigung umgewandelt, in deren Beratungsbüros überwiegend bezahlte Kräfte arbeiteten.

Buren: Ein Wort für weiße, normalerweise männliche Südafrikaner; auch als Schimpfwort gebraucht zum Beispiel für Polizisten.

BMW: Militante Widerstandsgruppe von Jugendlichen aus dem Stadtteil Bonteheuwel in Kapstadt (Bonteheuwel Military Wing) mit Verbindungen zu (→) ANC- und (→) MK-Leuten im Untergrund. Anfangs organisierte der BMW vor allem «Unruhe» auf den Straßen von Bonteheuwel, um Polizeikräfte von den Widerstandsaktionen in Schulen abzulenken; zunehmend erhielten seine Mitglieder auch paramilitärisches Training im Untergrund und hatten erst selbstgefertigte und später auch konventionelle Waffen. Nach Festnahmen durch die Polizei kamen oft Folterungen vor.

Casspir: Gepanzerter Personenwagen im Gebrauch der (→) SAP und (→) SADF.

CCB: Civil Co-operations Bureau – Beispiel für die verschleiernde

Apartheidssprache, da dieses «Büro» weder zivil war noch kooperierte, sondern faktisch eine geheime Todesschwadron der (→) SADF, die u. a. verantwortlich für die Ermordung des Akademikers der Witwatersrand-Universität und führenden (→) UDF-Aktivisten David Webster war.

Ciskei: Ein Gebiet im östlichen Kap, das 1951 vom weißen Apartheidsregime zum (→) «Homeland» und 1981 zum eigenen Staat erklärt worden war. Hier geschahen besonders viele Menschenrechtsverletzungen in den 80er und frühen 90er Jahren.

Chris-Hani-Attentat: Ostern 1993 wurde Chris Hani, der Führer der (→) SACP, vor seinem Haus von dem weißen Attentäter Janusz Walus erschossen. Walus sowie sein Komplize Clive Derby-Lewis, Parlamentsmitglied der Konservativen Partei Südafrikas, wurden zu lebenslanger Haft verurteilt, ein Amnestiegesuch vor der TRC wurde abgelehnt.

COSAS: Congress of South African Students – (→) ANC-orientierte kämpferische Studentenorganisation, die 1979 gegründet wurde und in den 80er Jahren viel Einfluss hatte.

Cradock-Vier: Die kleine Stadt Cradock, 300 km nördlich von Port Elizabeth, wurde unter Leitung des Lehrers Matthew Goniwe ein gut organisiertes Zentrum des (→) UDF-Widerstands. Nach mehreren Festnahmen und anderen Verfolgungen durch die Sicherheitspolizei wurde Matthew Goniwe mit drei weiteren Aktivisten entführt und am 27. Juli 1985 außerhalb von Port Elizabeth ermordet. Eine Untersuchung stellte 1987 fest, dass sie von «unbekannten Personen» ermordet worden waren. Eine neue Untersuchung wurde 1993 begonnen, nachdem Geheimdokumente des Militärs aufgetaucht waren, die von «einer dauerhaften Entfernung aus der Gesellschaft» von Matthew Goniwe sprachen. Die Untersuchung schloss mit der Aussage ab, dass die Sicherheitspolizei die Verantwortung trage, aber keine Namen zu ermitteln seien. Im Januar 1997 meldeten sich sechs Mitglieder der Sicherheitspolizei als Täter bei der TRC, um einen Antrag auf Amnestie zu stellen. Dieser Antrag ist zur Zeit der Drucklegung dieses Manuskriptes noch nicht beschieden worden.

Defiance Campaign: Sowohl eine breite Protestbewegung der 50er Jahre als auch eine von der (→) UDF 1989 gestartete «Kampagne der Herausforderung», bei der zahlreiche Aktionen des zivilen Ungehorsams von Menschen aus unterschiedlichen politischen Gruppen gegen die Apartheid durchgeführt wurden. Höhepunkt war der Marsch durch Kapstadt am 13. 9. 1989, an dem rund 35 000 Menschen, angeführt von Erzbischof Tutu, teilnahmen.

District Six: Ein Stadtteil im Zentrum Kapstadts, so benannt 1867, als die einzelnen Stadtgebiete eingeteilt wurden. Lange Zeit Heimat für rund 55 000 überwiegend «farbige» («coloured») Menschen, die in vielen Liedern und Gedichten als besonders lebendig beschrieben wurde. Trotz Armut, Baufälligkeit und hoher Kriminalität war in diesem Stadtteil eine eigene Kultur entstanden. 1966 wurde District 6 zum weißen Wohngebiet erklärt und in den folgenden Jahren durch Zwangsumsiedlungen systematisch zerstört.

Dompas: in Afrikaans: verdomde pas, d. h. verdammter Pass, Schimpfwort für jene Identitätskarte, die unter den (→) Passgesetzen jeder Schwarze über 16 Jahren bei sich tragen musste.

ECC: End Conscription Campaign – die «Kampagne zur Abschaffung der Wehrpflicht» für wehrpflichtige junge weiße Männer (allein sie waren im Apartheid-Südafrika wehrpflichtig) wurde 1983 nach einer (→) Black-Sash-Konferenz gegründet und vereinigte innerhalb kurzer Zeit rund 50 Menschenrechtsorganisationen, 1986 in allen größeren Städten und den meisten Universitäten Südafrikas vertreten; 1988 als erste «weiße» Organisation verboten.

Enoni: Einheit der Sicherheitspolizei, die durch besondere Brutalität von sich reden machte (vgl. auch die → Vlakplaas-Einheiten).

FEDSAW: Federation of South African Women – Föderation südafrikanischer Frauen, ANC-nahe Organisation überwiegend schwarzer Frauen; 1954 gegründet, jedoch aktiv vor allem nach Neugründungen 1981 im Transvaal und 1986 in Kapstadt.

Freedom Charter: Freiheits-Charta – auf Anregung von Albert Luthuli und dem (→) ANC als basisdemokratische Initiative unter

Einbeziehung Tausender von Stellungnahmen aus dem ganzen Land zur Formulierung grundlegender Menschenrechte gestartet. Alle diese Vorschläge wurden 1955 während einer Tagung in Kliptown / Soweto von 3000 Delegierten in der «Freedom Charter» zusammengefasst. Diese Tagung endete mit einem Überfall der Polizei und der Festnahme Hunderter Anwesender. Die «Freedom Charter» ist ein gemäßigtes Dokument, in dem in zehn Punkten eine nicht-rassistische Gesellschaft beschrieben wird.

Homelands: Zuvor von der weißen Apartheidsregierung festgelegte Gebiete zur angeblichen «Selbstbestimmung» schwarzer Südafrikaner, die sich grob an bestimmten ethnischen Gruppen orientierte. Die so erzwungene «Unabhängigkeit» bestand in lokalen Regierungsstrukturen, die von Pretoria bestätigt werden mussten.

Hostel: Unterkünfte für schwarze Migrantenarbeiter in Townships, in der Regel zu menschenunwürdigen Bedingungen ohne jede Privatsphäre. Viele (→) «Vigilanten»-Aktionen in den 90er Jahren gingen von diesen Hostels aus.

IFP: Inkatha Freedom Party – Inkatha-Freiheitspartei, 1975 in (→) KwaZulu zunächst in großer Nähe zum damals noch verbotenen (→) ANC gegründet; diese Koalition fiel jedoch bald auseinander, und unter ihrem Anführer Mangosuthu Buthelezi wurde die IFP stärker nationalistisch und Zulu-orientiert. Die weiße Apartheid-Regierung wie auch manche ausländische Regierungen sahen auch deshalb in der IFP eine moderate Alternative zum ANC. Seit 1991 wurden enge Verbindungen der IFP mit der Geheimpolizei bekannt. Nach den Wahlen 1999 mit 34 Sitzen im Parlament vertreten.

Immorality Act: Gesetz zum Verbot außerehelicher sexueller Beziehungen zwischen Weißen und Schwarzen; 1927 erstmals verkündet; 1957 erweitert auch auf Inder und «Farbige» (Coloured) und auf «alle unsittlichen sexuellen Handlungen». Teile dieses Gesetzes wurden 1985 widerrufen. In den Jahrzehnten der rigorosen Anwendung hat es unzählige Familien zerstört, besonders in Fällen, wo Kinder als «weiß» passieren konnten, die Eltern – oder ein Elternteil - jedoch nicht. Untersuchungen und Beweisaufnahmen der Polizei griffen auf besonders brutale Weise in die Privatsphäre von Betroffenen ein, oft mit traumatisierenden Folgen.

ISU: Internal Stability Unit, auf Bekämpfung politisch motivierter Unruhen spezialisierte Einheiten der Polizei.

ISCC: Inter-Schools Co-Ordinating Committee, ein Komitee auf städtischer oder regionaler Ebene, in dem an ihren jeweiligen Schulen gewählte Vertreterinnen und Vertreter zusammenkamen, um ihre politischen Aktionen abzustimmen.

Junge Löwen: Young Lions - militante Jugendgruppen, die dem ANC nahe standen.

KwaZulu-Natal: Die Provinz Natal mit dem früheren Bantustan-«Homeland» der Zulus: KwaZulu.

Kangaroo-Gerichte: Selbstjustiz in verschiedenen Townships.

Madiba: Sippenname (clan name) von Nelson Mandela, von Freunden und Bewunderern benutzt als Zeichen des Respekts und der Verbundenheit.

MK: Abkürzung der Lautaussprache für: → Umkhonto weSizwe (Xhosa) - Speer der Nation, militärischer Zweig des ANC, kurz nach dem Verbot des ANC 1960 gegründet.

NECC: Nationales Erziehungskrisen-Komitee («National Education Crisis Committee»), gegründet 1985, um eine Alternative zu dem Bantu-Erziehungssystem und zu Schulstreiks und dem Slogan «Freiheit vor Erziehung» zu entwickeln und sich stattdessen für einen demokratischen Unterricht einzusetzen.

Necklacing: Ermordung eines Menschen, indem ihm oder ihr ein brennender Autoreifen umgehängt wird.

NP: National Party - Nationale Partei, gegründet 1914, um die Interessen der (→) Afrikaaner zu vertreten; seit 1948 in Regierungsverantwortung und seitdem verantwortlich für die als Apartheid benannte Politik der «Rassentrennung». Wenig später realisierte sie auch ihr Ideal einer «unabhängigen Republik» - Südafrika verließ das britische Commonwealth. Dieser Schritt sowie eine zunehmende Brutalität bei der Durchsetzung von Apartheidsgesetzen führten zu immer größerer internationaler Isolation sowie einem Ausbau des Geheimdienstes und Militärs. Erst nach rund vier Jahrzehnten Regierungsverantwortung wurde unter Präsident F. W. de Klerk mit der Aufhebung des Verbots des (→) ANC und anderer Befreiungsorganisationen der Weg für einen Übergang zur Demokratie ermöglicht. Bei den Wahlen von 1994 erhielt die NP nur noch 82 von 400 Parlamentssitzen (gegenüber dem ANC mit 252 Sitzen); bei den Wahlen von 1999 erlangte die reformierte NNP (New National Party) nur 28 Sitze.

NUSAS: National Union of South African Students – Studentenorganisation überwiegend englischsprachiger liberaler Studenten, gegründet 1924.

PAC: Pan African Congress – panafrikanischer Kongress, gegründet 1959 als eine Abspaltung des ANC von Leuten, die besorgt waren über den zunehmenden Einfluss von Weißen, Indern und Kommunisten im ANC. Auch der PAC operierte nach seinem Verbot mit einem militärischen Zweig («Poqo»). Der PAC wurde wie der ANC im Februar 1990 wieder zugelassen, war 1994 mit fünf Sitzen und ist seit 1999 mit drei Sitzen im Parlament vertreten.

Panga: langes Messer, einer Machete ähnlich.

Pass Laws, Passgesetze: Ab 1952 mussten schwarze Frauen und Männer, die älter als 16 Jahre waren, zu allen Zeiten einen Pass bei sich tragen, wenn sie sich außerhalb ihrer (→) «Homelands» aufhielten und länger als 72 Stunden in städtischen Gebieten der Weißen. Mit diesem System sollten schwarze Arbeitskräfte in weißen Wohngebieten kontrolliert und von jenen getrennt werden, deren Aufenthalt dort unerwünscht war. Auf diese Weise wurden Eheleute ebenso wie Kinder von ihren Eltern getrennt. Jeder, der keinen Pass bei sich hatte, wurde als Straftäter verhaftet, was über Jahre zu bis zu 2000 Verhaftungen pro Tag führte. Die Passgesetze wurden bereits 1986 abgeschafft, obwohl indirekte Kontrollen bestehen blieben.

PEBCO-Drei: Drei Mitglieder von PEBCO (Port Elizabeth Black Civic Organisation), der (→) UDF-nahen Bürgerrechtsorganisation von Schwarzen in Port Elizabeth, wurden am 11. Mai 1985 entführt und ermordet. (→) Askaris zusammen mit (→) Vlakplaas-

Leuten waren für die Morde verantwortlich. Sie fühlten sich dazu aufgefordert nach einem Besuch des Präsidenten P. W. Botha am Ostkap, der dazu aufgerufen hatte, Aktivisten zu «neutralisieren».

PTSD: Post-Traumatic Stress Disorder – Psychische Störungen nach traumatischen Erlebnissen, ein Begriff, der vor allem in der Behandlung heimgekehrter Vietnam-Soldaten geprägt wurde.

SACP: South African Communist Party, gegründet 1921 als Kommunistische Partei von Südafrika (CPSA) in der Lehre des marxistischen Sozialismus, verboten 1950 und im Untergrund als SACP reformiert. Im Februar 1990 wurde das Verbot aufgehoben.

SADF: South African Defense Forces – südafrikanische Armee.

SAP: South African Police – Südafrikanische Polizei.

SAYCO: South African Youth Congress – Jugendorganisation der (→) UDF.

16. Juni 1976: (→) «Soweto»

Section 29: Gefürchteter Paragraph des «Internal Security Act of 1982», unter dem Verdächtigte bis zu 30 Tage und länger in Haft gehalten werden konnten ohne Gerichtsverfahren, wenn der zuständige Minister das für nötig hielt. Nur der Minister konnte eine Freilassung veranlassen. Nach sechs Monaten Haft musste die Polizei «ausreichende» Gründe für eine Verlängerung der Haft angeben.

Section 51: Gesetz zur Kontrolle von unerlaubten Versammlungen. Unter diesem Gesetz konnten unter den Notstandsbedingungen sogar zwei Personen verhaftet werden, die z. B. öffentlich politische Äußerungen machten oder zusammen ein Demonstrationsplakat zeigten.

SDU: Self Defense Units – mit dem ANC lose verbundene Selbstverteidigungseinheiten, die überwiegend von Jugendlichen gegründet worden waren, um in den Townships des Ostkaps und des Vaal Triangle die lokalen Gemeinschaften zu schützen und später jedoch auch selbst militante und brutale Aktionen ausführten.

Sharpeville-Massaker: Eine gewaltlose Großdemonstration, vorbereitet überwiegend vom (→) PAC gegen die (→) Passgesetze, in dem Township Sharpeville am 21. März 1960 wurde zum Massaker, als die Polizei ohne Vorwarnung in die Menge feuerte, 69 Menschen tötete und 180 schwer verwundete. Als Grund wurde später angegeben, dass die Polizei in Notwehr gegen eine Steine werfende Meute gehandelt habe – tatsächlich waren drei Polizisten durch Steinwürfe verletzt worden.

Sjambok: schwere Lederpeitsche, zum Auspeitschen und Schlagen benutzt.

Soweto: Township im Südwesten Johannesburgs. Der Name «Soweto» (von: South Western Townships) ist untrennbar verbunden mit dem legendären Schüleraufstand vom 16. Juni 1976 gegen Afrikaans als Unterrichtssprache, der sich landesweit zu einem Massenprotest gegen die Apartheid insgesamt ausweitete.

SOYA: Students of Young Azanian, – schwarze Schülerorganisation, der → AZAPO nahe stehend.

SPU: Selbstschutz-Einheiten («Self-Protection Units»), selbst organisierte Kampfgruppen, die der → IFP nahe standen.

SRC: Students' Representative Council – Demokratisch gewählte Schülervertretung an den jeweiligen Schulen, von denen die Organisation vieler politischer Aktivitäten ausging.

Tatamkhulu: Großer weiser Vater, Ratgeber (Xhosa)

Ubuntu: Menschlichkeit (in Xhosa), in der ausführlichen Umschreibung: Menschen sind Menschen durch andere Menschen (siehe ausführliche Darstellung in Kapitel I.1.)

UCT: University of Cape Town – Universität von Kapstadt, traditionell liberal, englischorientiert.

UDF: United Democratic Front – Vereinigte demokratische Front, gegründet 1983 als außerparlamentarische, nichtrassistische Allianz verschiedener Organisationen gegen Apartheid, leitete zahlreiche Kampagnen in den 80er Jahren und engagierte sich gegen das Verbot des → ANC und anderer politischer Gruppen.

Umkhonto weSizwe: Speer der Nation (in Xhosa) – militärischer Zweig des → ANC; siehe auch → MK.

UWC: University of the Western Cape – Universität der westlichen Kapprovinz, ursprünglich gegründet als Universität für «Farbige» («Coloured»), ein Zentrum des politischen Widerstands in den 80er Jahren.

Vigilant: Jemand, der das Gesetz in die eigenen Hände nimmt; als Vigilanten wurden häufig konservative und militante Schwarze in Townships bezeichnet, die – mit oder ohne Unterstützung der Polizei – gegen → ANC- oder → PAC-nahe Gruppen oder Einzelpersonen auftraten. In den 80er Jahren entstanden verschiedene Gruppen von «Vigilantes» mit je unterschiedlichen Zielsetzungen. Manche schützten Strukturen und Personen in Townships, die von der herrschenden Nationalen Partei etabliert worden waren, vor Angriffen der Befreiungsbewegungen; andere operierten in den «Homelands», um die dort eingesetzten «Regierungen» zu stützen; andere Gruppen, von denen vermutet wird, dass sie im Dienst der Sicherheitskräfte arbeiteten, richteten ihre Angriffe gezielt gegen Anti-Apartheid-Aktivisten.

Vlakplaas: Eine Einheit der Sicherheitspolizei, so genannt nach der Farm, auf der sie untergebracht war; angeblich ein Ort, wo ehemalige Befreiungskämpfer «umgeschult» wurden, tatsächlich ein Kommando zur Ermordung von Regimegegnern. Der letzte Leiter von Vlakplaas (1985–93), Eugene de Kock, verbüßt eine lebenslange Haftstrafe wegen mehrfachen Mordes.

Abbildungsnachweis

In der Reihenfolge des Abdrucks im Buch:

1. Desmond Tutu: © Cape Times, Kapstadt
2. Graça Machel: © Cape Times, Kapstadt
3. Nomfundo Walaza: © Anthony Chubb, Kapstadt
4. Glenda Wildschut: © Anthony Chubb, Kapstadt
5. Gillian Schermbrucker: © Anthony Chubb, Kapstadt
6. Riefaat Hattas: © Lenny de Koker, Kapstadt
7. Fikiswa Mzondi: © Peter Chubb, Kapstadt
8. Yazir Henry: © Yazir Henry, Kapstadt
9. Sandra Adonis: © Anthony Chubb, Kapstadt
10. Laurie Nathan: © Centre for Conflict Resolution, Kapstadt
11. Amy Biehl: © Handout/Cape Newspaper, Kapstadt
12. Statistik 1 und 2 (Anhang): © TRC-Commission, Kapstadt.

Danksagung

Zuerst danken wir allen Jugendlichen und Erwachsenen, deren Erfahrungen den Kern dieses Buches ausmachen, für ihr Vertrauen. Wir hoffen, dass ihre Aussagen in ihrem Sinne verstanden werden – als Beitrag zur Stärkung eines demokratischen und friedlichen Südafrika, in dem die Rechte von Kindern und Jugendlichen stärkere Beachtung finden als bisher. Aufrichtigen Dank auch an Erzbischof Desmond Tutu für sein Interesse an diesem Buch.

Besonderen Dank für Kritik, Beratung oder Ermutigung in unterschiedlichen Phasen der Arbeit an diesem Buch schulden wir:

Prof. Dr. Denise Ackermann / Kapstadt, Anthony Chubb und Peter Chubb / Kapstadt, Dr. Jenny Clarence / Pietermaritzburg, Dot Cleminshaw / Kapstadt, Lionel Davis / Robben Island, Sheena Duncan / Johannesburg, Prof. Carl-Heinz Evers und Micha Evers / Berlin, Hans Hartmann (KAIROS) / Utrecht, Dr. Glenn Hawkes / Vermont, Dorothea Ihme / Berlin, Dr. Wolf Kaiser (Gedenkstätte Wannseevilla) / Berlin, Lenny de Koker / Kapstadt, Azim Koning, Madeleine Maurick und Anton Dekker (Nederlands Instituut voor Zuidelijk Afrika) / Amsterdam, Gerard Kosse / Amsterdam, Aki Krieger / Bonn, Menno Metselaar (Anne Frank Stiftung) / Amsterdam, Deirdre Prins / Robben Island, Rudolf Rode / Kapstadt, Colleen Scott / Amsterdam, Frank Stevens (Amnesty International) / Amsterdam, Frank Strickstrock, Marianne Sparr und Uwe Naumann (Rowohlt Verlag) / Reinbek, Prof. Dr. Charles Villa-Vicencio / Kapstadt, Reinhard Widera / Kapstadt, Gisela Wiese / Hamburg.

Den Schülerinnen und Schülern der Cape Town High School / Kapstadt Dank für ihre Mitarbeit beim Umschlagfoto sowie den Mitarbeitern des Black Sash / Grahamstown, insbesondere Rosemary van Wyk-Smith und Jonathan Walton, Dank für ihre Hilfe bei der Recherche.

Für finanzielle Unterstützung danken wir dem Goethe-Institut / München sowie für gedankliche Begleitung Stefan Huesgen vom Goethe-Institut / Johannesburg.

Menschenrechte

Sami Alrabaa
Saudi-Arabien: Die Tyrannei der tausend Prinzen *Vom Leben in der Rechtlosigkeit*
(rororo aktuell 22236)

Martin Block (Hg.)
Tatort Manila *Entführt, verkauft, mißbraucht – Tourismus und Kinderprostitution*
(rororo aktuell 22380)

Till Müller-Heidelberg /
Ulrich Finckh /
Wolf-Dieter Narr u. a. (Hg.)
Grundrechte-Report *Zur Lage der Bürger- und Menschenrechte in Deutschland*
(rororo aktuell 22124)
Grundrechte-Report 1998
(rororo aktuell 22337)
Grundrechte-Report 1999
(rororo aktuell 22488)

Gunnar Heinsohn
Lexikon der Völkermorde
(rororo aktuell 22338)

Wei Jingsheng: Mein Leben für die Demokratie
Herausgegeben von Shan Wei-Blank, Urban Hsü, Thomas Weyrauch und der Redaktion der Zeitschrift *Geist der Freiheit*
(rororo aktuell 13941)

Gunnar Köhne (Hg.)
Die Zukunft der Menschenrechte
50 Jahre UN-Erklärung: Bilanz eines Aufbruchs
(rororo aktuell 22238)

Klemens Ludwig (Hg.)
Osttimor - Der zwanzigjährige Krieg *Mit einem Porträt der Friedensnobelpreisträger José Ramos Horta und Bischof Belo*
(rororo aktuell 22207)

rororo aktuell

Ken Saro-Wiwa
Flammen der Hölle *Nigeria und Shell: Der schmutzige Krieg gegen die Ogoni*
(rororo aktuell 13970)
Ken Saro-Wiwa wurde im November 1995 in Nigeria erhängt. Dies ist das letzte Buch des Schriftstellers, Bürgerrechtlers und Umweltschützers, der 1994 mit dem Alternativen Nobelpreis ausgezeichnet wurde.

Rainald Simon
Der chinesische Gulag *Lager, Gefängnisse, staatliche Repression und politische Opposition*
(rororo aktuell 13799)

Die Reihe *rororo aktuell* wird herausgegeben von Frank Strickstrock. Ein Gesamtverzeichnis aller lieferbaren Titel finden Sie in der *Rowohlt Revue*. Vierteljährlich neu. Kostenlos in Ihrer Buchhandlung.

Rowohlt im Internet:
www.rowohlt.de

3118/4